新能源汽车关键技术丛书

新能源汽车铝合金轻量化结构
——榫卯腔梁结构设计原理与方法

宗志坚　刘　强　刘华荣　龙飞永
谢明智　付　杰　鲁　誉　　著

机械工业出版社

本书内容源于作者团队十多年的研究与实践成果，书中提出的一套较完整的全铝合金轻量化车辆结构解决方案，已成功应用于客车和观光车，在物流车等其他交通工具上也可借鉴应用。本书对该轻量化结构体系进行了全面介绍，内容分为 3 部分：第 1 部分即第 1 章，介绍了铝合金车辆结构设计的核心问题、榫卯腔梁（TMBB）轻量化结构体系的总框架以及"五化"设计方法；第 2 部分包括第 2 ~ 6 章，系统阐述了 TMBB 的力学基础、轻量化分析方法以及基础结构的轻量化规律，研究对象包括型材、"榫卯 +"连接、基础框结构和基础腔结构；第 3 部分包括第 7 ~ 11 章，系统介绍了基于 TMBB 结构体系的铝合金车架结构、铝合金车身结构、铝合金硬点系统的创新设计，TMBB 车辆结构的力学分析方法，以及整车开发与测试试验。

本书适合从事铝合金轻量化结构设计和轻量化新能源商用车开发的工程技术人员阅读，也可作为车辆工程专业汽车轻量化技术的参考教材。

图书在版编目（CIP）数据

新能源汽车铝合金轻量化结构：榫卯腔梁结构设计原理与方法 / 宗志坚等著. -- 北京：机械工业出版社，2025. 6. --（新能源汽车关键技术丛书）. -- ISBN 978-7-111-78165-3

Ⅰ. U469.7

中国国家版本馆 CIP 数据核字第 2025HU4768 号

机械工业出版社（北京市百万庄大街 22 号　邮政编码 100037）
策划编辑：刘星宁　　　　　　责任编辑：刘星宁　间洪庆
责任校对：梁　园　刘雅娜　　封面设计：马精明
责任印制：张　博
北京机工印刷厂有限公司印刷
2025 年 8 月第 1 版第 1 次印刷
169mm × 239mm · 17.5 印张 · 360 千字
标准书号：ISBN 978-7-111-78165-3
定价：139.00 元

电话服务　　　　　　　网络服务
客服电话：010-88361066　机 工 官 网：www.cmpbook.com
　　　　　010-88379833　机 工 官 博：weibo.com/cmp1952
　　　　　010-68326294　金 书 网：www.golden-book.com
封底无防伪标均为盗版　机工教育服务网：www.cmpedu.com

汽车电动化对轻量化提出了更高的要求，也提供了重大机遇。铝合金轻量化作为一条最重要的轻量化技术路线，在汽车上获得了越来越广泛的应用，尤其在乘用车上出现了全铝合金车辆结构、一体化铝合金压铸地板等标志性应用成果，但是，由于商用车结构原理与乘用车有很大差别，铝合金在商用车上的应用明显滞后。

材料的变化必然导致结构设计和制造工艺的变化，因此，对全铝合金车辆结构必须开展系统创新。经过十多年的研究与实践，本书提出了一套较完整的全铝合金轻量化车辆结构解决方案——榫卯腔梁（TMBB）轻量化结构，该解决方案已应用于客车和观光车，在物流车等其他交通工具上也可借鉴应用。本书对 TMBB 轻量化结构体系进行了全面介绍，内容分为 3 部分：第 1 部分即第 1 章，介绍了汽车轻量化的核心问题、TMBB 轻量化结构体系的总框架以及"五化"设计方法；第 2 部分包括第 2~6 章，系统阐述了 TMBB 的力学基础、轻量化分析方法以及基础结构的轻量化规律，研究对象包括型材、"榫卯+"连接、基础框结构和基础腔结构；第 3 部分包括第 7~11 章，系统介绍了基于 TMBB 结构原理的铝合金车架结构、铝合金车身结构、铝合金硬点结构的创新设计，TMBB 车辆结构的力学分析方法，以及整车开发与测试试验。书中第 4 章和第 5 章的试验部分，以及第 11 章由刘强教授负责撰写，书中的有限元分析由刘华荣完成，结构建模及 CAD 图形由龙飞永、谢明智、付杰和鲁誉等完成，其余由宗志坚负责撰写和统稿。

本书适合从事铝合金轻量化结构设计和轻量化新能源商用车开发的工程技术人员阅读，也可作为车辆工程专业汽车轻量化技术的参考教材。由于车辆结构的复杂性和重要性，迄今为止车辆结构设计技术的源头主要来自西方发达国家，因此，想要自主发明一种全新的轻量化车辆结构体系及设计方法，其难度和挑战可想而知。虽然 TMBB 轻量化结构已初步形成体系并表现出明显的轻量化优势，但对它的研究仍有待深入和完善，另外，书中也难免存在错漏，因此希望得到广大读者的批评指正，更希望与同行进行交流与合作。

　　本书相关工作持续了十多年，按时间线，参与本书工作的有：中山大学原工学院及东莞中山大学研究院新能源汽车团队的熊会元、高群、刘强、谭晓军等教师，以及许铀、黄心深等研究生，南宁华数轻量化电动汽车设计院的龙飞永、陈炼、贤锦章、卢宇庭、冯炜、刘华荣、谢明智、梁佳宁、覃星云、宋尉等，武汉智能控制工业技术研究院的夏俊怡、于海兴、谢勇刚、胡力、陶艳、胡智毅等。感谢曾经和持续参与相关工作的所有人员的辛勤付出，在此，要特别致敬不久前去世的同事贤锦章，他是 TMBB 制造工艺的主要探索者和实践者。

　　本书相关工作得到中山大学、广东省、东莞市、武汉市、南宁市及华中数控的大力支持，在此深表感谢。尤其要感谢以下诸多专家和领导们给予的鼓励及长期支持：中国工程院周济教授，中山大学许家瑞教授和余志教授，南南铝业董事长郑玉林教授，华中数控王群教授，武汉智能控制工业技术研究院周江副总经理，南宁华数肖刚董事长和马海晏总经理。

宗志坚

2025 年 5 月 25 日

目录

第1章 榫卯腔梁（TMBB）轻量化结构体系

1.1 铝合金车辆结构设计的核心问题

铝合金材料密度低、比强度高、成型性及机加性好、材料体系丰富，已经成为重要的汽车轻量化材料。但是，在商用车上，如果简单地以铝合金结构替代钢结构（简称铝代钢），将带来一系列严重问题，主要表现在拓扑、型材、连接和硬点四个方面。

1）拓扑：如果保持车辆钢骨架的拓扑不变，仅仅将钢骨架用相同截面和尺寸的铝合金型材替代，将导致车辆结构强度和刚度的严重损失，其根本原因是铝合金材料的绝对强度不高、弹性模量远低于钢材。为此，客车行业出现了"上铝下钢"的结构拓扑方案[1-2]，即在相对承载不大的上车身上采用铝合金结构，而主要承载的车架仍采用传统的钢结构。但是，这种"上铝下钢"拓扑结构的轻量化效果不明显且成本较高，未能得到推广应用。虽然车辆轻量化技术路线并不以追求单一的轻量化材料为目的[3]，而是本着"该硬的地方硬，该软的地方软"的原则，在车身结构的不同部位采用不同的轻量化材料和不同的结构设计，但是单一材料，特别是采用全铝合金材料的车辆结构仍有许多优势：相同材料之间没有电腐蚀问题、相同材料的连接工艺比较容易实现、相同材料的车身结构有利于拆解回收利用等。遗憾的是，目前尚未见实用的全铝合金商用车整车结构解决方案及其产品，因此，急需研究新的铝合金车辆拓扑结构。

2）型材：铝合金型材是轻量化车辆结构中的主要结构材料，相比于钢型材，铝合金型材具有成型性好且成型工艺成本低、型材截面设计非常灵活等优点，但是，由于铝合金材料的强度和刚度不及钢材，在限制型材重量的前提下，需要通过合理的截面设计来提高铝合金型材的性能，虽然材料力学及有关设计规范[4-7]为型材的设计提供了理论基础及基本方法，但是这些理论与方法主要关注型材的强度性能和一般应用，对型材的轻量化规律研究不多，对车辆结构中的铝合金型材设计方法的研究不多。

3）连接：目前，铝合金型材及结构之间的连接大多采用焊接，但是铝合金焊接存在一系列缺陷，诸如变形大，焊缝及热影响区的材料力学性能显著下降，焊缝质量不稳定，疲劳强度低等。研究表明，铝合金焊缝的强度是母材强度的50%～60%，焊缝影响区域内的母材强度下降30%[8]，而钢结构焊接的焊缝强度几乎接近母材强度，因此，铝合金焊缝性能差，进一步削弱了铝合金结构的整体性能，这一点已成为铝合金车辆结构的重大短板。为此，发展了许多新的铝合金连接工艺[9-10]，例如HUCK螺栓连接、铆接、粘接、自冲铆、流钻、激光焊接、CMT焊接，但是，这些新工艺或因工艺条件特殊、或因成本高、或因轻量化效果不明显等原因，难于全面满足铝合金客车结构，尤其是铝合金下车架结构的连接要求。因此，需要继续摸索适用于铝合金结构，尤其是铝合金下车架结构的有效连接技术。

4）硬点：客车中的硬点主要是指钢板弹簧硬点支座或气囊硬点支座、转向系统硬点支座、避震系统硬点支座、平衡杆及各类拉杆的硬点支座等。由于客车质量大、负载大，相应的硬点支座，尤其是底盘硬点支座的受力大、受力点集中、载荷状态复杂。传统客车主要采用锻钢或铸钢硬点结构，并通过热铆工艺、焊接或螺接工艺将钢硬点安装到钢大梁或钢型材上。但是，如果采用铝合金车架结构，由于铝合金型材的局部强度和刚度远低于钢型材，所以无法简单沿用传统的钢硬点体系，而必须开发一套全新的、与铝合金车架结构高度匹配和集成的铝合金硬点体系。

以上分析表明，传统的钢车辆结构不适用于铝合金轻量化车辆结构，为此，需要寻找新的铝合金结构体系、新的设计方法和新的工艺方法。

1.2　TMBB技术体系及产品体系概述

1.2.1　TMBB技术体系

为了解决全铝合金商用车结构的四大核心问题，经过十多年的研究与实践，提出了一个全新的铝合金轻量化车辆结构创新体系——榫卯腔梁轻量化结构体系（Tenon-Mortise & Beam-Box Lightweight Structure，TMBB轻量化结构体系），基于该创新的轻量化结构体系，开展了全铝合金商用车产品的创新开发实践。TMBB创新体系如图1.1所示，它包括了技术创新体系和产品创新体系两大部分。

TMBB轻量化结构体系的创新起源是为了解决铝合金轻量化结构的四大核心问题——拓扑、型材、连接和硬点；TMBB的核心特征是车辆结构形态的"腔梁"化以及结构连接的"榫卯"化，TMBB的实现手段是"五化"设计技术和"五新"工艺技术，所谓"五化"即榫卯化、型材化、框化、腔化和一体化，用于指导整车拓扑设计、模块设计、型材设计、连接设计和硬点设计，所谓"五新"工艺即型材加工工艺、型材弯曲工艺、模块制造工艺、总成装配工艺及整车装配工艺。对每一"化"及每一"新"，均需要开展扎实的研究与实践。

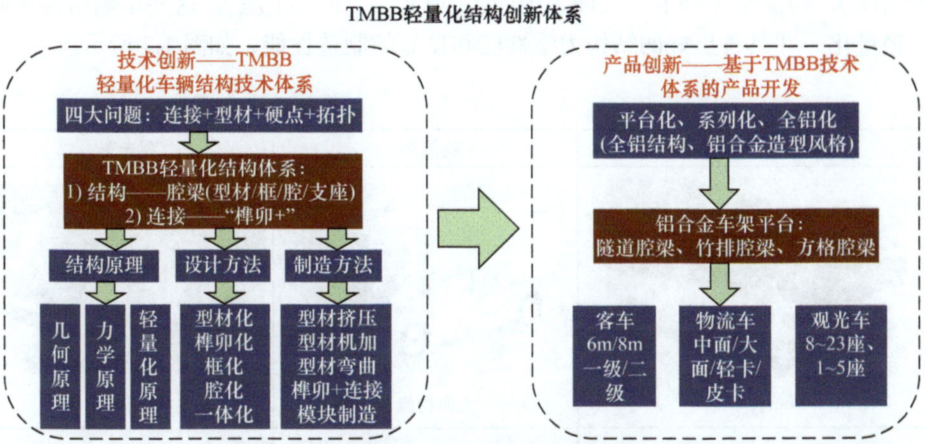

TMBB轻量化结构创新体系

图 1.1　TMBB 商用车轻量化结构创新体系

1.2.2　TMBB 产品体系

在 TMBB 技术体系基础上，开发了平台化、系列化、全铝合金化的商用车产品，首先，开发了三类 TMBB 榫卯腔梁车架平台——隧道腔梁车架平台、方格腔梁车架平台和竹排腔梁车架平台，如图 1.2 所示。

图 1.2　铝合金车架平台

进一步在三类平台基础上，开发了三类商用车车型：客车（6～8m，一级踏步和二级踏步），物流车（轻卡、大面、中面），观光车（8～21座）。这些车辆结构全面实现了轻量化，并具备更好的结构力学性能和良好的制造性能，如图1.3所示。

客车	物流车	观光车
6m客车	大面物流车	8座观光车
6m低地板客车	轻卡物流车	11~14座观光车
8m客车	中面物流车	21座观光车

图1.3 全铝合金整车

实践是检验真理的唯一标准，TMBB结构体系的建立和发展首先来自实践，正是在铝合金轻量化车型开发的实践中不断遇到问题，导致对产品内在原理的思考、研究、提炼和总结，在经历了实践、理论、再实践、再理论深入的多重螺旋式发展历程之后，TMBB的技术及产品逐渐发展并日益成熟。

1.3 TMBB 结构

车辆结构拓扑是指车辆结构材料及其分布方式，TMBB结构是一种全新的车辆结构拓扑，它包含5个层面，如图1.4所示。

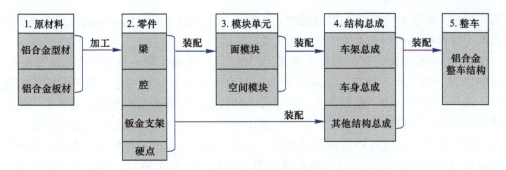

图 1.4　TMBB 轻量化结构拓扑

TMBB 结构具有以下基本特征：

1）TMBB 有两种原材料：铝合金型材和铝合金板材，其中型材大小及截面形状需要专门设计，板材主要指厚度为 1～3mm 的薄板。常用的铝合金型材牌号有 5083、6061、6085、6063，这些铝合金材料成熟，性价比较高。铝合金型材具有诸多优点：材料密度低、比强度高、成型性及机加性好、挤压模具成本低、表面外观质量好，但是绝对强度和刚度不高、难弯曲、焊接要求高，因此，在 TMBB 中需要通过铝合金型材截面的合理设计来发挥它的优势、弥补它的不足。

2）TMBB 有四类零件：梁、腔、钣金支架和硬点，其中梁有直梁和弯梁（二维和三维），均由型材加工而成；腔和钣金支架是由板材加工而成的三维结构；硬点是一类特殊零件，铝合金硬点与钢结构硬点有很大不同。

3）TMBB 有三个层级的装配体：模块单元、结构总成和整车。TMBB 的模块单元可以多层级分解，直至最容易制造的面模块单元，再复杂的结构都可以通过简单的面模块装配而成；结构总成是整车的装配结构单元，它一般由模块单元装配而成，常见的结构总成包括车架总成、左右侧片总成、车顶总成、前脸总成、后脸总成六大总成，虽然这些总成的名称和划分方式与钢结构车辆相似，但是具体的结构设计及制造均有很大不同。

4）TMBB 尽量构建腔梁空间结构形态：商用车的体积通常较大，除去车内乘坐空间或载货空间，还有各类其他空间，例如，地板下空间、前舱空间、后舱空间、侧片和顶部转角空间，这些空间大部分用于收纳各种系统，或作为走线通道、空调通道，还有些是闲置空间。传统钢骨架车辆仅关注这些空间的功能性，其空间形态往往是一些开放空间，例如，传统双纵梁车架地板的下部空间就是一个敞开式空间，在该空间布置了车架大梁、横梁、底盘系统、能源系统及动力系统。在 TMBB 结构中，经过对这些空间的几何形态和功能的研究，提出一种结构功能空间的设计概念，即将这些功能空间同时考虑为结构设计空间，并尽量将其设计成封闭的空间结构，称之为腔梁结构。之所以定义为腔梁结构，是试图通过结构形态的创新设计来弥补铝合金材料的刚度短板，可以证明，腔梁结构是一种力学性能更好，同时可以实现轻量化的结构。这样，在保持空间功能性的同时，还能借助封闭的空间结构形态的优点来显著提高其力学性能，从而大大增加结构总成或整车结构的力学性能。

5）TMBB 结构之间的连接主要采用"榫卯 +"连接，即一种以榫卯结构为基础，再辅以焊、铆、胶等固定工艺进行连接的复合连接技术。榫卯连接是一种结构性连接，常用于木质结构，它的优点是通过榫头和卯孔的配合来实现连接，而无需用铁钉或螺栓等其他连接零件，同时，榫卯连接还保持了结构材料在连接部位的连续性，使得结构材料本身在连接中直接承受载荷，有利于提高连接的力学性能。但是，木材的特性以及榫卯结构的特点导致榫卯连接易出现松动、榫头或卯孔易开裂或折断等缺点，因此，榫卯连接大多用于静态结构，例如家具结构和建筑结构。由于铝合金型材与木材在结构形态和相互连接关系上具有一定的相似性，因此在合理吸纳传统榫卯连接技术的基础上，同时组合现代结构连接技术，TMBB 中创新提出了一种"榫卯 +"铝合金结构连接技术，该连接技术通过组合多种连接方法，既发挥了榫卯连接的优点，又通过"+"其他连接方法实现"取长补短"，最终实现了更好的连接效果和工艺效果，有效地解决了铝合金结构的连接难题。

1.4 TMBB "五化" 设计方法

由前文分析可见，TMBB 结构具有系统性创新特点，其设计与制造方法和传统钢结构车辆有很大不同，主要表现为"五化"设计方法与"五新"制造工艺，"五化"即榫卯化、型材化、框化、腔化、一体化，用于指导正向开发 TMBB 轻量化车辆结构，如图 1.5 所示。

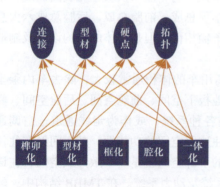

1. 榫卯化：
➤ 设计理念：结构连接优先采用"榫卯 +"连接。
➤ 设计方法：各类"榫卯 +"的设计方法。

2. 型材化：
➤ 设计理念：结构尽量用型材做（例如，硬点、座椅及扶手、仪表台、外观造型结构），结构细节尽量多地集成到型材上。
➤ 设计方法：铝合金型材截面设计方法。

3. 框化：
➤ 设计理念：整车结构应逐级模块化分解，直至面框单元。
➤ 设计方法：模块结构的设计方法。

4. 腔化：
➤ 设计理念：三维空间结构应尽量设计成腔——腔、壳、骨架腔。
➤ 设计方法：空间腔结构原理及设计方法。

5. 一体化：
➤ 设计理念：从整体、综合、全方位、多因素等方面开展设计。
➤ 设计方法：1）结构一体化；2）功能一体化；3）系统一体化。

◆ 每一个设计方法可应用于多个问题
◆ 每个问题需要应用多种设计方法
◆ 可见，铝合金结构的设计既"新"又"难"

图 1.5 TMBB "五化" 设计方法

"五化"设计方法与传统钢结构设计方法有很大差别，其根本原因是铝合金与钢材的差异性所导致的。"五化"设计方法具有丰富的内涵和鲜明的特色。首先，"五化"是一套全新的设计理念或原则；其次，"五化"设计的内容丰富而具体，并具有可操作性；最后，"五化"设计方法很新、很灵活，也比较难掌握，因为在解决铝合金轻量化车辆结构设计的四大问题时要综合应用"五化"原则。

1.4.1　榫卯化

1. 榫卯化的设计理念

在模块内部结构的连接以及模块之间的连接设计中优先考虑"榫卯 +"连接，这样可以有效避免单一铝合金焊接及其他传统连接的一些缺点。

2. 铝合金榫卯结构

榫卯结构是中国古代发明的木结构连接最重要的方法之一。榫卯结构仅通过榫头和卯孔的装配就可以实现木结构之间的有效连接，无需其他连接件，如铁钉、螺栓。经过数千年的发展，形成了俗称"七十二榫卯"的各种榫卯结构，广泛应用于工农业生产和生活的各个方面。简单常见的木榫卯结构如图 1.6 所示。

a) 矩形榫卯结构　　　b) 楔形榫卯结构　　　c) 三角形榫卯结构　　　d) 穿插形榫卯结构

图 1.6　木榫卯结构

理论与实践表明，对铝合金结构也可以采用榫卯结构进行连接。按连接对象的不同，TMBB 的榫卯结构有三大类：型材 – 型材间的孔榫卯结构，型材 – 板材之间的边榫卯结构，以及接头榫卯结构；按连接部位不同，又有 X、T、L、I 等不同类型；按榫卯形状不同，有闭口榫、开口榫、穿插榫、盲榫等。典型的铝合金榫卯结构如图 1.7 所示。

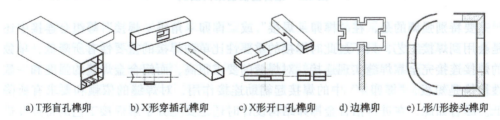

a)T形盲孔榫卯　　b)X形穿插孔榫卯　　c)X形开口孔榫卯　　d)边榫卯　　e)L形/I形接头榫卯

图 1.7　铝合金榫卯结构

类型、型材几何特点、加强筋、模块骨架拓扑等多种因素，一个通用的装配规律是，先装配内部骨架、后装配外部边框骨架，先装配平行结构、后装配交叉结构。斜向穿插梁很难装配，要慎用，或采用其他连接方式。

（2）外装配设计

确定框单元之间的装配接口、接口面的密封、连接固定和装配顺序等，要综合考虑框模块单元之间的空间关系、受力特点以及密封要求等进行合理的外装配设计。

1）装配接口。模块之间的装配位置大多在边框型材结构上，模块边框之间的配合部位称为接口，有三类常见的模块间装配接口形式，不同接口面有不同的运动约束能力，如图 1.14 所示。

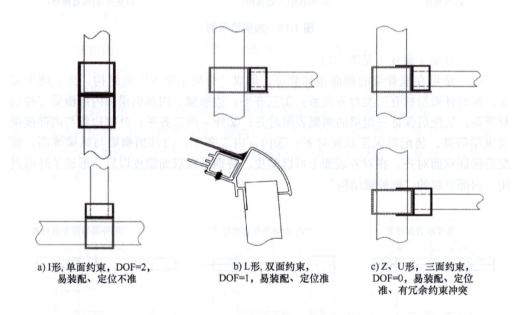

a) I形，单面约束，DOF=2，
易装配、定位不准

b) L形，双面约束，
DOF=1，易装配、定位准

c) Z、U形，三面约束，
DOF=0，易装配、定位
准、有冗余约束冲突

图 1.14   模块间装配接口类型

注：DOF 指模块在平面内的自由度，最大自由度为3。

2）装配接口的密封。如果模块之间有密封要求，还需要专门设计密封方案。模块之间的密封通常是指接口部位之间的密封，常用的密封方法是在接口表面上涂胶、垫密封胶条或外涂密封胶，也可以在边框型材上设计专门的密封结构，形成迷宫密封，如图 1.15 所示。

3）装配接口的固定。模块间的连接固定常采用焊接、螺接、铆接、粘接或其组合，如图 1.16 所示。接口固定设计时要选择合理的固定方式，连接件的规格、数量和位置，实施连接时要制定严格的工艺规范。

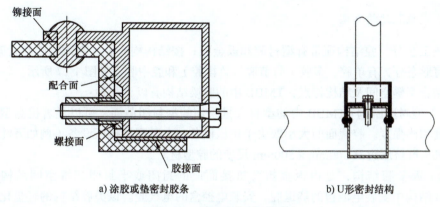

铆接面

配合面

螺接面

胶接面

a) 涂胶或垫密封胶条　　　　　　b) U形密封结构

图 1.15　外配合及密封示例

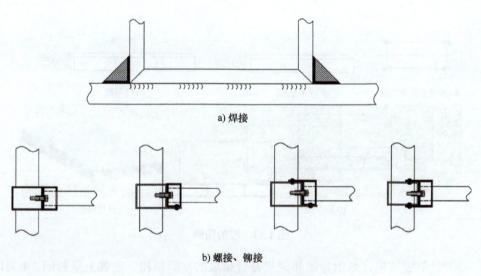

a) 焊接

b) 螺接、铆接

图 1.16　模块间连接工艺图例

1.4.4　腔化

1. "腔化"的设计理念

腔梁结构是 TMBB 的核心设计理念。腔是一种三维结构形态，相对骨架结构，腔梁结构有更好的力学性能和轻量化效果。幸运的是，车辆空间中有许多"闲置"的三维空间，借用腔化的设计理念，需要尽量将其转化为腔型结构空间，并巧妙地与周边结构集成，形成带腔的结构总成，这样可以显著提高车辆结构的力学性能。

2. 常见腔结构类型

按工艺分，腔结构通常有型材腔和钣金腔；按结构构成分，有薄壁腔和骨架腔；按几何形态分，有单腔、多腔（竹节腔、竹排腔）和腔中腔，如图 1.17 所示。

结合车辆空间及结构特点，TMBB 中的腔梁结构有以下几种：

1）型材腔结构：TMBB 中的型材大量采用腔型封闭截面，可以显著提高型材的比刚度和比强度。腔截面的大小取决于挤压设备，大型型材挤压设备（例如万吨型材挤压机）可挤压边长 500mm × 500mm 尺度的腔型材。

2）钣金腔结构：是由钣金折弯拼接而成的封闭或半封闭三维空间结构，如 TMBB 结构中安装电池包的隧道腔，安装电控盒的电气腔。该类腔结构的轻量化效果好，但是当腔不封闭，或尺寸太大，或钣金太薄，或腔表面孔洞较大时，腔结构容易出现失稳失效。

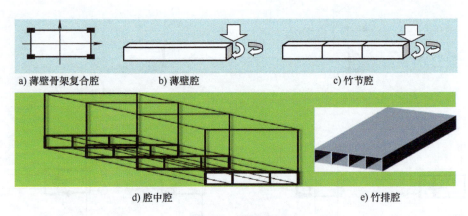

a) 薄壁骨架复合腔   b) 薄壁腔   c) 竹节腔

d) 腔中腔   e) 竹排腔

图 1.17　腔的图例

3）骨架腔结构：是由骨架和蒙皮复合组成的空间结构，宏观上呈封闭 / 半封闭三维结构形态。该类腔结构的力学性能好，也具有较好的轻量化效果，适用于大尺度的腔梁结构。TMBB 中带双面蒙皮的平面框模块也可以看成一种特殊的平面腔梁结构，例如侧片模块、车顶模块均为这种结构。通过加大框模块的厚度可以显著提升平面腔梁结构的力学性能，但是会侵占部分使用空间，也可以在平面腔梁结构中充填发泡材料，可以显著提升结构力学性能，并获得良好的隔热隔振效果。

4）组合腔结构：是由骨架、蒙皮、子腔组成的多腔复杂三维空间结构。TMBB 中的车架结构，以及中大型客车的前后舱结构均可以设计成组合腔梁结构。图 1.18 是隧道腔梁车架结构示例，该车架有两个横向隧道钣金腔结构，用于收纳电池包，同时隧道腔与纵梁穿插固定，形成车架的主体结构拓扑，进一步在车架的上下表面加上蒙皮，形成众多的三维封闭空间。这种腔梁车架相比传统的开放式骨架车架在力学性能和轻量化性能上有显著的优势。需要说明的是，由于不同车型的空间形态和整车布置差异较大，导致腔梁结构方案的设计差异性也很大，或者说，腔梁结构的设计非常灵活，有较大的设计难度。

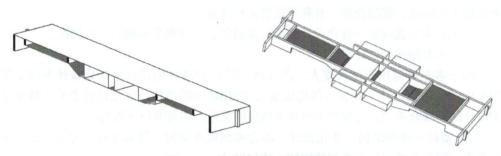

图 1.18　组合腔梁车架结构示例

1.4.5　一体化

1. "一体化"的设计理念

"一体化"是产品设计的通用思想或方法，在 TMBB 车辆结构设计中尤为重要。一体化设计主要解决两大类问题：① TMBB 车辆结构与车辆其他功能系统之间的结构关系和空间关系问题，通过一体化设计有效保证结构系统与各功能系统之间的正确关系，实现各个系统之间最合理的空间集成；② TMBB 车辆结构内部之间的几何关系，主要体现在合理定义模块之间的关系、模块与型材之间的关系、型材与榫卯结构之间的关系、硬点与结构之间的关系等。

2. "一体化"设计内容

（1）整车一体化布置设计

车辆布置设计是汽车设计流程中的重要环节，是整车层面的一体化设计，通过布置设计，获得 TMBB 车辆结构的空间形态和基本尺寸，确定各个功能系统在 TMBB 空间中的安放位置、空间需求以及装配关系。可进一步细化为以下一体化设计内容：

1）车身底盘一体化设计：确定车身结构与底盘各系统、各硬点之间的几何和力学相互关系，在几何空间上满足底盘各系统的静态和动态工作空间要求，确保力学性能，便于装配维修，还要有利于轻量化和降本。

2）车身电气一体化设计：确定车身结构与电气/电子各系统之间的几何相互关

第 2 章　铝合金型材轻量化设计

型材是 TMBB 轻量化结构系统中最重要、最基础和应用最广泛的原材料，是车辆结构的力学基础、造型基础和制造基础，同时，型材化也是 TMBB 结构设计"五化"方法的第一化，型材化既是一种设计理念，即尽量广泛地采用型材，同时也包含型材的设计方法。因此，本章就铝合金型材的几何原理、力学原理及轻量化原理开展分析。

TMBB 中的型材主要有三类：薄壁单腔截面型材，薄壁多腔截面型材，以及厚壁开口型材。根据型材在结构中所在位置的不同，型材承受的载荷也不同。常见的载荷形式有拉压、弯曲、剪切和扭转。设计中需要针对不同的载荷条件对型材进行应力应变的计算或校核，确保型材设计既满足承载要求，又能实现轻量化。

2.1　铝合金型材的力学计算 [15]

首先定义型材的截面几何参数及几何性能，见表 2.1。

表 2.1　型材截面几何性能参数定义

参数	含 义	开口型材	闭口型材
基本尺寸参数	l：截面轮廓符号 oxy：型材截面几何中心坐标系 s：截面轮廓曲线坐标 $r(s)$：轮廓坐标 s 点距离几何中心 o 的位置向量 t：型材壁厚		
L	截面轮廓中心线总长	$L = \int_l ds$ 　（1a）	$L = \oint_l ds$ 　（2a）
A	截面面积	$A = \int_l t\,ds$ 　（1b）	$A = \oint_l t\,ds$ 　（2b）

（续）

参数	含义	开口型材	闭口型材
$\dot{A}$	截面轮廓面积：截面轮廓中心线所围成的面积	$\dot{A} = \dfrac{1}{2}\displaystyle\int_l \vec{r}(s)\cdot \mathrm{d}\vec{s}$　（1c）	$\dot{A} = \dfrac{1}{2}\displaystyle\oint_l \vec{r}(s)\cdot \mathrm{d}\vec{s}$　（2c）
o	截面几何中心	$\displaystyle\int_l zt\mathrm{d}s = 0,\int_l yt\mathrm{d}s = 0$　（1d）	$\displaystyle\oint_l zt\mathrm{d}s = 0,\oint_l yt\mathrm{d}s = 0$　（2d）
S_y, S_z	截面面积对 y 轴、z 轴的一次矩——静矩	$S_y(s) = \displaystyle\int_0^s zt\mathrm{d}s$ $S_z(s) = \displaystyle\int_0^s yt\mathrm{d}s$	$S_y(s) = \displaystyle\int_0^s zt\mathrm{d}s$ $S_z(s) = \displaystyle\int_0^s yt\mathrm{d}s$ 　（2e）
I_y, I_z	截面面积对 y 轴、z 轴的二次矩——惯性矩	$I_y = \displaystyle\int_l z^2 t\mathrm{d}s$ $I_z = \displaystyle\int_l y^2 t\mathrm{d}s$ 　（1f）	$I_y = \displaystyle\oint_l z^2 t\mathrm{d}s$ $I_z = \displaystyle\oint_l y^2 t\mathrm{d}s$ 　（2f）
I_{yz}	截面面积对 y 轴、z 轴的交叉惯性矩，对称截面时为零	$I_{yz} = \displaystyle\int_l yzt\mathrm{d}s$ 　（1g）	$I_{yz} = \displaystyle\oint_l yzt\mathrm{d}s$ 　（2g）
I_p	截面面积对坐标原点的极惯性矩	$I_p = \displaystyle\int_l (y^2 + z^2)t\mathrm{d}s$ 或 $I_p = \displaystyle\int_l r^2(s)t\mathrm{d}s$ 　（1h）	$I_p = \displaystyle\oint_l r^2(s)t\mathrm{d}s$ 　（2h）

2.1.1 纯弯剪计算模型

纯弯剪是指型材在平行于型材截面且通过型材截面剪切中心的剪切载荷作用下，做纯弯曲和剪切变形，而没有绕型材纵轴的扭转变形。

薄壁型材纯弯剪具有以下力学特点：

1）薄壁型材的内外表面为自由表面，开口型材的自由边界也为自由表面，因此型材的内外表面和自由边界的剪切应力皆为零。

2）由于型材内外自由表面的剪切应力为零，在剪切载荷作用下产生的截面剪切应力方向只能沿截面轮廓的切线方向，记为 $\tau(s)$，其中 s 为截面轮廓的曲线坐标，对开口型材，s 从截面自由端部计算，且在该位置有 $\tau(0) = 0$，对于对称封闭截面，s 从对称点处计算，且在该位置有 $\tau(0) = 0$，对非对称封闭截面，s 可参考任意一点开始计算，但是 $\tau(0) = \tau_0 \neq 0$。

3）在截面弯矩的作用下，截面上会出现轴向拉 / 压应用，记为 $\sigma_x(s)$。

4）不考虑剪切应力和拉压应力沿壁厚方向的变化，定义两个应力沿厚度方向的合力——剪切力流 $q(s)$ 和法向力流 $n_x(s)$，显然力流与应力符合以下关系：

$$q(s) = \tau(s)t(s)$$

$$n_x(s) = \sigma_x(s)t(s) \tag{2.1}$$

式中，s 为截面轮廓的曲线坐标；$t(s)$ 为坐标 s 处的壁厚，均匀壁厚时 t 为常数。假设 $\tau(s)$ 和 $\sigma_x(s)$ 沿壁厚方向均匀。

1. 单腔型材纯弯剪力学计算

设剪切载荷为 Q_y 和 Q_z，剪切中心为 SM，剪切中心坐标为 y_{SM} 和 z_{SM}，M_y 和 M_z 为剪切载荷在截面处产生的弯矩。假定型材壁厚均匀为 t，单腔型材纯弯剪力学计算见表 2.2。

表 2.2　单腔型材纯弯剪力学计算

典型截面及截面性能	弯曲应力	剪切应力
1. 一般单腔截面 I_y、I_z、S_y、S_z、A 按表 2.1 定义计算	$M_z = Q_y x$ $M_y = Q_z x$ $\sigma_x(y) = \dfrac{M_z}{I_z} y$　(1a) $\sigma_x(z) = \dfrac{M_y}{I_y} z$ 式中，x 为剪切载荷 Q_y 和 Q_z 与计算截面的距离。下同	$q_1(s) = -\dfrac{Q_y S_z(s)}{I_z} - \dfrac{Q_z S_y(s)}{I_y}$ $q_0 = \dfrac{\oint \dfrac{q_1(s)}{t(s)}\,\mathrm{d}s}{\oint \dfrac{\mathrm{d}s}{t(s)}}$　(1b) $q(s) = q_1(s) - q_0$ 式中，$q_1(s)$ 为 $s=0$ 处开口型材的剪切力流；q_0 为与开口位置有关的力流常量 由式（1b）得以下闭口型材剪切力流及剪切中心坐标的具体计算公式 $q(s) = -\dfrac{Q_y}{I_z}\left[S_z(s) - \dfrac{\oint \dfrac{S_z(s)}{t(s)}\,\mathrm{d}s}{\oint \dfrac{\mathrm{d}s}{t(s)}}\right] - \dfrac{Q_z}{I_y}\left[S_y(s) - \dfrac{\oint \dfrac{S_y(s)}{t(s)}\,\mathrm{d}s}{\oint \dfrac{\mathrm{d}s}{t(s)}}\right]$ $y_{SM} = \dfrac{1}{I_z}\left[\dfrac{-\oint S_y(s)r_t(s)\,\mathrm{d}s + 2\dot{A}\oint S_y(s)\,\mathrm{d}s}{\oint \mathrm{d}s}\right]$,　(1c) $z_{SM} = -\dfrac{1}{I_y}\left[\dfrac{-\oint S_z(s)r_t(s)\,\mathrm{d}s + 2\dot{A}\oint S_z(s)\,\mathrm{d}s}{\oint \mathrm{d}s}\right]$

（续）

典型截面及截面性能	弯曲应力	剪切应力
2. 对称单腔截面 I_y、I_z、S_y、S_z、A 按表 2.1 定义计算	$$\sigma_x(y)=\frac{M_z}{I_z}y$$ $$\sigma_x(z)=\frac{M_y}{I_y}z \quad (2a)$$	$$q_0=0$$ $$q(s)=-\frac{Q_y}{I_z}S_z(s)-\frac{Q_z}{I_y}S_y(s)$$ $$y_{SM}=-\frac{1}{I_y}\oint_{\phi}\left[\int_{\phi}r(s)^2 t\sin\phi\,\mathrm{d}\phi\right]r(s)^2\mathrm{d}\phi \quad (2b)$$ $$z_{SM}=-\frac{1}{I_z}\oint_{\phi}\left[\int_{\phi}r(s)^2 t\cos\phi\,\mathrm{d}\phi\right]r(s)^2\mathrm{d}\phi$$
3. 对称矩形截面 $$I_y\approx\frac{1}{6}t_s h^3+2t_f b\left(\frac{h}{2}\right)^2$$ $$S_y(s)=\frac{h}{2}t_f s,\ s=[0,b/2] \quad (3a)$$ $$S_y(z)=\frac{h}{2}t_f\frac{b}{2}+\frac{t_s}{2}\left(\frac{h^2}{4}-z^2\right)$$ 式中，t_f、t_s 分别为水平凸缘和垂直腹板的厚度；b、h 分别为腔的宽度和高度；s 为水平凸缘段坐标；z 为垂直腹板段坐标；$S_y(s)$ 和 $S_y(z)$ 分别为对应的静矩。下同	$$\sigma_x(z)=\frac{M_y}{I_y}z \quad (3b)$$	$$q_s=\frac{Q_z S_y(s)}{I_y},\quad q_m=\frac{Q_z S_y(z)}{I_y} \quad (3c)$$
4. 对称薄壁腹板矩形截面 $$I_y\approx 2t_f b\left(\frac{h}{2}\right)^2$$ $$S_y(s)=\frac{h}{2}t_f s,\ s=[0,b/2] \quad (4a)$$	$$\sigma_x(z)=\frac{M_y}{I_y}\frac{h}{2} \quad (4b)$$	$$q_s=\frac{Q_z S_y(s)}{I_y},\quad q_m=\frac{Q_z}{2h} \quad (4c)$$
5. 对称圆形截面 $$I_y=2\int_0^{\pi}(r\cos\phi)^2 tr\,\mathrm{d}\phi$$ $$=tr^3\pi$$ $$S_y(\phi)=\int_0^{\phi}r\cos\phi\,tr\,\mathrm{d}\phi$$ $$=tr^2\sin\phi \quad (5a)$$ 式中，t、r 分别为壁厚及半径	$$n_x(\phi)=\frac{M_y}{\pi r^2}\cos\phi \quad (5b)$$	$$q(\phi)=-\frac{Q_z}{\pi r}\sin\phi \quad (5c)$$

2. 多腔型材纯弯剪力学计算

多腔型材纯弯剪的力学计算很复杂，主要原因是多腔导致很难确定曲线坐标起点，因此导致静矩计算困难。为简化计算，假设垂直腹板为薄壁，多腔型材纯弯剪力学计算见表 2.3。

表 2.3　多腔型材纯弯剪力学计算

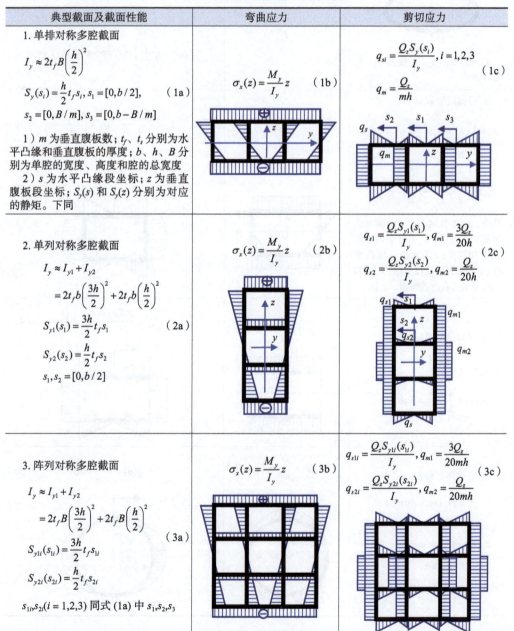

典型截面及截面性能	弯曲应力	剪切应力
1. 单排对称多腔截面 $I_y \approx 2t_f B\left(\dfrac{h}{2}\right)^2$ $S_y(s_i)=\dfrac{h}{2}t_f s_i$, $s_1=[0,b/2]$,　（1a） $s_2=[0,B/m]$, $s_3=[0,b-B/m]$ 1）m 为垂直腹板数；t_f、t_s 分别为水平凸缘和垂直腹板的厚度；b、h、B 分别为单腔的宽度、高度和腔的总宽度 2）s 为水平凸缘段坐标；z 为垂直腹板段坐标；$S_y(s)$ 和 $S_y(z)$ 分别为对应的静矩。下同	$\sigma_x(z)=\dfrac{M_y}{I_y}z$　（1b）	$q_{si}=\dfrac{Q_z S_y(s_i)}{I_y}$, $i=1,2,3$ $q_m=\dfrac{Q_z}{mh}$　（1c）
2. 单列对称多腔截面 $I_y \approx I_{y1}+I_{y2}$ $=2t_f b\left(\dfrac{3h}{2}\right)^2+2t_f b\left(\dfrac{h}{2}\right)^2$ $S_{y1}(s_1)=\dfrac{3h}{2}t_f s_1$　（2a） $S_{y2}(s_2)=\dfrac{h}{2}t_f s_2$ $s_1,s_2=[0,b/2]$	$\sigma_x(z)=\dfrac{M_y}{I_y}z$　（2b）	$q_{s1}=\dfrac{Q_z S_{y1}(s_1)}{I_y}$, $q_{m1}=\dfrac{3Q_z}{20h}$ $q_{s2}=\dfrac{Q_z S_{y2}(s_2)}{I_y}$, $q_{m2}=\dfrac{Q_z}{20h}$　（2c）
3. 阵列对称多腔截面 $I_y \approx I_{y1}+I_{y2}$ $=2t_f B\left(\dfrac{3h}{2}\right)^2+2t_f B\left(\dfrac{h}{2}\right)^2$　（3a） $S_{y1i}(s_{1i})=\dfrac{3h}{2}t_f s_{1i}$ $S_{y2i}(s_{2i})=\dfrac{h}{2}t_f s_{2i}$ $s_{1i},s_{2i}(i=1,2,3)$ 同式 (1a) 中 s_1,s_2,s_3	$\sigma_x(z)=\dfrac{M_y}{I_y}z$　（3b）	$q_{s1i}=\dfrac{Q_z S_{y1i}(s_{1i})}{I_y}$, $q_{m1}=\dfrac{3Q_z}{20mh}$ $q_{s2i}=\dfrac{Q_z S_{y2i}(s_{2i})}{I_y}$, $q_{m2}=\dfrac{Q_z}{20mh}$　（3c）

3. 开口型材纯弯剪力学计算

开口型材纯弯剪力学计算见表2.4。

表 2.4　开口型材纯弯剪力学计算

截面类型	弯曲应力	剪切应力
1. 一般开口型材 I_y、I_z、S_y、S_z、A 等均按表 2.1 定义计算	$M_z = Q_y x$ $M_y = Q_z x$ $\sigma_x(z) = \dfrac{M_y}{I_y} z$　（1a） $\sigma_x(y) = \dfrac{M_z}{I_z} y$	$q_0 = 0$ $q(s) = -\dfrac{Q_y}{I_z} S_z(s) - \dfrac{Q_z}{I_y} S_y(s)$ $y_{SM} = -\dfrac{1}{I_y} \int_i \left[\int_s zt(s)\mathrm{d}s \right] r_t(s)\mathrm{d}s$　（1b） $z_{SM} = -\dfrac{1}{I_z} \int_i \left[\int_s yt(s)\mathrm{d}s \right] r_t(s)\mathrm{d}s$
2. I 形型材 $I_y = \dfrac{1}{12} th^3$ $S(z) = \dfrac{t}{2}\left[\left(\dfrac{h}{2}\right)^2 - z^2 \right]$　（2a） 	$\sigma_x(z) = \dfrac{M_y z}{I_y}$　（2b）	$q(z) = \dfrac{Q_z S_y(z)}{I_y}$　（2c）
3. U 形型材 $I_y \approx \dfrac{1}{12} th^3 + 2tb\left(\dfrac{h}{2}\right)^2$ $S_y(s) = \dfrac{h}{2} ts$　（3a） $S_y(z) = \dfrac{h}{2} tb + \dfrac{t}{2}\left[\left(\dfrac{h}{2}\right)^2 - z^2 \right]$ 	$\sigma_x(z) = \dfrac{M_y z}{I_y}$　（3b）	$q_s = \dfrac{Q_z S_y(s)}{I_y}, \ q_m = \dfrac{Q_z S_y(z)}{I_y}$　（3c）

（续）

截面类型	弯曲应力	剪切应力
4. 工形型材 $I_y \approx \dfrac{1}{12}th^3 + 2tb\left(\dfrac{h}{2}\right)^2$ $S_y(s) = \dfrac{h}{2}t_f s$ （4a） $S_y(z) = \dfrac{h}{2}t_f b + \dfrac{t_s}{2}\left(\dfrac{h^2}{4} - z^2\right)$	$\sigma_x = \dfrac{M_y z}{I_y}$ （4b） 	$q_s = \dfrac{Q_z S_y(s)}{I_y}, q_m = \dfrac{Q_z S_y(z)}{I_y}$ （4c）
5. T 形型材 $I_y = \dfrac{1}{12}th^3 + th\left(\dfrac{1}{2}h - h_e\right)^2 + tbh_e^2$ $S_y(s) = h_e t_f s$ （5a） $S_y(z) = h_e t_f b + \dfrac{t_s}{2}(h_e^2 - z^2)$ 式中，h_e 为水平凸缘到截面形心的距离	$\sigma_x = \dfrac{M_y z}{I_y}$ （5b） 	$q_s = \dfrac{Q_z}{I_y}S_y(s), q_m = \dfrac{Q_z S_y(z)}{I_y}$ （5c）
6. Z 形型材 $I_y = \dfrac{1}{12}th^3 + tb\left(\dfrac{h}{2}\right)^2$ $S_y(s) = \dfrac{h}{2}t_f s$ （6a） $S_y(z) = \dfrac{h}{2}t_f b + \dfrac{t_s}{2}\left(\dfrac{h^2}{4} - z^2\right)$	$\sigma_x = \dfrac{M_y z}{I_y}$ （6b） 	$q_s = \dfrac{Q_z}{I_y}S_y(s), q_m = \dfrac{Q_z S_y(z)}{I_y}$ （6c）

2.1.2　截面纯扭转应力

　　纯扭转是指型材在绕型材纵向轴线的扭矩作用下，做纯扭转剪切变形。为了简化并结合 TMBB 结构的具体应用，不考虑扭转引起的型材端面翘曲现象。设截面上的扭矩载荷为 M_x，型材纯扭转力学计算见表 2.5。

表 2.5　型材纯扭转力学计算

型材类型	图例	公式
1.实心圆管		$\tau(r) = \dfrac{M_x r}{I_t}, \tau_{max} = \dfrac{M_x}{W_t}$　（1） $\varphi' = \dfrac{M_x}{GI_t}, I_t = I_p = \dfrac{\pi r_a^4}{2}, W_t = I_t / r_a$ 式中，I_t 和 I_p 分别为扭转惯性矩和极惯性矩。下同
2.厚壁圆管		$\tau(r) = \dfrac{M_x r}{I_t}, \tau_{max} = \dfrac{M_x r_a}{I_t}, \tau_{min} = \dfrac{M_x r_i}{I_t}$　（2） $\varphi' = \dfrac{M_x}{GI_t}, I_t = I_p = \dfrac{\pi(r_a^4 - r_a^4)}{2}$
3.薄壁管		$\bar{\tau} = \dfrac{M_x}{2\pi r_m^2 t}$ $r_m = (r_a + r_i) / 2$　（3） $\varphi' = \dfrac{M_x}{GI_t}, I_t = I_p \approx 2\pi r_m^3 t$
4.任意封闭截面		无阻碍扭转翘曲时，法向力流 $n_x = 0$，回转剪切力流 $q(s)$ 为常数，且 $q = \dfrac{M_x}{2\dot{A}}, \varphi' = \dfrac{M_x}{GI_t}$ $I_t = \dfrac{4\dot{A}^2}{\oint \frac{ds}{t}}, W_t = 2\dot{A}t$　（4） 式中，$\dot{A}$ 为封闭轮廓中心线所围成的面积；I_t 为扭转惯性矩；W_t 为扭转模量。注意，非圆截面的扭转惯性矩 I_t 不等于极惯性矩 I_p
5.矩形截面		$\varphi' = \dfrac{M_x}{GI_t}, \tau(r) = G\phi'r, \tau_{max} = \dfrac{M_x}{W_t}$　（5） $I_t = \dfrac{1}{3}\zeta_1 t^3 b, W_t = \dfrac{1}{3}\zeta_2 t^2 b$ 式中，b、t 分别为矩形截面的高度和厚度；系数 ζ_1、ζ_2 参考表 2.6
6.组合开口截面 1）各矩形单元扭转变形率相等 2）各单元扭矩之和等于总截面扭矩		$\varphi' = \varphi_1' = \varphi_2' = \varphi_3'$ $\varphi' = \dfrac{M_x}{GI_t}, I_t = \sum I_{ti}, I_{ti} = \dfrac{1}{3}t_i^3 b_i$ $M_x = \sum M_i, M_i = GI_{ti}\varphi'$　（6） $\tau_i = G\varphi' / t_i$ $\tau_{max} = \dfrac{M}{W_t}, W_t = I_t / t_{max}$ 式中，b_i、t_i 为第 i 矩形单元的高度和厚度；t_{max} 为最厚壁厚

表 2.7　基本铝合金截面的轻量化参数表

截面	截面尺寸参数	性能函数，敏感系数	轻量化效益系数，轻量化参数排序表	轻量化效益系数曲线
		$I_x = th^3/12$ $\partial I_x^h = th^2/4$ $\partial I_x^t = h^3/12$	$\lambda_{Ix}^h = 3$ $\lambda_{Ix}^t = 1$ (h, t)	
矩形实心型材	(h, t) $i = h/t$ $A = ht$ $\partial A^h = t$ $\partial A^t = h$	$I_y = ht^3/12$ $\partial I_y^h = t^3/12$ $\partial I_y^t = ht^2/4$	$\lambda_{Iy}^h = 1$ $\lambda_{Iy}^t = 3$ (t, h)	
		$I_t = \frac{1}{3}\zeta_1 t^3 h$ $\partial I_t^h = \frac{1}{3}\zeta_1 t^3$ $\partial I_t^t = \zeta_1 t^2 h$	$\lambda_{It}^h = 1$ $\lambda_{It}^t = 3$ (t, h)	
矩形空心型材	(w, h, t) $i = h/w$ $A = 2(w+h)t$ $\partial A^w = 2t$ $\partial A^h = 2t$ $\partial A^t = 2(w+h)$	$I_x = \frac{1}{6}th^3 + \frac{1}{2}wth^2$ $\partial I_x^w = th^2/2$ $\partial I_x^h = th(h+2w)/2$ $\partial I_x^t = h^2(h+3w)/6$	$\lambda_{Ix}^w = 1 + \dfrac{2i}{i+3}$ $\lambda_{Ix}^h = 3 + \dfrac{6}{i(i+3)}$ $\lambda_{Ix}^t = 1$ (h, w, t)	

（续）

截面	截面尺寸参数	性能函数，敏感系数	轻量化效益系数，轻量化参数排序表	轻量化效益系数曲线
矩形空心型材	(w,h,t) $i=h/w$ $A=2(w+h)t$ $\partial A^w=2t$ $\partial A^h=2t$ $\partial A^t=2(w+h)$	$I_y=\dfrac{1}{6}tw^3+\dfrac{1}{2}htw^2$ $\partial I_y^w=tw(w+2h)/2$ $\partial I_y^h=tw^2/2$ $\partial I_y^t=w^2(w+3h)/6$	$\lambda_{Iy}^w=3+\dfrac{6i^2}{3i+1}$ $\lambda_{Iy}^h=1+\dfrac{2}{3i+1}$ $\lambda_{Iy}^t=1$ (w,h,t)	
		$I_t=\dfrac{4\dot A^2}{\oint\dfrac{\mathrm{d}s}{t}}=\dfrac{2w^2h^2t}{w+h}$ $\partial I_t^w=\dfrac{2wh^2t(3w+2h)}{(w+h)^2}$ $\partial I_t^h=\dfrac{2w^2ht(2w+3h)}{(w+h)^2}$ $\partial I_t^t=\dfrac{2w^2h^2}{w+h}$	$\lambda_{It}^w=3+2i$ $\lambda_{It}^h=3+2/i$ $\lambda_{It}^t=1$ $(w,h,t)_{i>1}$ $(h,w,t)_{i<1}$	
工形空心型材	(w,h,t) $i=h/w$ $A=ht+2wt$ $\partial A^w=2t$ $\partial A^h=t$ $\partial A^t=h+2w$	$I_x=th^3/12+wth^2/2$ $\partial I_x^w=th^2/2$ $\partial I_x^h=th(h+4w)/4$ $\partial I_x^t=h^2(h+6w)/12$	$\lambda_{Ix}^w=1+\dfrac{2i}{i+6}$ $\lambda_{Ix}^h=3+\dfrac{24}{i(i+6)}$ $\lambda_{Ix}^t=1$ (h,w,t)	
		$I_y=\dfrac{tw^3}{6}+\dfrac{ht^3}{12}$ $\partial I_y^w=\dfrac{tw^2}{2}$, $\partial I_y^h=\dfrac{t^3}{12}$ $\partial I_y^t\approx\dfrac{w^3}{6}$	$\lambda_{Iy}^w=3+3i/2$ $\lambda_{Iy}^h\approx0$ $\lambda_{Iy}^t=1$ (w,t,h)	

（续）

截面	截面尺寸参数	性能函数，敏感系数	轻量化效益系数，轻量化参数排序表	轻量化效益系数曲线
工形空心型材	(w,h,t) $i=h/w$ $A=ht+2wt$ $\partial A^w=2t$ $\partial A^h=t$ $\partial A^t=h+2w$	$I_t=\dfrac{1}{3}t^3h+\dfrac{2}{3}t^3w$ $\partial I_t^w=\dfrac{2}{3}t^3$ $\partial I_t^h=\dfrac{1}{3}t^3$ $\partial I_t^t=t^2(h+2w)$	$\lambda_{It}^w=1$ $\lambda_{It}^h=1$ $\lambda_{It}^t=3$ (t,w,h)	

注：表中公式推导中忽略壁厚 t 的二次及以上次方项。

由表 2.7 可见：

1）所有尺寸的轻量化效益系数均可转化为高宽比 i 的函数，说明影响轻量化效益系数的不是该尺寸的绝对值，而是该尺寸的相对值。函数及对应的曲线形象地表明了轻量化效益系数的变化规律，以及相互之间的大小关系。

2）对已知的截面尺寸参数，先计算相应的尺寸比 i，再代入轻量化效益系数公式可求得具体的轻量化效益系数。

3）表中除了工形钢中的 λ_{Iy}^h 为零之外，其他所有轻量化效益系数均大于或等于 1，有的在 1~3 之间变化，有的大于 3，轻量化效益系数越大，说明该尺寸的轻量化效果越好。

由表 2.7 还可以看出：

1）不同的型材具有不同的轻量化规律，通过采用轻量化效益系数可量化型材截面尺寸与型材轻量化的关系，从而给出准确的轻量化规律，通过定量分析加深对问题的理解。

2）型材的轻量化规律很"隐晦"，仅凭"常识"的理解是不够的，有时甚至是错误的。例如，设计中经常采取增加壁厚来提升型材的性能，通过表 2.7 的分析可知，对工形钢的扭转惯性矩性能 I_t，增加壁厚是最好的选择，因为此时壁厚是第一轻量化参数，但是对弯曲性能，增加壁厚不是最好的选择。再例如，对矩形空心型材的三个截面惯性性能，壁厚参数都是最差的轻量化参数。

因此，本节提出的轻量化评价指标和分析方法，为型材的轻量化设计提供了科学手段，同时，该指标体系也可以用于其他各类复杂程度不同的结构的轻量化分析与设计，例如框结构、腔结构、模块结构等。

2. 型材截面的优化方法

型材截面优化的目的是确定一组截面几何尺寸，在满足力学强度约束和尺寸范围约束的前提下，保证截面面积最小，从而实现重量最轻。可以采用数学规划方法求解这一问题，但是数学规划方法都比较复杂，在设计实践中不方便使用。由前面的研究可见，轻量化参数排序表提供了型材截面优化的一种有效路径：按轻量化参数排序表中从大到小的顺序逐一确定截面参数，即排序靠前的轻量化参数均取尺寸约束的上限值，直至最后一个轻量化参数，由力学强度约束条件计算获得。该优化方法称为"轻量化参数排序表优化法"。

下面仍以矩形实心型材、矩形空心型材和工形型材为例，说明"轻量化参数排序表优化法"的简便高效。假设载荷工况为弯矩 M，强度条件为第一强度理论，尺寸约束均给出了上限。根据表 2.7 的截面轻量化分析结果，获得了轻量化参数排序表，在此基础上应用"轻量化参数排序表优化法"，可快速获得截面的优化尺寸，结果见表 2.8。

表 2.8　型材截面优化设计

截面图例	轻量化目标函数	约束条件	轻量化参数排序	轻量化优化结果
矩形实心型材	$\min A = ht$	$h \leq h_0, M/W_x \leq [\sigma]$ $W_x = th^2/6$	(h,t)	$h = h_0, t = 6M/(h_0^2[\sigma])$ $A_{\min} = ht = 6M/(h_0^2[\sigma])$
矩形空心型材	$\min A = 2(w+h)t$	$h \leq h_0, w \leq w_0$ $M/W_x \leq [\sigma]$ $W_x = th^2/3 + wht$	(h,w,t)	$h = h_0, w = w_0$ $t = \dfrac{3M}{(h_0^2 + 3h_0 w_0)[\sigma]}$ $A_{\min} = 2(h+w)t$ $= \dfrac{6(h_0 + w_0)M}{(h_0^2 + 3h_0 w_0)[\sigma]}$
工形型材	$\min A = 2wt + ht$	$h \leq h_0, w \leq w_0$ $M/W_x \leq [\sigma]$ $W_x = th^2/6 + wht$	(h,w,t)	$h = h_0, w = w_0$ $t = \dfrac{6M}{(h_0^2 + 6h_0 w_0)[\sigma]}$ $A_{\min} = 2wt + ht$ $= \dfrac{6(2w_0 + h_0)M}{(h_0^2 + 6h_0 w_0)[\sigma]}$

注：表中 $[\sigma]$ 为型材的许用拉应力，w_0、h_0 为型材宽度和高度的上限值。

2.2.3　型材截面的加强及减弱效应

1. 型材截面加强结构的轻量化规律

常见的型材截面加强结构有筋、凸台和腹板，不同的加强结构对型材性能的提升效果及轻量化效果不同。利用式（2.4b）和式（2.5b）计算加强结构 s 的性能变化率和结构轻量化效益系数，可获得其性能加强效果及轻量化规律。有关分析过程及结果见表 2.9。

表 2.9　筋的加强效应

加强结构、几何参数及截面性能	性能变化率 $\eta_{Ix}^{s} = \Delta I_x / I_{x0}$		结构轻量化效益系数 $\lambda_{Ix}^{s} = (\Delta I_x / I_{x0}):(\Delta A / A_0)$
（1）加筋 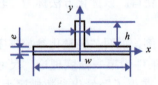 1）几何尺寸： 底板：（宽，厚）$=(w,e)$ 筋：（高，厚）$=(h,t)$ 2）设 $i = h/e$（筋高／底板厚），$j = t/w$（筋厚／底板宽），取值范围：$0 < i < 5,\ 1/20 < j < 1/10$ 3）忽略筋对底板中性轴的影响，截面性能： $A_0 = we,\ \Delta A = ht$ $I_{x0} = \dfrac{1}{12}we^3$ $\Delta I_{x0} = \dfrac{1}{12}th^3 + \dfrac{1}{4}th(e+h)^2$	$\eta_{Ix}^{s} = j(4i^3 + 6i^2 + 3i)$　（1a） 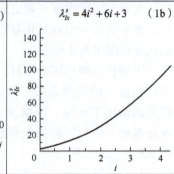		$\lambda_{Ix}^{s} = 4i^2 + 6i + 3$　（1b） 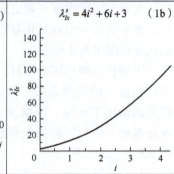
	1）筋的性能变化率与 i^3 成正比，筋越高或底板越薄，加强效果迅速增加；与 j 成正比，筋越厚或底板越窄，加强效果增加明显 2）筋的性能变化率可达数倍，甚至数十倍，因此，筋结构对薄板的截面惯量的提升效果非常好		1）筋结构的轻量化效益系数与 i^2 成正比，与 j 无关 2）筋结构的轻量化效益系数的数值也很大，可达数倍、数十倍甚至超百倍，因此，筋是很好的轻量化结构
（2）加凸台 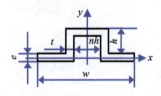 1）几何尺寸： 底板：（宽，厚）$=(w,e)$ 凸台：（高，宽，厚）$=(h,nh,t)$ 2）设 $i = h/e$（凸台高／板厚），$j = t/w$（凸台厚／底板宽），取值范围：$0 < i < 5,\ 1/40 < j < 1/20,\ h > 2t,\ n > 0$ 3）忽略凸台对底板中性轴的影响，截面性能： $A_0 = we,\ \Delta A = 2ht,\ I_{x0} = \dfrac{1}{12}we^3$ $\Delta I_{x0} \approx \left(\dfrac{1}{6}+n\right)th^3 + \dfrac{1}{2}th(e+h)^2$	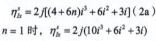$\eta_{Ix}^{s} = 2j[(4+6n)i^3 + 6i^2 + 3i]$　（2a） $n=1$ 时，$\eta_{Ix}^{s} = 2j(10i^3 + 6i^2 + 3i)$ 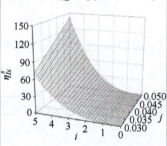		仅讨论 $n=1$ 时，$\lambda_{Ix}^{s} = 10i^2 + 6i + 3$（2b） 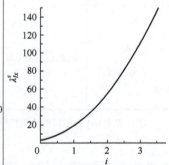
	1）结论与筋类似，但是凸台的性能变化率比筋的还要大 2 倍以上，因为凸台凸起的双边类似两条筋，同时凸台的顶边上移也加大了截面惯性矩 2）凸台的宽度（nh）对加强效果影响很大，越宽，加强效果越好		结论与筋类似，对相同的 i，凸台的轻量化效益系数的数值更大，因此，凸台是非常好的轻量化结构，比筋还好

（续）

加强结构、几何参数及截面性能	性能变化率 $\eta_{Ix}^{s} = \Delta I_x / I_{x0}$	结构轻量化效益系数 $\lambda_{Ix}^{s} = (\Delta I_x / I_{x0}):(\Delta A / A_0)$
	$\eta_{Ix}^{s} = \dfrac{1.5}{3+i}k^2$	$\lambda_{Ix}^{s} = \left(1+\dfrac{2}{1+3/i}\right)k^2$

（3）加腹板 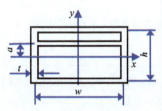 1）几何尺寸： 型材：（高，宽，壁厚）$=(h,w,t)$ 腹板：（宽，偏置）$=(w,a)$ 2）设高/宽 $i=h/w$，腹板偏置率 $k=a/(0.5h)$，取值范围：$i<5$，$0<k<1$ 3）忽略腹板对截面中性轴的影响，截面性能： $A_0 = 2wt + 2ht$, $\Delta A = wt$ $I_{x0} = th^3/6 + wth^2/2$ $\Delta I_x = wta^2$	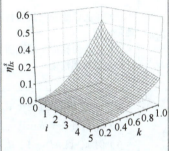 1）腹板的性能变化率与 k^2 成正比，即偏置越大，腹板的性能变化率越大 2）腹板的性能变化率与 i 成反比，即高宽比越大，腹板的性能变化率越小 3）令 $k=1$（最大偏置），i 趋于 0（扁平型材），此时性能变化率最大，但是不超过 50%	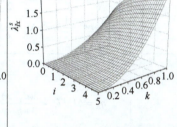 1）腹板的轻量化效益系数与 k^2 成正比，与 $1+3/i$ 成反比，可见 k 和 i 越大，腹板加强的轻量化效果越好 2）令 $k=1$（最大偏置），i 趋于无穷大（对应细高型材），轻量化效益系数趋于 3 3）令 $\lambda_{Ix}^{s}=1$，得临界偏置率 $k_0 = \sqrt{(i+3)/(3i+3)}$，当 $k>k_0$ 时，轻量化效益系数大于 1，加腹板的轻量化效果好 4）进一步令 i 趋于无穷大，得最小临界偏置率 $k_0 = \sqrt{1/3}$

2. 孔的性能弱化效应

设上下表面开孔的矩形腔型材的几何参数为（宽，高，壁厚，筋位）$=(w,h,t,d_0)$，$0 \le d_0 \le w$。由于开孔只是在局部截面减去材料，不会影响型材整体重量，故不需要做型材轻量化效益系数分析，但是在腔的表面开孔会减弱腔型材在该截面上的性能，故需要分析开孔对局部性能的影响。有关分析过程及结果见表 2.10。

表 2.10　开孔的弱化效应

内容	结果	说明
图例		
截面性能函数	$A_0 = 2wt + 2ht,\ \Delta A = 2d_0 t$ $I_{x0} = \frac{1}{6}th^3 + \frac{1}{2}wth^2,\ \Delta I_x = \frac{1}{2}d_0 th^2$ $I_{y0} = \frac{1}{6}tw^3 + \frac{1}{2}htw^2,\ \Delta I_y = \frac{1}{6}td_0^3$	1）开孔导致局部截面材料的面积减小，性能降低，变化量取绝对值 2）称 I_x 为孔面（即孔所在型材表面）平行轴惯性矩，I_y 为孔面垂直轴惯性矩
性能变化率	$\eta_{Ix}^s = \Delta I_x / I_{x0} = \dfrac{3(d_0/w)}{3 + h/w}$	1）η_{Ix}^s 为 I_x 的性能变化率，d_0/w 为开孔率，取值范围为（0,1） 2）η_{Ix}^s 与开孔率成正比，且小于 1 3）例如，设 $h/w = 1$，$d_0/w = 0.7$，代入左边公式得 $\eta_{Ix}^s = 0.5$，即 70% 的开孔率导致 50% 的性能变化率，惯性矩 I_x 损失过半，因此，在该方向要慎重开孔，尤其是不能开大孔
	$\eta_{Iy}^s = \Delta I_y / I_{y0} = \dfrac{(d_0/w)^3}{1 + 3h/w}$	1）η_{Iy}^s 与开孔率的三次方成正比，由于开孔率小于 1，所以该性能变化率 $\ll 1$ 2）例如，设 $h/w = 1$，$d_0/w = 0.7$，代入左边公式得 $\eta_{Iy}^s = 0.074$，即 70% 的开孔率导致 7.4% 的性能变化率，可见 $\eta_{Iy}^s \ll \eta_{Ix}^s$，即孔面垂直轴惯性矩 I_y 的损失远小于孔面平行轴惯性矩 I_x 的损失

由以上分析可见：

1）性能面积密度、性能敏感系数、性能变化率、轻量化效益系数和轻量化参数排序表从不同角度描述了型材截面的性能及轻量化特点，基于此得到以下规律：①轻量化效益系数大于 1，表明性能的变化率大于材料的变化率，对轻量化有利；②增加最大轻量化参数对提升性能最有效，减小最小轻量化参数对减重最有效。

2）由轻量化参数排序表可以快速获得一组质量最轻的型材截面尺寸。

3）加筋和加凸台带来的性能变化率和轻量化效益系数都非常高，是非常有效的轻量化加强结构，其中凸台的轻量化效果更好。

4）内腹板对矩形腔型材有较明显的加强效果，为了获得更好的轻量化效果，内腹板应尽量布置到临界腹板偏置率之外的位置，但是，腹板的性能变化率最大不超过 50%，轻量化效益系数最大不超过 3。

5）虽然型材表面开孔对型材整体的轻量化效果没有影响，但是会削弱开孔局部截面的惯性矩，并且对孔面平行轴惯性矩的损失远大于对孔面垂直轴惯性矩的损失。

2.3 "铝代钢"轻量化方法

　　"铝代钢"是工程实践中最常见的结构轻量化方法，该方法沿用现有钢结构的拓扑结构，只是用铝合金型材替换钢型材，但是"铝代钢"不能简单照搬钢型材的截面尺寸，必须建立替代模型，并以模型为基础确定铝合金型材的尺寸。本节以矩形型材为例，通过建立型材的铝代钢对比分析模型，在等尺寸、等重量、等刚度、等负荷等4种不同的等效条件下，分别就加大铝合金型材截面尺寸和加大铝合金型材厚度两种不同的铝代钢方式进行了性能比较，定量地解释了型材铝代钢的轻量化规律。对其他截面型材，或其他替代模式，同样可以采用本节方法进行分析，但是要重新建立相应的比较模型。

2.3.1 比较模型

　　本节以矩形空心钢型材和铝合金型材为例，分别按等尺寸、等重量、等刚度、等最大载荷能力（简称等负荷）等4种等效条件，分析用铝合金型材代替钢型材所带来的性能变化。假设型材的外部负荷为弯矩，对比的钢材牌号为Q345，铝合金牌号为5083，相应的材料性能见表 2.11[17]。

表 2.11　对比分析所采用的钢、铝合金材料性能

材料	密度 $\rho/(\text{g/cm}^3)$	弹性模量 E/GPa	屈服强度 $[\sigma]$/MPa	比强度 $[\sigma]/\rho$	比刚度 E/ρ
铝（Al5083）	2.7	69	200	74	22.9
钢（Q345）	7.8	208	345	44	26.4
比值	$i_\rho = 0.346$	$i_E = 0.33$	$i_\sigma = 0.58$	1.68	1

注：表中 i_ρ、i_E、i_σ 分别为铝 – 钢密度比、拉压弹性模量比和强度比。

　　由表 2.11 数据可见，铝合金材料的优势是密度低和比强度高，但是劣势也明显，即铝合金材料的弹性模量只有钢的 1/3，铝合金的比刚度与钢材相当。

　　保持型材截面的宽高比不变，分别增加铝合金型材截面轮廓大小和型材厚度，对比分析铝合金型材相对于钢型材的性能变化情况，为此建立表 2.12 所示的比较模型。

　　表 2.12 分别列出了钢型材、截面轮廓加大的铝合金型材和加厚的铝合金型材的 6 个基本参数公式组（1a）~（1f）、（2a）~（2f）和（3a）~（3f），还分别列出了 2 个对比量公式组（4a）~（4f）和（5a）~（5f），为了便于统计对比，假设钢型材的 6 个对比量取值为 1（钢与自身相比）。由公式组（4a）~（4f）和（5a）~（5f）可见，对比量均为尺寸比 i_H 或 i_T 的函数，但具体的函数表达式不同。表中上角标 Al 和 Q 分别代表铝合金和钢，刚度比和负荷比只讨论弯曲刚度和弯曲负荷。

表 2.12　铝代钢性能比较模型

比较内容 ＼ 比较对象		钢型材 □	铝型材截面轮廓加大 □	铝型材加厚 ■
基本参数	尺寸（宽，高，厚）	$S^Q = (w, h, t),\ j = w/h$（1a）	$S_1^{Al} = (W, H, t),\ j = W/H$（2a）	$S_2^{Al} = (w, h, T),\ j = w/h$（3a）
	惯性矩	$I^Q = 1/6\, th^3(1+3j)$（1b）	$I_1^{Al} = 1/6\, tH^3(1+3j)$（2b）	$I_2^{Al} = 1/6\, Th^3(1+3j)$（3b）
	面积	$A^Q = 2th(1+j)$（1c）	$A_1^{Al} = 2tH(1+j)$（2c）	$A_2^{Al} = 2Th(1+j)$（3c）
	重量	$G^Q = A^Q L \rho^Q$（1d）	$G_1^{Al} = A_1^{Al} L \rho^{Al}$（2d）	$G_2^{Al} = A_2^{Al} L \rho^{Al}$（3d）
	刚度	$K^Q = E^Q I^Q$（1e）	$K_1^{Al} = E^{Al} I_1^{Al}$（2e）	$K_2^{Al} = E^{Al} I_2^{Al}$（3e）
	最大负荷	$M^Q = 2[\sigma]^Q I^Q / h$（1f）	$M_1^{Al} = 2[\sigma]^{Al} I_1^{Al} / H$（2f）	$M_2^{Al} = 2[\sigma]^{Al} I_2^{Al} / h$（3f）
对比量	尺寸比：$i_H = H/h$ 或 $i_T = T/t$	—	高度比 $i_H = H/h$（4a）	壁厚比 $i_T = T/t$（5a）
	惯性矩比：$i_I = I^{Al}/I^Q$	—	$i_{I1} = i_H^3$（4b）	$i_{I2} = i_T$（5b）
	面积比：$i_A = A^{Al}/A^Q$	—	$i_{A1} = i_H$（4c）	$i_{A2} = i_T$（5c）
	重量比：$i_G = G^{Al}/G^Q$	—	$i_{G1} = i_\rho i_{A1} = i_\rho i_H$（4d）	$i_{G2} = i_\rho i_{A2} = i_\rho i_T$（5d）
	刚度比：$i_K = K^{Al}/K^Q$	—	$i_{K1} = i_E i_{I1} = i_E i_H^3$（4e）	$i_{K2} = i_E i_{I2} = i_E i_T$（5e）
	负荷比：$i_M = M^{Al}/M^Q$	—	$i_{M1} = i_\sigma i_{I1}/i_H = i_\sigma i_H^2$（4f）	$i_{M2} = i_\sigma i_{I2} = i_\sigma i_T$（5f）

2.3.2　等尺寸条件下铝代钢的性能比较

假设铝合金型材与钢型材等尺度，即两者的截面轮廓尺寸和型材厚度均相等，根据表 2.11 中的有关数据以及表 2.12 的公式，可得表 2.13 和图 2.1 的结果。

表 2.13　等尺寸条件下铝代钢性能比较

比较内容	1. 铝型材截面轮廓加大	2. 铝型材加厚
等效条件	等尺寸：$i_H = 1, i_T = 1$	
惯性矩比 i_I	$i_{I1} = i_H^3 = 1$	$i_{I2} = i_T = 1$
面积比 i_A	$i_{A1} = i_H = 1$	$i_{A2} = i_T = 1$
重量比 i_G	$i_{G1} = i_\rho = 0.346$	$i_{G2} = i_\rho = 0.346$
刚度比 i_K	$i_{K1} = i_E = 0.33$	$i_{K2} = i_E i_T = 0.33$
负荷比 i_M	$i_{M1} = i_\sigma = 0.58$	$i_{M2} = i_\sigma i_T = 0.58$

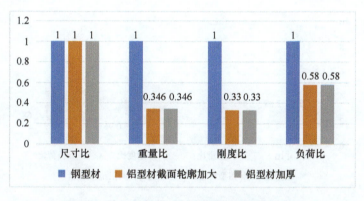

图 2.1　等尺寸条件下铝代钢的性能统计对比

分析：

1）型材尺寸相同时，铝代钢的轻量化效果明显，但是刚度和负荷能力均显著下降。

2）重量减轻比例等于铝代钢的材料密度比（0.346），刚度下降比例为铝代钢的弹性模量比（0.33），负荷能力下降比例为铝代钢的强度比（0.58）。由于铝合金弹性模量仅为钢的 1/3 且无法提升，因此等尺寸铝代钢的刚度性能极差。

3）如果对型材的刚度要求不高，采用高强铝合金进行等尺寸铝代钢，可以获得最高的轻量化效果。

2.3.3　等重量条件下铝代钢的性能比较

假设铝合金型材与钢型材等重量，分别增加铝合金型材截面轮廓尺寸和壁厚。由等效条件、表 2.11 中的有关数据以及表 2.12 的公式，可得表 2.14 和图 2.2 的结果。

表 2.14　等重量条件下铝代钢的性能比较

比较内容	1. 铝型材截面轮廓加大	2. 铝型材加厚
等效条件	等重量：$\rho^{Al}LA^{Al} = \rho^{Q}LA^{Q}$，即 $i_A = \dfrac{A^{Al}}{A^{Q}} = \dfrac{\rho^{Q}}{\rho^{Al}} = 1/i_\rho = 2.89$	
面积比 i_A	$i_{A1} = i_A = 2.89$	$i_{A2} = i_A = 2.89$
尺寸比	$i_H = i_{A1} = 2.89$	$i_T = i_{A2} = 2.89$
惯性矩比 i_I	$i_{I1} = i_H^3 = 24$	$i_{I2} = i_T = 2.89$
刚度比 i_K	$i_{K1} = i_E i_H^3 = 8$	$i_{K2} = i_E i_T = 0.96$
负荷比 i_M	$i_{M1} = i_\sigma i_H^2 = 4.8$	$i_{M2} = i_\sigma i_T = 1.68$

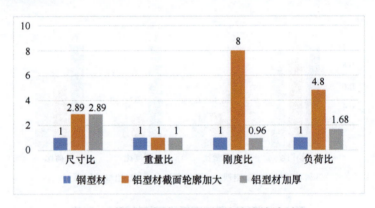

图 2.2　等重量条件下铝代钢的性能统计对比

分析：

1）显然，等重量条件下铝代钢没有轻量化效果。

2）加大型材壁厚时，等重量铝代钢的弯曲刚度几乎没有提升，但是载荷能力增加了 0.68 倍。

3）加大型材截面轮廓尺寸时，等重量铝代钢的刚度提升到 8 倍，负荷能力提升到 4.8 倍。

可见，大截面轮廓尺寸的铝合金型材具有突出的高刚度和大承载能力优势，即用同样重量的铝合金型材可以获得很高的型材刚度和承载能力，这也从另一个角度反映出铝合金的轻量化优势。

2.3.4　等刚度条件下铝代钢的性能比较

假设铝合金型材与钢型材等刚度，分别增加铝合金型材截面轮廓尺寸和壁厚。由等效条件、表 2.11 中的有关数据以及表 2.12 的公式，可得表 2.15 和图 2.3 的结果。

表 2.15 等刚度条件下铝代钢性能比较

比较内容	1. 铝型材截面轮廓加大	2. 铝型材加厚
等效条件	等刚度：$E^{Al}I^{Al}=E^{Q}I^{Q}$，即 $i_I=\dfrac{I^{Al}}{I^{Q}}=\dfrac{E^{Q}}{E^{Al}}=1/i_E=3$	
惯性矩比 i_I	$i_{I1}=i_I=3$	$i_{I2}=i_I=3$
尺寸比	$i_H=\sqrt[3]{i_{I1}}=\sqrt[3]{3}=1.44$	$i_T=i_{I2}=3$
面积比 i_A	$i_{A1}=i_H=1.44$	$i_{A2}=i_T=3$
重量比 i_G	$i_{G1}=i_\rho i_H=0.5$	$i_{G2}=i_\rho i_T=1$
负荷比 i_M	$i_{M1}=i_\sigma i_H^2=1.2$	$i_{M2}=i_\sigma i_T=1.74$

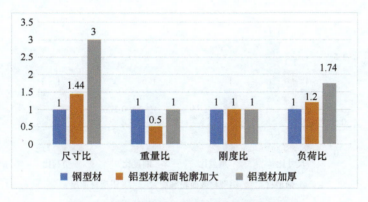

图 2.3 等刚度条件下铝代钢的性能统计对比

分析：

1）等刚度条件下，增加截面尺寸的铝代钢轻量化效果非常突出，截面尺寸增加了 44%，重量减轻了 50%，负荷能力提升了 20%。

2）增加厚度的铝代钢方案没有轻量化效果，厚度增加到 3 倍，重量相同，但负荷能力提升了 74%。

2.3.5 等负荷条件下铝代钢的性能比较

假设铝合金型材与钢型材承受的最大负荷能力相同，分别增加铝合金型材截面尺寸和壁厚。由等效条件、表 2.11 中的有关数据以及表 2.12 的公式，可得表 2.16 和图 2.4 的结果。

表 2.16　等负荷条件下铝代钢的性能比较

比较内容	1. 铝型材截面轮廓加大	2. 铝型材加厚
等效条件	等负荷：$2[\sigma]^{Al}I^{Al}/H^{Al}=2[\sigma]^{Q}I^{Q}/h^{Q}$ 即 $i_I=\dfrac{I^{Al}}{I^{Q}}=i_H/i_\sigma$	
尺寸比	$i_{I1}=i_H^3=i_H/i_\sigma$ 得 $i_H=\sqrt{1/i_\sigma}=1.3$	$i_{I2}=i_T=i_H/i_\sigma$ 令 $i_H=1$，得 $i_T=1.72$
惯性矩比 i_I	$i_{I1}=i_H^3=2.26$	$i_{I2}=i_T=1.72$
面积比 i_A	$i_{A1}=i_H=1.3$	$i_{A2}=i_T=1.72$
重量比 i_G	$i_{G1}=i_\rho i_H=0.45$	$i_{G2}=i_\rho i_T=0.6$
刚度比 i_M	$i_{K1}=i_E i_H^3=0.73$	$i_{K2}=i_E i_T=0.57$

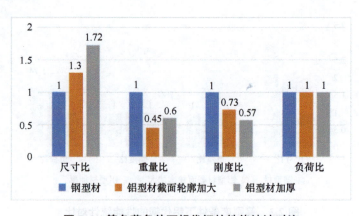

图 2.4　等负荷条件下铝代钢的性能统计对比

分析：

1）等负荷条件下，两种铝代钢方案均有明显的轻量化效果，但是铝合金型材的刚度均有明显降低。

2）如果对刚度没有特别要求，采用等负荷条件的铝代钢方案比等刚度条件的替代方案有更好的轻量化效果。

总结：

1）等尺寸铝代钢的轻量化效果最好，但是力学性能下降最大，尤其是刚度很差，几乎没有工程价值。

2）增加厚度的等重量铝代钢既没有实现轻量化，也没有提升刚度性能，但是承载能力有近 1.7 倍的提升；增加截面轮廓大小的等重量铝代钢的刚度增加到 8 倍，负荷能力增加到 5 倍，但是没有轻量化。

3）增加型材截面轮廓大小的等刚度铝代钢的综合效果最好，重量减轻了 50%，负荷能力提高了 20%，但缺点是轮廓尺寸增加了 44%，需要占用更大的设计空间。

4）等负荷铝代钢的轻量化效果比等刚度铝代钢的轻量化效果还要好，但是刚度损失较大，如果对刚度要求不高，等负荷铝代钢也是一种可行的轻量化方案。

总体上，增加截面轮廓尺寸的等刚度铝代钢的综合效果比增加厚度的铝代钢效果好，工程中应优先采用增加型材截面轮廓的等刚度铝代钢方案。

第3章 榫卯结构几何原理

　　铝合金的连接技术是 TMBB 轻量化结构体系的核心，"榫卯 +" 既是铝合金连接的突破点，也是 TMBB 创新体系能否经受考验的关键点，因此，必须对"榫卯 +"进行全面的研究与实践。"榫卯 +"的基础是榫卯，榫卯结构是我国古代的伟大发明之一，是一种木结构连接的先进技术，历经数千年的历史传承至今并仍在广泛应用。但是，历史上榫卯结构一直停留在技艺层面，由匠人代代传承，虽然近现代以来引入了一些科学方法对榫卯结构的几何、力学、制造、施工等进行研究[18-20]，但是，榫卯结构尚未形成类似于机械科学的工程学体系和方法。本章及下一章结合 TMBB 创新结构对连接技术的要求，应用现代工程学方法研究榫卯结构的几何原理和力学规律，加深对榫卯结构的理解，同时为 TMBB "五化"设计中的"榫卯化"设计方法提供理论支撑。

3.1 榫卯结构几何原理

3.1.1 榫卯结构的构造性定义

　　虽然榫卯结构在我国传承了数千年，但是至今对榫卯结构的描述仍然局限于通俗性的文字性描述，例如称榫卯结构是一种"凹凸相扣""阴阳咬合""天衣无缝"的连接方式，这种定义只能意会，但很难把握其本质。对一个现代工程技术体系，无论从概念、内容到方法都有严格、清晰的定义和推导，所得出的结论应该明确并可重复验证。以下按照现代科学技术的研究方法对榫卯结构进行分析和研究，首先要给出榫卯结构的科学定义。

　　榫卯结构包括榫头和卯孔两部分，分别对应着结构上的两种空间形态：榫头对应着有材料的体积空间，卯孔对应着无材料的体积空间，榫卯连接就是将一个构件上的材料体积空间放入另一个构件上的无材料体积空间中，从而实现两个构件之间的装配关系。因此，建立两个构件之间的空间装配关系是榫卯结构的本质。由于两个构件之间只有在其空间重叠区域（或称公共体积空间）才可能发生装配关系，因此，榫卯结构的核心是如何处理该公共体积空间，以实现两个构件之间的有效装配。

提取并处理该公共体积空间的过程又称为榫卯结构的构造过程。如图 3.1 所示，一对构件 B_1 和 B_2 之间的榫卯结构的构造过程包括 4 个步骤：①找到构件之间的相交体积；②将相交体积划分为子块；③在构件之间重新分配子块，获得一对新构件；④确定新构件之间的相交面。

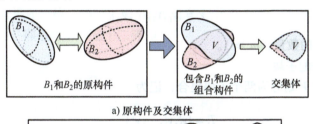

a) 原构件及交集体

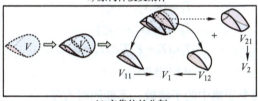

b) 交集体的分割

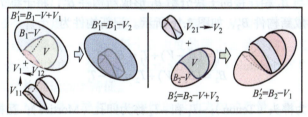

c) 交集体重新分配及新构件

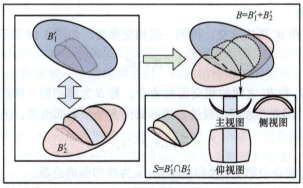

d) 交集面

图 3.1　榫卯结构的构造过程

（1）求交集体积

假设 B_1 和 B_2 之间有部分重叠的体积 V，如图 3.1a 所示，记为

显然，NOA 和 NOF 是互补的，即 NOA = 12–NOF。

榫卯结构中常常会出现对某一运行方向进行重复约束的现象，为此定义冗余约束度 D-NOF（Duplicated Number of Fixed movements）来表达该重复约束现象。

定义 3.5：参数 D-NOF 是指部件被重复限制的运动方向数。D-NOF 越大，冗余约束越多，装配冲突越大。不过，冗余约束有利于提高榫卯面的面积，降低接触面压力，提高连接稳定性等，因此在榫卯结构中广泛存在。

（3）力学属性

榫卯结构是通过榫卯面的相互作用实现运动约束的，榫卯面只能承受压力，不能承受拉力，并且将压力传递给榫头材料和卯孔周边的结构材料，因此，榫卯结构的力学性能取决于榫卯结构的受力状态、榫头结构以及卯孔周边结构的几何形态，总体上，榫头越大、榫卯结构的力学性能越好，榫卯面越大、榫卯面之间的压力越小，均有利于榫卯结构的安全性。

3.1.3　复合榫卯结构定义

复合榫卯结构是指 3 个及以上构件之间的榫卯连接结构。复合榫卯结构可采用以下递推过程进行构造。

1）引入第 1、2 构件，按榫卯结构定义获得第 1 轮 2 组榫卯结构，记为

$$\{T_1^{(1)}, -T_1^{(1)}\}, \{T_2^{(1)}, -T_2^{(1)}\}$$

2）增加第 3 构件，分别和榫头（$T_1^{(1)}$，$T_2^{(1)}$）构造榫卯结构，得到第 2 轮 3 组榫卯结构，记为

$$(T_1^{(2)}, -T_1^{(2)}), (T_2^{(2)}, -T_2^{(2)}), (T_3^{(1)}, -T_3^{(1)})$$

3）以此类推，增加第 n 构件，分别和前序（$n-1$）个榫头构造榫卯结构，得到第 $n-1$ 轮 n 组榫卯结构，记为

$$(T_1^{(n-1)}, -T_1^{(n-1)}), (T_2^{(n-1)}, -T_2^{(n-1)}), (T_3^{(n-2)}, -T_3^{(n-2)}), \cdots, (T_{n-1}^{(2)}, -T_{n-1}^{(2)}), (T_n^{(1)}, -T_n^{(1)})$$

式中，上角标表示该榫卯结构的迭代轮数，下角标表示构件编号。可见，第 1、2 个构件上的榫头迭代了 $n-1$ 轮，第 n 个构件上的榫头迭代了 1 轮。通常迭代轮次越多，剩余的材料越少。为便于理解，表 3.1 给出了三构件复合榫卯结构的构造图例。

表 3.1　三构件复合榫卯结构的构造过程

	第 0 轮	第 1 轮	第 2 轮
原始构件	B_1　B_2　B_3	B_1+B_2	$B_1^{(1)}+B_3$　$B_2^{(1)}+B_3$

（续）

	第 0 轮	第 1 轮	第 2 轮	
交集体 V	—	$V = B_1 \cap B_2$	$V = B_1^{(1)} \cap B_3$	$V = B_2^{(1)} \cap B_3$
分割 V	—	(v_1, v_2, v_3)	(v_1, v_2)	(v_1, v_2, v_3)
分配 V	—	构件 $B_1^{(1)}$ 及 榫头 $T_1^{(1)}$ 构件 $B_2^{(1)}$ 及 榫头 $T_2^{(1)}$	构件 $B_1^{(2)}$ 及榫头 $T_1^{(2)}$ 构件 $B_3^{(1)}$ 及 榫头 $T_3^{(1)}$	构件 $B_2^{(2)}$ 及榫头 $T_2^{(2)}$
榫卯连接结果	—			

定义（或设计）复合榫卯结构时，要事先分析各个构件的几何特点及力学特点，按构件的大小及受力的大小顺序，选择复合榫卯结构的构造顺序。

需要说明的是，复合榫卯结构的设计、运动学与装配性分析非常复杂，例如孔明锁，通过在榫卯面之间留有装配空隙或通过不完整的榫卯结构（只有卯孔，没有榫头）实现装配，尽管如此，其装配顺序也有严格的限制。上述榫卯结构的递推构造性定义还难于表达这种复杂情况。

3.1.4 榫卯结构的运动学参数计算

对构件的运动约束是通过榫卯面来实现的，为便于制造，最基础、最常见的榫卯面是平面。以下定义互相正交的榫卯面为规则榫卯面，不同数量的规则榫卯面及其不同的组合方式，会带来不同的运动约束效果。规则榫卯面最多有 9 种组合，表 3.2 列出了所有 9 种规则榫卯面的组合以及相应的 NOF、NOA 和 D-NOF 参数。

表 3.2 9 种规则榫卯面组合的约束分析

规则榫卯面构成	平①	平⊥平②	平⊥平⊥平	（平∥平）③	（平∥平）⊥平
图例	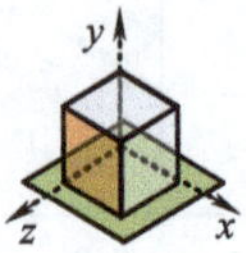	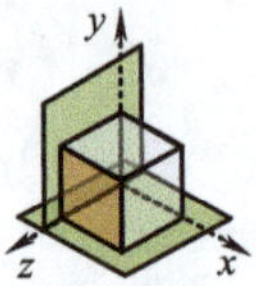	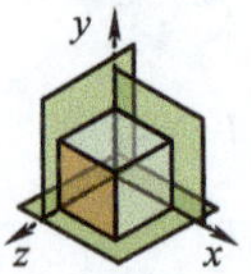	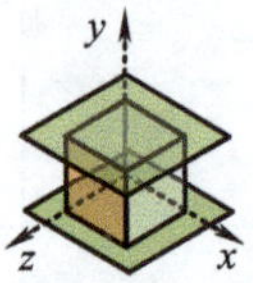	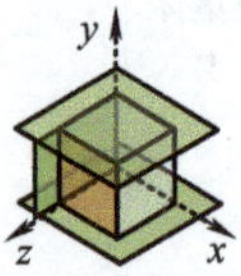
榫卯面数	1	2	3	2	3
NOF	1（1 移动）	2（2 移动）	3（3 移动）	6（2 移动 +4 转动）	7（3 移动 + 4 转动）
D-NOF	0	0	0	0	0
NOA	11	10	9	10	9

规则榫卯面构成	（平∥平）⊥平⊥平④	（平∥平）⊥（平∥平）	（平∥平）⊥（平∥平）⊥平	（平∥平）⊥（平∥平）⊥（平∥平）
图例	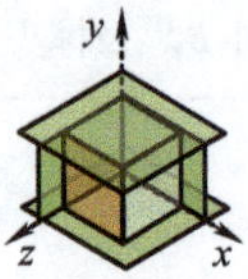	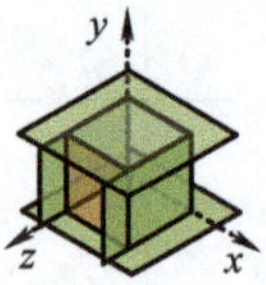	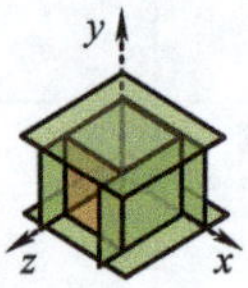	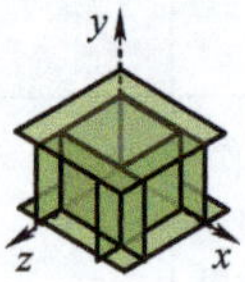
榫卯面数	4	4	5	6
NOF	8（4 移动 +4 转动）	10（4 移动 +6 转动）	11（5 移动 +6 转动）	12（6 移动 +6 转动）
D-NOF	0	2（±z- 转动）	2（±z- 转动）	6（±xyz- 转动）
NOA	4	2	1	0（不能装配）

① 平：一个规则榫卯面。

② （ ）⊥（ ）：两组规则榫卯面正交。

③ （平∥平）：一对反向平行的规则榫卯面。

④ （ ）⊥（ ）⊥（ ）：三组规则榫卯面正交。

由表 3.2 可见：

1）单个规则榫卯面对运动的约束能力很弱，NOF = 1，增加同向平行的规则榫卯面（$\bar{n}_1 = \bar{n}_2$）不会增加运动约束度，但是会增加一个冗余约束度，即 D-NOF = 1。

2）一对反向平行的规则榫卯面对（$\bar{n}_1 = -\bar{n}_2$）的组合约束能力很强，达到 NOF =

6；增加一对平行的反向平行规则榫卯面不会增加运动约束度，但是会增加 6 个冗余约束度，D-NOF = 6。

3）增加更多的规则榫卯面可以获得更多的约束度，当出现 3 组反向平行规则榫卯面，且 3 组榫卯面之间正交时，NOF = 12，同时带来了 6 个冗余约束，D-NOF = 6。

当出现既不平行也不垂直于规则榫卯面的倾斜榫卯面单元时，可采用投影原理将倾斜榫卯面转化为等效的规则榫卯面，见表 3.3。

表 3.3　倾斜榫卯面的等效规则化

夹角范围	$\alpha = (0°, 90°]$	$\alpha = (90°, 180°)$	$\alpha = (180°, 270°)$	$\alpha = [270°, 360°)$
夹角面约束	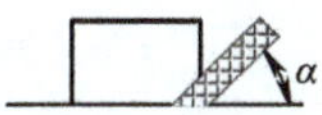	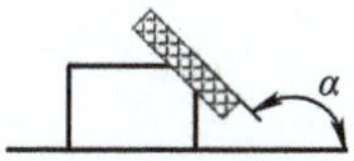	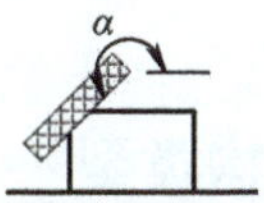	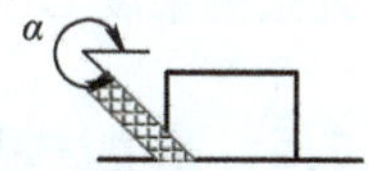
等效规则榫卯面	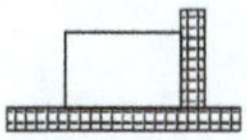 NOF = 2	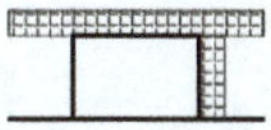 NOF = 2	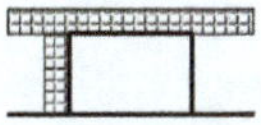 NOF = 2	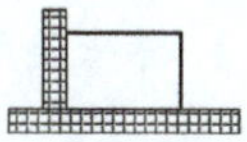 NOF = 2

由表 3.3 可见，斜面的等效约束度均为 2，但是不同象限的倾斜角度带来不同方向的运动约束效果。

对圆柱榫卯面也可以采用投影原理进行处理，但是圆柱面的等效约束面不能限制沿圆柱轴向的 2 个转动，见表 3.4。

表 3.4　圆柱面的等效规则化

圆柱面包角范围	$\alpha = (0°, 90°]$	$\alpha = (90°, 180°]$	$\alpha = (180°, 360°]$
圆柱约束	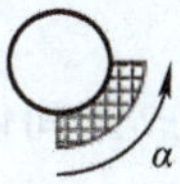	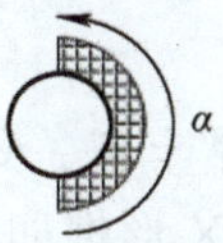	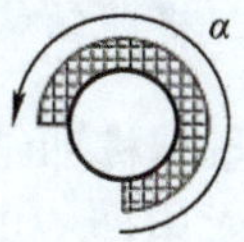
等效榫卯基约束	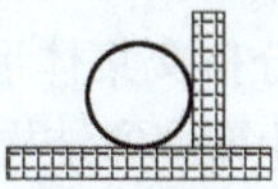 NOF = 2	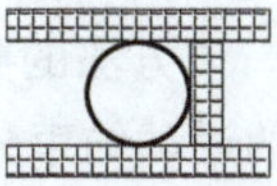 NOF = 5	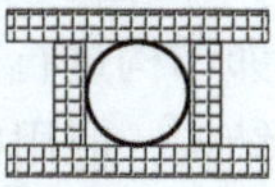 NOF = 8

基于上述分析，可以计算任意一对榫卯结构的运动参数：NOF、NOA 和 D-NOF。步骤如下：

1）设实际榫卯结构中的榫卯面集合为 S，建立规则坐标系。

2）将 S 中不平行规则平面的单元面 s_i 按投影原理处理，最终获得全部的规则榫卯面。

3）合并同向平行规则榫卯面为一个规则榫卯面，得到一组合并后的规则榫卯面集合。

4）该集合必为表 3.2 中的一种组合，由该表可获得相对应的榫卯结构运动约束度参数 NOF 和 NOA。

5）在表 3.2 基础上，按每合并一个平行的规则榫卯面增加 1 个冗余约束度累加计算冗余约束度 D-NOF。

3.1.5 典型榫卯结构类型

1. 榫头类型

传统上，榫卯结构主要用于木结构之间的连接，受限于木材特性及加工工艺，榫头的结构大多为比较规则的形体，最常用的榫头结构如图 3.2 所示 [21]。

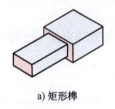

a) 矩形榫   b) 燕尾榫   c) 三角榫   d) 圆柱榫

图 3.2 典型榫头结构

2. 榫卯结构类型

虽然榫卯结构类型非常丰富、变化多端，形成民间俗称的"七十二榫卯"，考虑工程实用性，以下仅讨论 X 形榫卯结构、T 形榫卯结构、L 形榫卯结构和 I 形榫卯结构，采用榫卯结构的构造性定义，以及榫卯结构的运动约束分析方法对工程中常用的榫卯结构进行归纳分类。该方法的要点是，分析交集体形状，将交集体分割成多对榫卯结构，应用榫卯结构的运动约束分析方法计算榫卯结构的 NOF。

表 3.5 中分别对 4 种形状的榫头（矩形、燕尾形、三角形和圆柱形）、1～3 对榫头分割方案的榫卯结构进行分析。

表 3.5　典型榫卯结构类型及其 NOF

类型	交集	交集体分割及分配		
		1 对榫卯：$(v_1,-v_1)$	2 对榫卯：$(v_1,-v_1)$, $(v_2,-v_2)$	3 对榫卯：$(v_1,-v_1)$, $(v_2,-v_2)$, $(v_3,-v_3)$
X 形交叉榫	矩形／燕尾形	NOF=7；NOF=10 矩形；NOF=10 燕尾形	NOF=11 矩形	NOF=11 矩形
	圆柱形	NOF=8 圆柱形	无	无
T 形单端榫	矩形／三角形／燕尾形	NOF=11 三角形；NOF=11 矩形；NOF=11 燕尾形	NOF=8 矩形；NOF=8 三角形；NOF=11 燕尾形	NOF=11 矩形；NOF=11 三角形；NOF=11 燕尾形

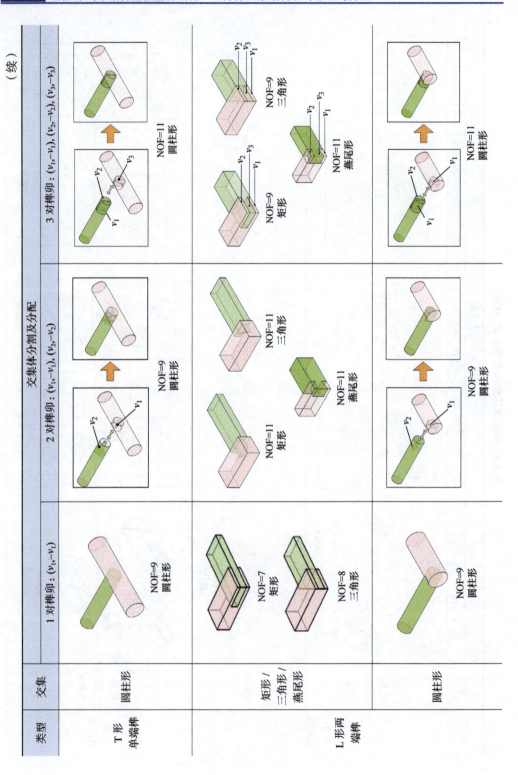

（续）

交集体分割及分配

类型	交集	1 对榫卯：$(v_1 \rightarrow v_1)$	2 对榫卯：$(v_1 \rightarrow v_1)$，$(v_2 \rightarrow v_2)$	3 对榫卯：$(v_1 \rightarrow v_1)$，$(v_2 \rightarrow v_2)$，$(v_3 \rightarrow v_3)$
T 形单端榫	圆柱形	NOF=9 圆柱形	NOF=9 圆柱形	NOF=11 圆柱形
L 形两端榫	矩形 / 三角形 / 燕尾形	NOF=7 矩形 NOF=8 三角形	NOF=11 矩形 NOF=11 三角形 NOF=11 燕尾形	NOF=9 矩形 NOF=9 三角形 NOF=11 燕尾形
	圆柱形	NOF=9 圆柱形	NOF=9 圆柱形	NOF=11 圆柱形

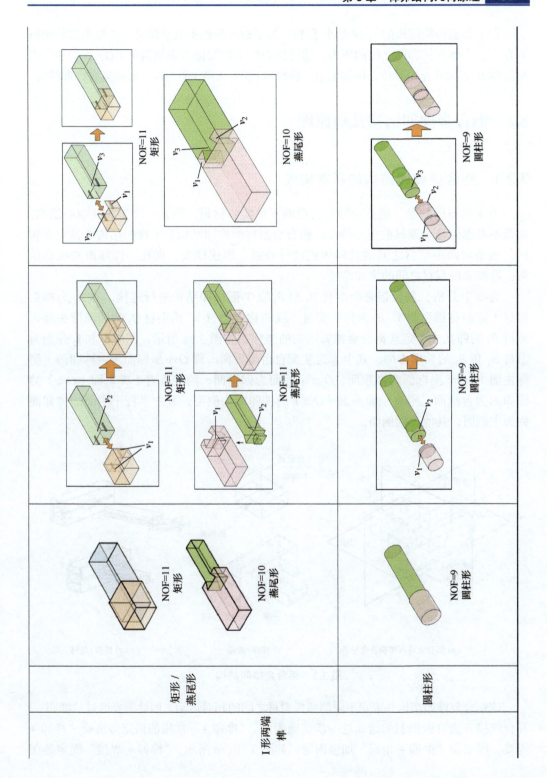

以上典型榫卯结构的 NOF 都小于 12，为了进一步约束剩余运动，工程中常采用以下方法：①增加榫卯面之间的压力，通过压力产生的摩擦力限制剩余 DOF；②在未限制的 DOF 方向补充锁紧件，例如插销、插栓等;③引入第 3 个构件，形成复合榫卯结构。

3.2 铝合金榫卯结构几何原理

3.2.1 铝合金榫卯结构的基本构成

与木材不同的是，铝合金型材的截面不是实心材料，而是一个带腔的空心结构。如果不考虑铝合金型材的空心特点，铝合金型材的榫卯结构和木榫卯结构应该完全相同，也是对两根型材之间的共同体积进行分割，形成榫头、卯孔、榫卯面和榫卯结构，进而实现型材之间的榫卯连接。

为便于分析，假设铝合金型材 B_1 和 B_2 以 T 形榫卯结构进行连接。称 B_2 为榫头型材（或简称榫型材），B_1 为卯孔型材（或简称卯型材），将型材 B_2 的端部榫头插入型材 B_1 的卯孔中。定义铝合金榫卯结构的坐标系如图 3.3a 所示，图中 l_1 和 l_2 分别为型材 B_1 和 B_2 的长度方向，其中 l_2 为装配自由度方向。称 Oxy 坐标面为主榫卯面（简称主面），Oxz 坐标面为榫垂面，Oyz 坐标面为卯垂面，约定垂直于榫垂面（Oxz）的榫卯面为台阶面，垂直于卯垂面（Oyz）的榫卯面为侧面，其中平行于主面的榫卯面称为主侧面，其他为副侧面。

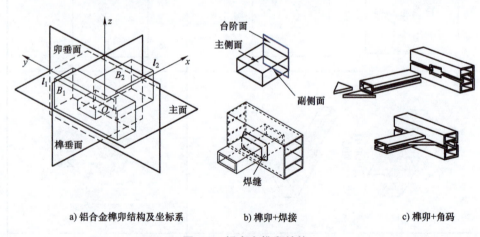

a) 铝合金榫卯结构及坐标系   b) 榫卯+焊接   c) 榫卯+角码

图 3.3　铝合金榫卯结构

该铝合金榫卯结构并未完全限制两根型材之间的相对运动，因此需要通过"榫卯+"复合连接方法对未限制的运动进一步实施固定。"榫卯+"常用的固定方法有"榫卯+焊接"固定和"榫卯+角码"加强固定，如图 3.3b、c 所示。"榫卯+焊接"固定是在铝合金榫卯结构的外相贯线上直接实施焊接,"榫卯 + 角码"加强固定是在榫卯结构基础上增加角码或三角片等加强固定零件,将角码或三角片的两个垂直边通过焊接或粘接的方式分别固定到两个被连接的型材上。

总之,铝合金榫卯结构与木榫卯结构尽管原理相同,但是区别很大,首先是铝合金型材为空腔,导致榫卯结构出现大量的几何缺陷,其次是铝合金榫卯结构一定要实施固定,形成"榫卯 +"的组合榫卯连接才有实用价值。

3.2.2　铝合金榫卯结构的几何缺陷

大部分的铝合金型材都是空腔型材,由于空腔的存在,导致两根型材之间的榫卯结构存在以下几何缺陷:①榫卯面缺失;②榫头破缺;③卯孔壁破缺。理论上,榫卯面是成对出现在榫头和卯孔上的,以下特称之为榫卯面组。由于铝合金型材空心,导致榫卯面组可能丢失一个面,甚至两个面,即出现单榫卯面组或空榫卯面组;同时,由于榫卯面也是榫头或卯孔的外表面,当出现榫卯面缺失时,会导致榫头或卯孔壁的外表面不完整,出现榫头破缺或卯孔壁破缺。

在铝合金挤压成型工艺过程中,材料只能沿型材的长度方向连续挤出并形成连续表面,而无法在型材的横截面方向形成连续表面,这是造成铝合金榫卯结构几何缺陷的根本原因。通过分别考察两个型材上的主侧面、副侧面和台阶面与型材挤压成型方向之间的关系,可以判断是否会出现榫卯面的丢失,分析结果见表 3.6。

表 3.6　铝合金型材截面的材料分布与榫卯面缺陷之间的关系

	主侧面	副侧面	台阶面
榫头型材（B_2）	主侧面与型材挤压方向一致,如在主侧面位置布置结构材料,则主侧面存在,否则会丢失 记为:有面或丢面	副侧面与型材挤压方向一致,如在副侧面位置布置结构材料,则副侧面存在,否则会丢失 记为:有面或丢面	台阶面与型材挤压方向垂直,无法获得完整的连续表面,台阶面丢失 记为:丢面
卯孔型材（B_1）	主侧面与型材挤压方向一致,如在主侧面位置布置结构材料,则主侧面存在,否则会丢失 记为:有面或丢面	副侧面与型材挤压方向垂直,无法获得完整的连续表面,副侧面丢失 记为:丢面	台阶面与型材挤压方向一致,如在台阶面位置布置结构材料,则台阶面存在,否则会丢失 记为:有面或丢面
榫卯面组状态	主侧面榫卯面组有 3 种材料状态: 1)完整榫卯面组:榫头有面 – 卯孔有面 2)单榫卯面组:榫头有面 – 卯孔丢面,或榫头丢面 – 卯孔有面 3)空榫卯面组:榫头丢面 – 卯孔丢面	副侧面榫卯面组有 2 种材料状态: 1)单榫卯面组:榫头有面 – 卯孔丢面 2)空榫卯面组:榫头丢面 – 卯孔丢面	台阶面榫卯面组有 2 种状态材料: 1)单榫卯面组:榫头丢面 – 卯孔有面 2)空榫卯面组:榫头丢面 – 卯孔丢面

由表 3.6 的分析可见,铝合金榫卯结构中的副侧面组和台阶面组中一定会出现丢失榫卯面的情况,导致出现单榫卯面组(有面 – 丢面)和空榫卯面组(丢面 – 丢面),只

有主侧面可能成对出现（有面 – 有面），但是如果型材截面内部结构设计不合理，主侧面组也可能出现单榫卯面组（有面 – 丢面）和空榫卯面组（丢面 – 丢面）的几何缺陷。

3.2.3 面向榫卯结构的铝合金型材截面拓扑规律

为了尽量弥铝合金榫卯结构几何缺陷，可以在铝合金型材内部布置不同的内部结构——腹板、凹槽、内筋，如图 3.4 所示。

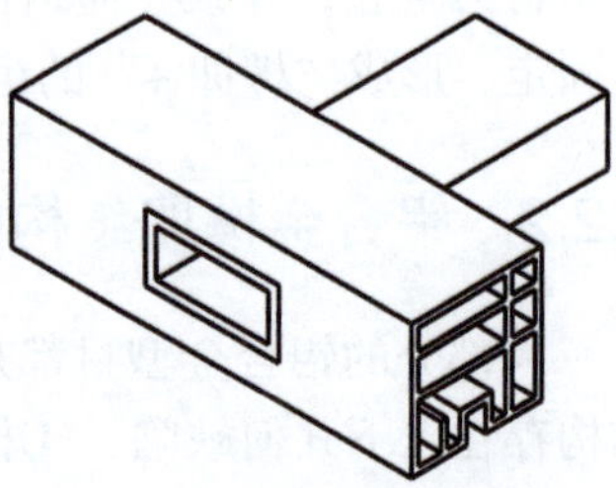

不同的内部结构可以产生不同的榫卯效果，如图 3.5 所示。

1）构造主榫卯面：在卯孔型材内部布置水平腹板，且腹板位于主榫卯面位置，可提供完整的主榫卯面，如图 3.5a 所示。

图 3.4 卯孔型材截面内部结构拓扑参考模型

2）构造主榫卯带：在卯孔型材外表面布置凹槽结构，可在主侧面位置提供带状接触区域，形成局部的主榫卯面，如图 3.5b 所示。

3）构造主榫卯边：在卯孔型材外表面内部布置筋，可在主侧面位置提供线状接触区域，形成主榫卯边，如图 3.5c 所示。

4）构造副榫卯边：在卯孔型材内部布置水平腹板，但腹板不位于主榫卯面位置，可在副侧面上形成线状接触区域，形成副榫卯边，如图 3.5d 所示。

5）构造榫卯相贯线：保证卯孔型材外表封闭，可在型材外表面提供封闭的外榫卯相贯线，如图 3.5e 所示；在卯孔型材内布置竖直腹板，可在型材内部提供封闭的内榫卯相贯线，如图 3.5f 所示。

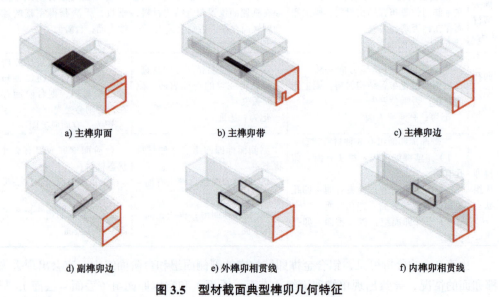

a) 主榫卯面　　　　　　　　b) 主榫卯带　　　　　　　　c) 主榫卯边

d) 副榫卯边　　　　　　　　e) 外榫卯相贯线　　　　　　　f) 内榫卯相贯线

图 3.5 型材截面典型榫卯几何特征

具体应用中不一定要构造上述所有几何特征，可根据实际情况合理选择，优先保证封闭的外相贯线和主榫卯面，之后依次是封闭的内相贯线、主榫卯带、副榫卯边和主榫卯边。

3.2.4　常见的铝合金榫卯结构

由于铝合金型材具有空心多腔的特点，铝合金榫卯结构的类型没有木榫卯结构那么多，但仍然可以发挥铝合金截面设计灵活的特点，专门设计一些适用的铝合金榫卯连接的类型。

两根铝合金型材之间的榫卯结构有以下不同分类：

1）按榫卯部位可分为：X形、T形、L形、I形（直通榫），其中X形表示两根型材交叉榫卯，T形表示一根型材的端部与另一根型材的中间部位榫卯，L形表示两根型材在端部榫卯并形成一个连接角度，I形表示两根型材在端部榫卯、连接角度为零。

2）按榫头的形状可分为：榫头有封闭腔时为开孔榫，榫头仅为部分薄壁时为开缝榫。

3）按榫头和卯孔的配合形态可分为：有封闭相贯线时为闭口榫，否则为开口榫；榫孔底面不封闭时为穿透榫，否则为盲榫。

4）按连接后两根型材外表面是否齐平可分为：台阶榫、单面齐平榫、双面齐平榫。台阶榫卯连接的两根型材之间在主面方向没有对齐表面，或者说存在台阶，单面齐平榫连接的两根型材之间有一面齐平，另一面有台阶，双面齐平榫连接的两根型材有两个对齐面。是否有对齐面对蒙皮或装配有重大影响。

典型的铝合金榫卯结构基本类型及其特点见表 3.7。

表 3.7　典型铝合金榫卯结构基本类型及其特点

类	型	图例	几何特点	力学特点	蒙皮[①]
X	闭口台阶X形		两型材不等高，闭口穿透榫卯连接，连接后上下表面之间有台阶	力学性能较好	不利于蒙皮
	开口单齐平X形		两型材不等高，开口交叉榫卯连接，连接后型材上表面齐平	力学性能一般	便于单面蒙皮
	开口双齐平X形		两型材等高，开口交叉榫卯连接，型材上下两对表面均齐平	力学性能较差	便于双面蒙皮

（续）

类	型	图例	几何特点	力学特点	蒙皮[1]
T	开孔台阶T形		两型材不等高，榫头为腔，卯孔为盲孔，两型材上下表面有台阶	力学性能较好	不利于蒙皮
	开缝台阶T形		两型材不等高，榫头退化为薄壁，卯孔退化为窄缝，两型材上下表面有台阶（有纵向、横向两组方向）	力学性能较差	不利于蒙皮
	开缝单齐平T形		两型材不等高，榫头退化为薄壁，卯孔退化为窄缝，型材上表面齐平	力学性能较差	便于单面蒙皮
	开缝双齐平T形		两型材等高，榫头退化为薄壁，榫孔退化为窄缝，型材上下两对表面齐平	力学性能较差	便于双面蒙皮
L[2]	等截面L形		两型材截面相同，等截面L形接头榫卯连接，型材外表面齐平	力学性能好	便于蒙皮
	非等截面L形		两型材截面不同，不等截面L形接头榫卯连接，型材外表面不齐平	力学性能好	不便于蒙皮
I[2]	等截面I形		两型材截面相同，I形接头榫卯连接，型材表面齐平	力学性能好	便于蒙皮
	非等截面I形		两型材截面不相同，异型I接头榫卯连接，型材外表面不齐平	力学性能好	不便于蒙皮

① 蒙皮是指榫卯连接后，在型材的外表面上进行蒙皮。

② L形和I形榫卯结构是通过专门的接头对型材进行连接，其本质是3个构件之间的组合榫卯连接，接头与两根型材之间分别形成榫卯结构。

第 4 章 榫卯结构力学原理

4.1 榫卯结构静力学原理

4.1.1 榫卯结构静力学分析方法

静力学是了解榫卯结构力学性能的基础，榫卯结构的静力学分析主要是研究榫头结构和卯孔周边结构的内应力，以及榫卯面上的压应力的大小及分布规律。总体上，榫卯结构的力学分析很复杂，主要原因是：①榫卯结构所在的结构系统通常是一个超静定结构系统，无法对榫卯结构进行解耦并单独求解；②榫卯结构类型多样，内部存在大量的过约束，其本身既是一个欠约束系统（即留有运动自由度），又是一个过约束力学系统（内部可能存在冗余约束）；③榫卯结构的配合松紧程度不同时，例如间隙配合、过渡配合或紧配合对其力学性能的影响很大，而配合松紧度与力学的关系很难准确建模；④榫卯结构不满足材料力学的基本假设，例如榫卯结构内部普遍存在材料的不连续、各向异性、非线性等现象，如果采用经典力学进行分析，均存在理论误差。

为了说明榫卯结构静力学分析原理，以下对由两个构件 B_1 与构件 B_2 构成的简单 T 形榫卯结构接头进行研究，如图 4.1 所示。图 4.1a 中假设构件 B_1 与构件 B_2 之间采用 T 形榫卯结构进行连接，构件 B_1 与构件 B_2 之间的交集体 V 被分解成 V_1、V_2 和 V_3 三部分，其中 V_1 分给构件 B_2 做榫头，V_2 和 V_3 分配给构件 B_1 做榫头（在此称为卯孔壁），因此形成 3 对榫卯结构：$(V_1, -V_1)$、$(V_2, -V_2)$ 和 $(V_3, -V_3)$，假设该矩形榫卯结构的尺寸参数为：榫头高 h、榫头宽 w、榫头厚 t、卯孔壁厚 e，如图 4.1b 所示。榫头和卯孔壁之间的接触面为榫卯面，榫卯面可进一步细分为主侧面、副侧面和台阶面，如图 4.1c 所示。

在外载荷作用下，榫头和卯孔周边材料相互作用，导致榫头及周边材料内部形成内应力，同时在部分榫卯面上也形成了压应力，由于两个构件在榫卯区域均牺牲了部分材料，因此，榫卯结构区域属于危险区域，尤其是榫头根部截面 c_1 与卯孔壁根部截

面 c_2 和 c_3 是该 T 形榫卯结构的最危险截面，如图 4.2a 所示。图 4.2b 进一步显示了危险截面 c_1 的构成，包括榫头 V_1 的材料横断面（剖面线区域）以及上下两部分台阶面（灰色区域），图 4.2c 显示了危险截面 c_2 和 c_3 的构成，均包括榫头 V_2 和 V_3 的材料横断面（剖面线区域）以及副侧面（灰色区域）。假设已知危险截面 c_1、c_2 和 c_3 上的内力，它们是以下 6 种载荷之一或组合，即力载荷 F_x、F_y、F_z 和力矩载荷 M_x、M_y、M_z，如图 4.2d 所示。

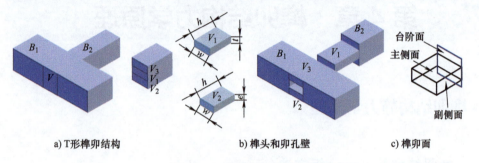

a) T形榫卯结构　　　　　　b) 榫头和卯孔壁　　　　　c) 榫卯面

图 4.1　T 形榫卯结构定义及尺寸

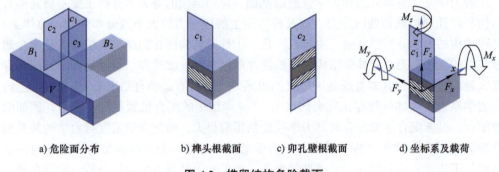

a) 危险面分布　　b) 榫头根截面　　c) 卯孔壁根截面　　d) 坐标系及载荷

图 4.2　榫卯结构危险截面

通过列写以下两类平衡方程可以对榫卯结构进行静力学分析。

1）隔离体的力（矩）平衡方程为

$$\sum F_i^{V_j} = 0, \sum M_i^{V_j} = 0, i = x, y, z, j = 1, 2, 3 \qquad (4.1a)$$

式中，上角标 V_j 代表榫头隔离体 V_1、V_2 和 V_3；$F_i^{V_j}$ 和 $M_i^{V_j}$ 为榫头隔离体 V_j 上第 i 坐标轴方向的各种力或力矩。

2）截面的力（矩）平衡方程为

$$\sum F_i^{c_j} = 0, \sum M_i^{c_j} = 0, i = x, y, z, j = 1, 2, 3 \qquad (4.1b)$$

式中，上角标 c_j 代表危险截面 c_1、c_2 和 c_3；$F_i^{c_j}$ 和 $M_i^{c_j}$ 为危险截面 c_j 上第 i 坐标轴方向的各种力或力矩。

　　根据上述两类平衡方程可计算出榫头根部和卯孔壁根部的应力，以及榫卯面上的压应力。不同的榫卯结构有不同的榫头隔离体、不同的危险截面和不同的截面内力，因此平衡方程式（4.1a）和式（4.1b）的具体形式和计算结果各不相同，但是上述分析方法是通用的。

4.1.2　榫卯面表面压应力分析

　　由榫卯结构的力学特性可知，榫卯面只能承受压力，不能承受拉力，以下按线弹性变形假设 [22-24] 分析榫卯面的弹性变形及压应力。为便于理解和模型推导，进一步假设卯孔壁为刚性体，榫头为线弹性体（反之亦可），这样，弹性榫头在外载荷作用下与刚性卯孔壁互相挤压，导致榫卯面产生压缩弹性变形，进而产生表面压应力。

　　榫卯面压缩变形有两种类型：

　　1）平行变形，即榫头平行于榫卯面进行挤压，导致榫卯面上产生平行压缩变形，形成均匀分布的表面压应力。

　　2）楔形变形，即榫头倾斜于榫卯面进行挤压，导致榫卯面上产生楔形压缩变形区，形成梯形或三角形分布的表面压应力。

　　榫卯面压应力分布模型及计算公式见表 4.1。

表 4.1　线弹性榫卯榫头接触变形及表面压应力分布

变形状态类型	应力分布	应力公式
榫头　卯孔壁 1. 榫卯面整体平行接触变形	压应力均匀分布　F_p　p_0	$p_0 = E\Delta$　（1） $F_p = p_0 A,\ M_p = 0$ 式中，Δ 为变形常量；p_0 为均匀压应力；F_p 为压应力的合力；M_p 为压应力对榫卯接触面中心位置的力矩；A 为榫卯面面积；E 为弹性模量。下同
榫头　卯孔壁 2. 榫卯面整体梯形接触变形	y　x　M_p　p　F_p 压应力梯形分布	$p(x) = E\Delta(x),\ x = [0, h]$ $\Delta(0) > 0,\ p(0) = E\Delta(0)$ $\Delta p = E[\Delta(h) - \Delta(0)]$　（2） $F_p = \Delta p A / 2 + p(0)A$ $M_p = \Delta p A h / 12$ 式中，$\Delta(x)$ 为压缩变形函数；h 为榫卯面接触总长度。下同
榫头　卯孔壁 3. 榫卯面整体三角形接触变形	y　x　M_p　p　F_p 压应力三角形分布	$p(x) = E\Delta(x),\ x = [0, h]$ $\Delta(0) = 0,\ p(0) = 0,\ \Delta p = E\Delta(h)$　（3） $F_p = \Delta p A / 2,\ M_p = \Delta p A h / 12$

（续）

截面载荷	截面应力分布	应力分析
3. 面外剪切 F_z 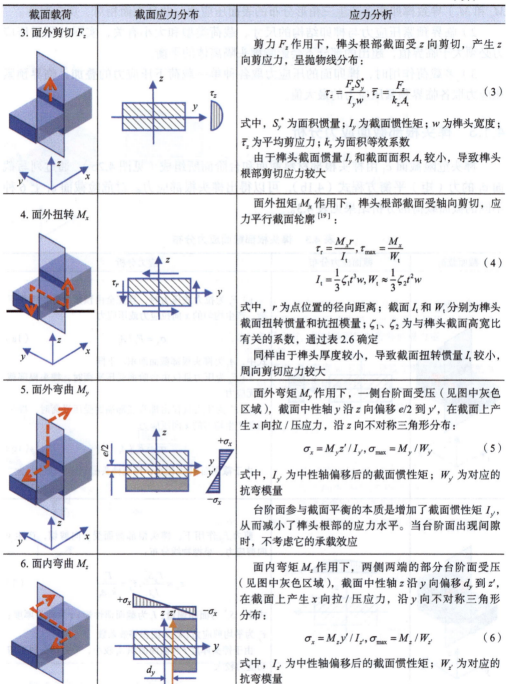		剪力 F_z 作用下，榫头根部截面受 z 向剪切，产生 z 向剪应力，呈抛物线分布：$$\tau_z = \frac{F_z S_y^*}{I_y w}, \quad \bar{\tau}_z = \frac{F_z}{k_z A_t} \quad (3)$$ 式中，S_y^* 为面积惯量；I_y 为截面惯性矩；w 为榫头宽度；$\bar{\tau}_z$ 为平均剪应力；k_z 为面积等效系数 由于榫头截面惯量 I_y 和截面面积 A_t 较小，导致榫头根部剪切应力较大
4. 面外扭转 M_x		面外扭矩 M_x 作用下，榫头根部截面受轴向剪切，应力平行截面轮廓[19]：$$\tau_r = \frac{M_x r}{I_t}, \quad \tau_{\max} = \frac{M_x}{W_t}$$ $$I_t = \frac{1}{3} \zeta_1 t^3 w, \quad W_t \approx \frac{1}{3} \zeta_2 t^2 w \quad (4)$$ 式中，r 为点位置的径向距离；截面 I_t 和 W_t 分别为榫头截面扭转惯量和抗扭模量；ζ_1、ζ_2 为与榫头截面高宽比有关的系数，通过表 2.6 确定 同样由于榫头厚度较小，导致截面扭转惯量 I_t 较小，周向剪切应力较大
5. 面外弯曲 M_y		面外弯矩 M_y 作用下，一侧台阶面受压（见图中灰色区域），截面中性轴 y 沿 z 向偏移 $e/2$ 到 y'，在截面上产生 x 向拉/压应力，沿 z 向不对称三角形分布：$$\sigma_x = M_y z'/I_{y'}, \quad \sigma_{\max} = M_y/W_{y'} \quad (5)$$ 式中，$I_{y'}$ 为中性轴偏移后的截面惯性矩；$W_{y'}$ 为对应的抗弯模量 台阶面参与截面平衡的本质是增加了截面惯性矩 $I_{y'}$，从而减小了榫头根部的应力水平。当台阶面出现间隙时，不考虑它的承载效应
6. 面内弯曲 M_z		面内弯矩 M_z 作用下，两侧两端的部分台阶面受压（见图中灰色区域），截面中性轴 z 沿 y 向偏移 d_y 到 z'，在截面上产生 x 向拉/压应力，沿 y 向不对称三角形分布：$$\sigma_x = M_z y'/I_{z'}, \quad \sigma_{\max} = M_z/W_{z'} \quad (6)$$ 式中，$I_{z'}$ 为中性轴偏移后的截面惯性矩；$W_{z'}$ 为对应的抗弯模量 台阶面受压增加了截面惯量 $I_{z'}$，从而减轻了榫头根部的应力水平

由表 4.3 可见：

1）榫头根部截面的应力有拉 / 压应力、平行剪切应力和周向剪切应力等不同类型，由于榫头截面面积和截面惯量较小，导致应力水平普遍提高。

2）在 M_y 和 M_z 载荷工况下，部分台阶面受压并参与到危险截面的力平衡中，补充增加了榫头根部的承载能力。

3）虽然台阶面受压有助于降低榫头根部应用，但是台阶面的接触面积或接触松紧程度的不确定性很大，因此，进行力学分析时也可以不考虑台阶面的影响。

4.1.4 卯孔壁根部截面应力分析

卯孔壁根部应力的分析方法与榫头相似。如图 4.2c 所示，卯孔壁根部危险截面 c_2 由卯孔壁材料截面和榫头副侧面所组成，通过列写截面 c_2 的力（矩）平衡方程式（4.1b），可以得出卯孔壁根部应力。与榫头根部应力分析不同的是，榫头侧面的预紧压应力 p_0 对截面平衡方程的影响比较复杂，表现在两方面：首先，不同载荷下榫卯面上的压应力分布形式不同（见表 4.2）；其次，不同的压应力对危险截面和卯孔壁隔离体的平衡的影响方式是不同的。

假设已知卯孔壁截面上的 6 种内力载荷，并假设预紧压应力大于临界压应力，根据截面 c_2 的平衡方程可获得相应的卯孔壁根部截面应力，结果见表 4.4。

表 4.4　卯孔壁根部截面应力分布

截面载荷	截面应力分布	应力分析
1. 预紧载荷 p_0 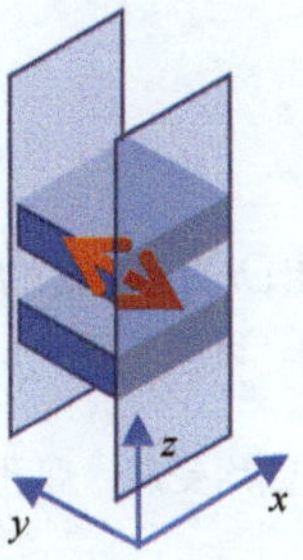	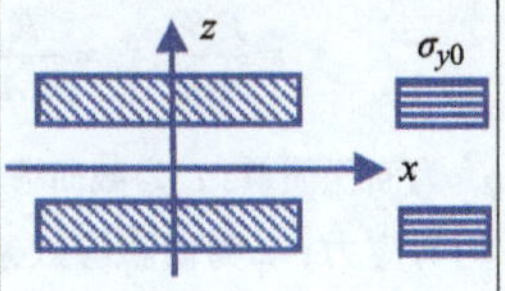	1）副侧面上有连续均布的预压应力 p_0，在卯孔壁根部产生预拉应力 σ_{y0} 2）平衡方程 $$p_0 A_2 = 2\sigma_{y0} A_m$$ $$\sigma_{y0} = \frac{A_2}{2A_m} p_0 \qquad (1)$$ 式中，p_0 为预紧应力；A_m 和 A_2 分别为卯孔壁截面和副侧面的面积。下同

（续）

截面载荷	截面应力分布	应力分析
2. 面内拉/压 F_y 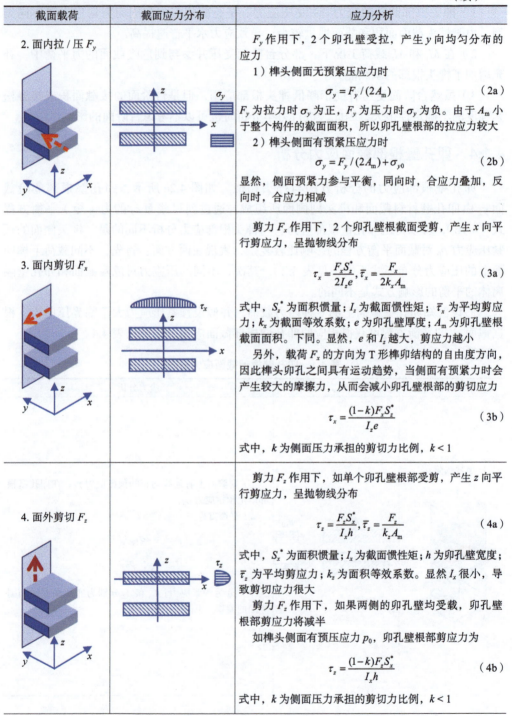		F_y 作用下，2 个卯孔壁受拉，产生 y 向均匀分布的应力 1）榫头侧面无预紧压应力时 $$\sigma_y = F_y / (2A_m) \qquad (2a)$$ F_y 为拉力时 σ_y 为正，F_y 为压力时 σ_y 为负。由于 A_m 小于整个构件的截面积，所以卯孔壁根部的拉应力较大 2）榫头侧面有预紧压应力时 $$\sigma_y = F_y / (2A_m) + \sigma_{y0} \qquad (2b)$$ 显然，侧面预紧力参与平衡，同向时，合应力叠加，反向时，合应力相减
3. 面内剪切 F_x		剪力 F_x 作用下，2 个卯孔壁根截面受剪，产生 x 向平行剪应力，呈抛物线分布 $$\tau_x = \frac{F_x S_z^*}{2 I_z e}, \ \bar{\tau}_x = \frac{F_x}{2 k_x A_m} \qquad (3a)$$ 式中，S_z^* 为面积惯量；I_z 为截面惯性矩；$\bar{\tau}_x$ 为平均剪应力；k_x 为截面等效系数；e 为卯孔壁厚度；A_m 为卯孔壁根截面面积。下同。显然，e 和 I_z 越大，剪应力越小 另外，载荷 F_x 的方向为 T 形榫卯结构的自由度方向，因此榫头卯孔之间具有运动趋势，当侧面有预紧力时会产生较大的摩擦力，从而会减小卯孔壁根部的剪切应力 $$\tau_x = \frac{(1-k) F_x S_z^*}{I_z e} \qquad (3b)$$ 式中，k 为侧面压力承担的剪切力比例，$k < 1$
4. 面外剪切 F_z		剪力 F_z 作用下，如单个卯孔壁根部受剪，产生 z 向平行剪应力，呈抛物线分布 $$\tau_z = \frac{F_z S_x^*}{I_x h}, \ \bar{\tau}_z = \frac{F_z}{k_z A_m} \qquad (4a)$$ 式中，S_x^* 为面积惯量；I_x 为截面惯性矩；h 为卯孔壁宽度；$\bar{\tau}_z$ 为平均剪应力；k_z 为面积等效系数。显然 I_x 很小，导致剪切应力很大 剪力 F_z 作用下，如果两侧的卯孔壁均受载，卯孔壁根部剪应力将减半 如榫头侧面有预压应力 p_0，卯孔壁根部剪应力为 $$\tau_z = \frac{(1-k) F_z S_x^*}{I_x h} \qquad (4b)$$ 式中，k 为侧面压力承担的剪切力比例，$k < 1$

（续）

截面载荷	截面应力分布	应力分析
5. 面外弯曲 M_x 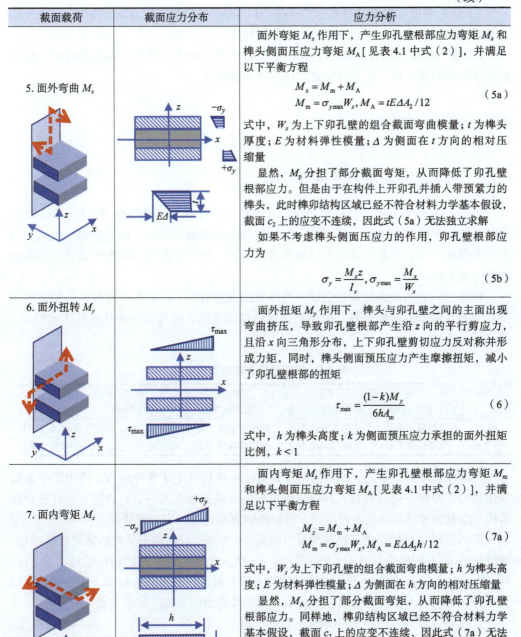		面外弯矩 M_x 作用下，产生卯孔壁根部应力弯矩 M_x 和榫头侧面压应力弯矩 M_A [见表 4.1 中式（2）]，并满足以下平衡方程 $$M_x = M_m + M_A$$ $$M_m = \sigma_{y\max}W_x, \quad M_A = tE\Delta A_2/12 \qquad (5a)$$ 式中，W_x 为上下卯孔壁的组合截面弯曲模量；t 为榫头厚度；E 为材料弹性模量；Δ 为侧面在 t 方向的相对压缩量 显然，M_p 分担了部分截面弯矩，从而降低了卯孔壁根部应力。但是由于在构件上开卯孔并插入带预紧力的榫头，此时榫卯结构区域已经不符合材料力学基本假设，截面 c_2 上的应变不连续，因此式（5a）无法独立求解 如果不考虑榫头侧面压应力的作用，卯孔壁根部应力为 $$\sigma_y = \frac{M_x z}{I_x}, \quad \sigma_{y\max} = \frac{M_x}{W_x} \qquad (5b)$$
6. 面外扭转 M_y		面外扭矩 M_y 作用下，榫头与卯孔壁之间的主面出现弯曲挤压，导致卯孔壁根部产生沿 z 向的平行剪应力，且沿 x 向三角形分布，上下卯孔壁剪切应力反对称并形成力矩，同时，榫头侧面预压应力产生摩擦扭矩，减小了卯孔壁根部的扭矩 $$\tau_{\max} = \frac{(1-k)M_y}{6hA_m} \qquad (6)$$ 式中，h 为榫头高度；k 为侧面预压应力承担的面外扭矩比例，$k < 1$
7. 面内弯矩 M_z		面内弯矩 M_z 作用下，产生卯孔壁根部应力弯矩 M_m 和榫头侧面压应力弯矩 M_A [见表 4.1 中式（2）]，并满足以下平衡方程 $$M_z = M_m + M_A$$ $$M_m = \sigma_{y\max}W_z, \quad M_A = E\Delta A_2 h/12 \qquad (7a)$$ 式中，W_z 为上下卯孔壁的组合截面弯曲模量；h 为榫头高度；E 为材料弹性模量；Δ 为侧面在 h 方向的相对压缩量 显然，M_A 分担了部分截面弯矩，从而降低了卯孔壁根部应力。同样地，榫卯结构区域已经不符合材料力学基本假设，截面 c_2 上的应变不连续，因此式（7a）无法独立求解 如果不考虑榫头侧面压应力的作用，卯孔壁根部应力为 $$\sigma_y = \frac{M_z x}{I_z}, \quad \sigma_{y\max} = \frac{M_z}{W_z} \qquad (7b)$$

由表 4.4 可见：

1）卯孔壁根部截面的应力形式有拉 / 压应力、平行剪切应力等不同类型，由于卯孔壁截面面积和惯量小，导致应力水平普遍较高。

2）榫头侧面预压应力总体上降低了卯孔壁根部应力，但是很难准确计算，如果忽略该影响因素，卯孔壁根部应力的计算结果偏保守。

4.2 榫卯结构强度理论

4.2.1 榫卯结构的失效及强度校核

由上一节分析可见，榫卯结构中有 3 类应力：①榫头内部的应力（拉 / 压 / 剪）；②卯孔壁内部的应力（拉 / 压 / 剪）；③榫卯面上的接触压应力。由于榫卯结构的类型不同和载荷不同，导致 3 类应力的具体表现不同，进而导致榫卯结构失效破坏的类型和顺序也不同。

榫卯结构的失效破坏包括强度不足导致的强度破坏、应力集中导致的撕裂破坏和预紧力不足导致的松动失效。按引起失效的机制不同，将榫头和卯孔壁的失效归为 5 类，见表 4.5。

表 4.5 榫卯结构失效类型及原因

类型 对象	I 类 拉断、折断	II 类 根部剪断、拧断	III 类 表面压溃	IV 类 根部撕裂	V 类 松动、拔出
榫头	抗拉强度不足	抗剪切强度不足	抗压溃强度不足	根部拉 / 剪应力集中	预紧力不足
卯孔壁	抗拉强度不足	抗剪切强度不足	抗压溃强度不足	根部拉 / 剪应力集中	预紧力不足

由表 4.5 可知，在进行榫卯结构设计时，需要计算上述各种应力、应力集中系数和预紧力，并逐一进行校核，其中强度校核的方法是根据上一节的分析方法计算榫卯结构危险截面和榫卯面的各种应力，再根据强度理论进行安全评估。

下面仍以 T 形矩形榫卯结构承受外载荷 M_y 为例，说明榫卯结构的强度校核过程。假设构件 B_1 上的榫头尺寸为（长，宽，厚）= (h,w,t)，构件 B_2 上的卯孔壁尺寸为（长，宽，厚）= (w,h,e)。按上一节的榫卯结构静力学分析方法计算榫头根部、卯孔壁根部以及榫卯面上的应力，但是忽略榫卯面压力对危险截面的影响。结果见表 4.6。

代入榫卯结构尺寸，根据表 4.6 中式（1c）、式（2c）和式（3c）分别校核榫头、卯孔壁和榫卯面的强度，也可以根据式（1d）、式（2d）和式（3d）分别确定 3 种强度下的最大载荷能力，最后取其中最小者为该榫卯结构的极限载荷能力。

观察表 4.6 还可以看出以下规律：

1）3 个最大应力与 M_y 成正比，负载越大，应力自然越大。

表 4.6　T 形榫卯结构在 M_y 载荷下的应力分析

分析对象	危险截面 c_1		榫头 V_1 隔离体		卯孔壁 V_2 隔离体	
受力分析	F_t 是榫头根部截面 c_1 上的拉伸 / 压缩应力的合力，一对反向平行的 F_t 与 M_y 相平衡		F_p 是榫头上下表面上的压应力的合力，一对反向平行的 F_p 与 M_y 相平衡		T_m 是卯孔壁根部截面 c_2 和 c_3 上的剪应力的合力，一对同向平行的 T_m 与 F_p 相平衡	
应力分析	截面 c_1 上的拉 / 压应力呈三角形分布，最大拉 / 压应力为 σ_t		榫头上下表面上的压应力呈三角形分布，最大压应力为 σ_p		截面 c_2/c_3 上的剪应力呈三角形分布，最大剪应力为 τ_m	
	$F_t = \dfrac{1}{4}\sigma_t t w$	（1a）	$F_p = \dfrac{1}{2}\sigma_p h w$	（2a）	$T_m = \dfrac{1}{2}\tau_m h e$	（3a）
平衡方程	$F_t \cdot \dfrac{2}{3}t = M_y$	（1b）	$F_p \cdot \dfrac{1}{3}h = M_y$	（2b）	$2T_m = F_p = 3M_y / h$	（3b）
联立两式求解得强度条件	$\sigma_t = 6M_y / (t^2 w)$ $\sigma_t < [\sigma]$	（1c）	$\sigma_p = 6M_y / (h^2 w)$ $\sigma_p < [\sigma_p]$	（2c）	$\tau_m = 3M_y / (h^2 e)$ $\tau_m < [\tau_m]$	（3c）
最大载荷能力	$M_{y\text{-}t\max} = \dfrac{t^2 w[\sigma]}{6}$	（1d）	$M_{y\text{-}s\max} = \dfrac{h^2 w[\sigma_p]}{6}$	（2d）	$M_{y\text{-}m\max} = \dfrac{h^2 e[\tau]}{3}$	（3d）
	[σ] 是榫头的许用正应力		[σ_p] 是榫卯面的屈服应力		[τ] 是卯孔壁的许用剪应力	

2）3 个最大应力与榫卯结构的大小成反比，即榫头几何尺寸越大，应力越小。具体地，榫头截面拉压应力与榫头厚度的二次方 t^2 和宽度 w 成反比，榫头应力对厚度 t 更敏感；榫卯面压应力与榫头长度的二次方 h^2 和宽度 w 成反比，卯孔壁剪应力与榫头长度的二次方 h^2 和卯孔壁厚度 e 成反比，榫卯面和卯孔壁的应力对长度 h 更敏感。

3）由于榫头的厚度 t 和卯孔壁的厚度 e 是互补的，这意味着改变榫头的厚度 t 对榫头和卯孔壁中的应力变化的影响趋势是相反的。

4.2.2 临界榫卯结构

一般情况下，榫头、卯孔壁和榫卯面三者不是同时失效的，换言之，其中之一失效时，另外两个仍是安全的，这样就造成未能充分利用榫卯结构材料的潜力。假设榫头、卯孔壁和榫卯面在外载荷作用下同时达到各自的许用应力状态，称这种榫卯结构为临界榫卯结构，对应的载荷为临界载荷，显然，这种临界榫卯结构是最优的，因为它充分发挥了材料的性能。

记临界榫卯结构尺寸为 (h_0, w_0, t_0, e_0)，临界载荷为 M_{y0}，根据表 4.6 中式（1c）、式（2c）和式（3c）可得到 T 形临界榫卯结构的临界强度条件为

$$
\begin{aligned}
6M_{y0} / (t_0^2 w_0) &= [\sigma] \\
6M_{y0} / (h_0^2 w_0) &= [\sigma_p] \\
3M_{y0} / (h_0^2 e_0) &= [\tau]
\end{aligned}
\tag{4.2}
$$

上述 3 个方程有 4 个结构尺寸变量和一个载荷 M_{y0} 变量共 5 个变量，还需要补充两个方程才能求解。如图 4.1 所示，该榫卯结构与构件的几何尺寸之间有以下关系：

$$
\begin{aligned}
t_0 + 2e_0 &= a \\
h_0 &= b
\end{aligned}
\tag{4.3}
$$

将式（4.3）代入式（4.2）得

$$
\begin{aligned}
6M_{y0} / [(a - 2e_0)^2 w_0] &= [\sigma] \\
6M_{y0} / (b^2 w_0) &= [\sigma_p] \\
3M_{y0} / (b^2 e_0) &= [\tau]
\end{aligned}
\tag{4.4}
$$

由式（4.4）求解得

$$
\begin{aligned}
h_0 &= b \\
t_0 &= b\sqrt{[\sigma_p]/[\sigma]} \\
e_0 &= \frac{1}{2}(a - t_0) \\
w_0 &= 2e_0[\tau]/[\sigma_p] \\
M_{y0} &= \frac{b^2}{3} e_0[\tau]
\end{aligned}
\tag{4.5}
$$

为了保证临界结构尺寸为正，必须保证 $a > b\sqrt{[\sigma_p]/[\sigma]}$。

以上结论说明，在一个截面尺寸为 $a \times b$ 的构件 B_1 上，存在一个尺寸为式（4.5）所示的特别的 T 形榫卯结构，该榫卯结构在一个特定大小的弯矩作用下，榫头、卯孔

和榫卯面同时出现破坏失效。

需要说明的是，式（4.5）的临界榫卯结构尺寸是在式（4.3）的补充条件下获得的，如果补充条件不同，临界榫卯结构的尺寸也会不同。

4.2.3 榫卯结构的失效顺序评估

为了评价榫头、卯孔壁和榫卯面三者的失效破坏顺序，专门定义相对强度系数、临界相对强度系数，见表 4.7。

表 4.7 榫卯结构强度失效顺序判据

比较对象	榫头与卯孔壁	榫头与榫卯面	卯孔壁与榫卯面
相对强度系数	$$J_{tm}^F = \frac{\sigma_t}{\sigma_m} \quad (1a)$$ 式中，σ_t 和 σ_m 分别为在外荷载 F 作用下榫头和卯孔壁根部的最大应力。该系数反映了榫头和卯孔壁内部应力之间的相对大小，$J_{tm}^F>1$ 表示榫头的内应力大于卯孔壁的内应力	$$J_{tp}^F = \frac{\sigma_t}{\sigma_p} \quad (2a)$$ 式中，σ_t 和 σ_p 分别为在外载荷 F 作用下榫头根部的最大应力和榫卯面上的最大压应力。该系数反映了榫头内应力与榫卯面表面压应力之间的相对大小，$J_{tp}^F>1$ 表示榫头的应力大于榫卯面表面上的压应力	$$J_{mp}^F = \frac{\sigma_m}{\sigma_p} \quad (3a)$$ 式中，σ_m 和 σ_p 分别为在外载荷 F 作用下卯孔壁根部的最大应力和榫卯面上的最大压应力，该系数反映了卯孔壁内应力与榫卯面表面压应力之间的相对大小，$J_{mp}^F>1$ 表示卯孔壁的应力大于榫卯面表面上的压应力
临界相对强度系数	将 $\sigma_t = [\sigma_t]$，$\sigma_m = [\sigma_m]$ 代入式（1a） $$J_{tm_0}^F = \frac{[\sigma_t]}{[\sigma_m]} \quad (1b)$$ 式中，$[\sigma_t]$ 和 $[\sigma_m]$ 分别为榫头和卯孔壁的许用应力，此时，榫头和卯孔壁同时达到最大许用应力	将 $\sigma_t = [\sigma_t]$，$\sigma_p = [\sigma_p]$ 代入式（2a） $$J_{ts_0}^F = \frac{[\sigma_t]}{[\sigma_p]} \quad (2b)$$ 式中，$[\sigma_t]$ 和 $[\sigma_p]$ 分别为榫头的许用应力和榫卯面上的屈服应力，此时，榫头和榫卯面同时达到最大许用应力	将 $\sigma_m = [\sigma_m]$，$\sigma_p = [\sigma_p]$ 代入式（3a） $$J_{ms_0}^F = \frac{[\sigma_m]}{[\sigma_p]} \quad (3b)$$ 式中，$[\sigma_m]$ 和 $[\sigma_p]$ 分别为卯孔壁的许用应力和榫卯面上的屈服应力，此时，卯孔壁和榫卯面同时达到最大许用应力
失效趋势判据	榫头 – 卯孔壁失效趋势判据： 1）$J_{tm}^F > J_{tm_0}^F$ 时榫头易坏 2）$J_{tm}^F < J_{tm_0}^F$ 时卯孔壁易坏 3）$J_{tm}^F = J_{tm_0}^F$ 时榫头和卯孔壁同时损坏	榫头 – 卯孔面失效趋势判据： 1）$J_{ts}^F > J_{ts_0}^F$ 时榫头易坏 2）$J_{ts}^F < J_{ts_0}^F$ 时榫卯面易坏 3）$J_{ts}^F = J_{ts_0}^F$ 时榫头和榫卯面同时损坏	卯孔壁 – 卯孔面失效趋势判据： 1）$J_{ms}^F > J_{ms_0}^F$ 时卯孔壁易坏 2）$J_{ms}^F < J_{ms_0}^F$ 时榫卯面易坏 3）$J_{ms}^F = J_{ms_0}^F$ 时卯孔壁和榫卯面同时损坏

参照临界榫卯结构，可以对实际的榫卯结构进行失效顺序评估，即当实际的榫卯结构尺寸与临界榫卯结构不一致时（大部分情况如此），实际榫卯结构的破坏趋势会发生变化，事先了解和掌握这些变化趋势是非常有意义的，既可以进行有效防范，也可以通过合理的设计实现某一种期望的失效顺序。

　　将表4.6中的式（1c）、式（2c）和式（3c）分别代入表4.7中的式（1a）、式（2a）、式（3a），可得到T形榫卯结构的3个相对强度系数的具体表达式，再参考表4.7中的失效判据，就可以对榫卯结构的整体破坏规律进行评估分析。评价步骤如下：

　　1）分别对3组比较对象进行破坏顺序评估：榫头与卯孔壁、榫头与榫卯面、卯孔壁与榫卯面，在此基础上，综合3个相对破坏趋势得到榫卯结构的总体破坏顺序。

　　2）3组相对强度系数公式分别与榫头高厚比（h/t）和卯孔壁高厚比（w/e）有关，因此将榫头高厚比（h/t）和卯孔壁高厚比（w/e）作为一级评估参数，再进一步将两个比值的分子和分母作为二级评估参数，这样得到8种评估状态。

　　3）榫头厚度t和卯孔壁厚度e是互补的关系，即t增加时e减小，反之亦然。

　　对8种评估状态的评估过程及结果见表4.8。

表4.8　榫卯结构安全性评估

相对强度系数		榫头（t）与卯孔壁（m）	榫头（t）与榫卯面（s）	卯孔壁（m）与榫卯面（s）	榫卯结构总体破坏顺序①
		$J_{tm}^{M_y} = \dfrac{2(h/t)^2}{w/e}$	$J_{ts}^{M_y} = (h/t)^2$	$J_{ms}^{M_y} = (w/e)/2$	
临界强度系数		$J_{tm0}^{M_y} = [\sigma]/[\tau]$	$J_{ts0}^{M_y} = [\sigma]/[\sigma_p]$	$J_{ms0}^{M_y} = [\tau]/[\sigma_p]$	
在临界尺寸时		$J_{tm}^{M_y} = J_{tm0}^{M_y}$，头孔同坏	$J_{ts}^{M_y} = J_{ts0}^{M_y}$，头面同坏	$J_{ms}^{M_y} = J_{ms0}^{M_y}$，孔面同坏	头=孔=面
$h/t > h_0/t_0$	h增大	$J_{tm}^{M_y} > J_{tm0}^{M_y}$，头先坏	$J_{ts}^{M_y} > J_{ts0}^{M_y}$，头先坏	$J_{ms}^{M_y} = J_{ms0}^{M_y}$，孔面同坏	头>孔=面
	t减小（e增大）	$J_{tm}^{M_y} > J_{tm0}^{M_y}$，头先坏	$J_{ts}^{M_y} > J_{ts0}^{M_y}$，头先坏	$J_{ms}^{M_y} < J_{ms0}^{M_y}$，面先坏	头>面>孔
$h/t < h_0/t_0$	h减小	$J_{tm}^{M_y} < J_{tm0}^{M_y}$，孔先坏	$J_{ts}^{M_y} < J_{ts0}^{M_y}$，面先坏	$J_{ms}^{M_y} = J_{ms0}^{M_y}$，孔面同坏	孔=面>头
	t增大（e减小）	$J_{tm}^{M_y} < J_{tm0}^{M_y}$，孔先坏	$J_{ts}^{M_y} < J_{ts0}^{M_y}$，面先坏	$J_{ms}^{M_y} > J_{ms0}^{M_y}$，孔先坏	孔>面>头
$w/e > w_0/e_0$	w增加	$J_{tm}^{M_y} < J_{tm0}^{M_y}$，孔先坏	$J_{ts}^{M_y} = J_{ts0}^{M_y}$，头面同坏	$J_{ms}^{M_y} > J_{ms0}^{M_y}$，孔先坏	孔>头=面
	e减小（t增大）	$J_{tm}^{M_y} < J_{tm0}^{M_y}$，孔先坏	$J_{ts}^{M_y} < J_{ts0}^{M_y}$，面先坏	$J_{ms}^{M_y} > J_{ms0}^{M_y}$，孔先坏	孔>面>头
$w/e < w_0/e_0$	w减小	$J_{tm}^{M_y} > J_{tm0}^{M_y}$，头先坏	$J_{ts}^{M_y} = J_{ts0}^{M_y}$，头面同坏	$J_{ms}^{M_y} < J_{ms0}^{M_y}$，面先坏	头=面>孔
	e增大（t减小）	$J_{tm}^{M_y} > J_{tm0}^{M_y}$，头先坏	$J_{ts}^{M_y} > J_{ts0}^{M_y}$，头先坏	$J_{ms}^{M_y} < J_{ms0}^{M_y}$，面先坏	头>面>孔

①A>B，表明A比B先坏；A=B，表明A和B同时坏。

　　因此，对一个榫卯结构，可以先计算一组临界尺寸及临界相对强度系数，再根据实际尺寸计算出实际的相对强度系数，再利用表4.8即可分析出实际榫卯结构的失效顺序。

　　以上分析方法适用于其他类型的榫卯结构和载荷状态，但是具体的公式和结论不同。

4.3 铝合金"榫卯 +"接头的连接性能研究

原则上可以采用前两节介绍的方法对铝合金榫卯结构进行静力学分析、强度校核以及失效变化趋势评估,但是,考虑到铝合金榫卯结构存在大量几何缺陷,一方面需要在 4.1 节的基础上对有关方程和公式做大量修改,另一方面由于铝合金榫卯结构需要进一步通过"+"进行连接固定,而固定之后的榫卯结构与常规的、未固定的榫卯结构有很大的不同,不能简单套用前面的计算公式了。

为了研究铝合金"榫卯 +"连接的性能,本节以 T 形接头为例,通过对 3 种典型的铝合金接头——简单焊接接头、角码焊接接头和榫卯焊接接头的连接性能进行对比研究,观察铝合金"榫卯 +"连接的特点。

4.3.1 典型接头连接性能的定性比较

设空心矩形型材 B_1 和 B_2 的尺寸相同,为长 × 宽 × 高 × 厚 $= a \times b \times h \times t_0$ 且 $b < a$,在 B_1 与 B_2 之间采用 3 种典型的 T 形连接方式(见图 4.3b ~ d):普通焊接、角码 + 焊接(简称角码焊接)、榫卯 + 焊接(简称榫卯焊接),其中角码尺寸为边长 × 边长 × 宽度 × 壁厚 $= c \times c \times b \times t_0$,假设所有焊缝的等效厚度均为 $2t_0$。为了便于对比,假设存在一种一体化接头,如图 4.3a 所示。

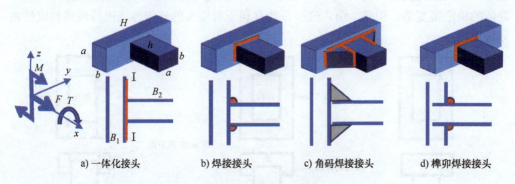

a) 一体化接头　　　　b) 焊接接头　　　　c) 角码焊接接头　　　　d) 榫卯焊接接头

图 4.3 T 形接头类型

图 4.3a 中截面 Ⅰ—Ⅰ 为 B_1 与 B_2 的连接表面,该截面的力学性能称为 T 形接头的连接性能。按材料力学理论,在拉、弯、扭等不同载荷下,该连接截面的强度条件为

$$F / W_A = F / A < [\sigma]$$
$$M / W_y = M / (2I_y / b) < [\sigma] \qquad (4.6a)$$
$$T / W_t = T / (2\dot{A}t) < [\tau]$$

或表达为载荷形式

$$F < F_0 = W_A[\sigma], M < M_0 = W_y[\sigma], T < T_0 = W_t[\tau] \tag{4.6b}$$

式中，F、M 和 T 分别为截面上的面内拉力、面外弯矩和面外扭矩载荷；F_0、M_0 和 T_0 分别为对应的极限载荷；t、A、$\dot{A}$、I_y 分别为截面的材料壁厚、材料面积、轮廓面积和惯性矩；W_A、W_y、W_t 分别为截面 I—I 的抗拉模量、抗弯模量和抗扭模量；$[\sigma]$ 和 $[\tau]$ 分别为材料的许用拉应力和许用剪切应力。

图 4.3 中不同的 T 形接头在以下几个方面表现出较大差别：

1）截面的几何形状和尺寸不同，导致截面的几何性能不同。

2）截面的材料不同，有的是母材，有的是焊材，有的是焊接周边材料（简称弱母材）。由于焊缝和弱母材的强度不同于母材强度，为此引入一个焊接强度修正系数 k_1 来修正材料的许用应力，对母材，取 $k_1 = 1$，对焊缝和弱母材，取 $k_1 < 1$。以下取焊缝和弱母材的焊接强度修正系数均为 $k_1 = 0.5^{[29]}$。

3）采用榫卯结构时，B_1 上的卯孔对连接性能会带来重要影响，表现很复杂：①在 B_1 上的孔 / 缝均会削弱连接面的刚度，从而削弱连接性能，为此引入一个开口系数 k_2，不开口时 $k_2 = 1$，开口时 $k_2 < 1$，具体大小取决于孔 / 缝的形状、大小以及型材 B_1 的内部结构；②榫卯结构参与承载时会提升连接性能，为此引入榫卯系数 k_3 来表征，没有榫卯结构参与承载时 $k_3 = 1$，有榫卯结构参与承载时 $k_3 > 1$，如图 4.4 所示。注意，不同载荷类型对应的 k_2 和 k_3 也不相同，可见开口系数 k_2 和榫卯系数 k_3 的具体数值的确定很复杂，但是，引入这些系数有利于对接头的连接性能进行理解和定性的分析比较。

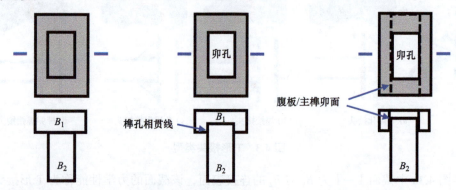

a) B_1 连接表面无卯孔，$k_2=1$，无榫卯结构参与承载，$k_3=1$

b) B_1 连接表面有开口，$k_2<1$，拉压、弯曲时无榫卯结构参与承载，$k_3=1$，扭转时榫卯结构(卯孔相贯线)参与承载，$k_3>1$

c) B_1 连接表面有卯孔，$k_2<1$，拉压、弯曲、扭转时均有榫卯结构(腹板和卯孔相贯线)参与承载，$k_3>1$

图 4.4 榫卯结构修正系数

考虑以上 3 个系数对式（4.6b）进行修正，危险截面的极限载荷为

$$F_0 = k_1^F k_2^F k_3^F W_A[\sigma], M_0 = k_1^M k_2^M k_3^M W_y[\sigma], T_0 = k_1^T k_2^T k_3^T W_t[\tau] \tag{4.7}$$

对直接焊接、"角码＋焊接"连接和"榫卯＋焊接"等 3 种不同的连接方式，分别确定其截面几何性能、截面材料性能和修正系数，代入式（4.7）即可得到对应的极限载荷，极限载荷越大，表明连接性能越好。

表 4.9 为典型 T 形连接在连接截面 Ⅰ—Ⅰ 上的几何特点和连接性能分析对比，其中标准连接为一种假想连接，该接头为一体式结构，用于对比分析的参考，榫卯焊接 1 有榫卯相贯线、无内部榫卯面，榫卯焊接 2 有榫卯相贯线和内部主榫卯面。图中红色图案代表焊缝，假设焊缝厚度是型材壁厚的 2 倍。

表 4.9　典型铝合金 T 形接头连接截面性能分析对比

	标准连接	焊接	角码焊接	榫卯焊接 1	榫卯焊接 2
接头					
截面 Ⅰ—Ⅰ 几何形态					
修正系数	无焊缝，无开孔，无榫卯结构承载 $k_1^{F1} \mid k_1^{M1} \mid k_1^{T1} = 1$ $k_2^{F1} \mid k_2^{M1} \mid k_2^{T1} = 1$ $k_3^{F1} \mid k_3^{M1} \mid k_3^{T1} = 1$	有焊缝，无开孔，无榫卯结构承载 $k_1^{F1} \mid k_1^{M1} \mid k_1^{T1} = 0.5$ $k_2^{F1} \mid k_2^{M1} \mid k_2^{T1} = 1$ $k_3^{F1} \mid k_3^{M1} \mid k_3^{T1} = 1$	有焊缝，有角码，无开孔，无榫卯结构承载 $k_1^{F1} \mid k_1^{M1} \mid k_1^{T1} = 0.5$ $k_2^{F1} \mid k_2^{M1} \mid k_2^{T1} = 1$ $k_3^{F1} \mid k_3^{M1} \mid k_3^{T1} = 1$	有焊缝，有开孔，部分工况有榫卯结构承载 $k_1^{F1} \mid k_1^{M1} \mid k_1^{T1} = 0.5$ $k_2^{F1} \mid k_2^{M1} \mid k_2^{T1} < 1$ $k_3^{F1} \mid k_3^{M1} = 1, k_3^{T1} > 1$	有焊缝，有开孔，有榫卯结构承载 $k_1^{F2} \mid k_1^{M2} \mid k_1^{T2} = 0.5$ $k_2^{F2} \mid k_2^{M2} \mid k_2^{T2} < 1$ $k_3^{F2} \mid k_3^{M2} \mid k_3^{T2} > 1$
截面 Ⅰ—Ⅰ 性能	t_0 $L_0 = 2(a+b)$ $A_0 = t_0 L_0$ $\dot{A}_0 = ab$ $I_{y0} = t_0 b^2 \left(\dfrac{b}{6} + \dfrac{a}{2} \right)$ $W_{A0} = A_0$ $W_{y0} = I_{y0} / (b/2)$ $W_{t0} = 2t_0 \dot{A}_0$	$t_m = 2t_0$ $L_m \approx L_0$ $A_m \approx 2A_0$ $\dot{A}_m \approx \dot{A}_0$ $I_{ym} \approx 2I_{y0}$ $W_{Am} \approx 2W_{A0}$ $W_{ym} \approx 2W_{y0}$ $W_{tm} \approx 2W_{t0}$	$t_l = 2t_0, L_l = L_0 + 4c$ $A_l = t_l L_l = 2A_0 + 8ct_0$ $\dot{A}_l = \dot{A}_0 + 2bc$ $I_{yl} = t_l b^2 \left(\dfrac{b}{6} + \dfrac{a}{2} + c \right)$ $= 2I_{y0} + 2t_0 b^2 c$ $W_{Al} = 2W_{A0} + 8ct_0$ $W_{yl} = 2W_{y0} + 4t_0 bc$ $W_{tl} = 2W_{t0} + 8t_0 bc$	$t_1 = 2t_0$ $L_1 \approx L_0$ $A_1 \approx 2A_0$ $\dot{A}_1 \approx \dot{A}_0$ $I_{y1} \approx 2I_{y0}$ $W_{A1} \approx 2W_{A0}$ $W_{y1} \approx 2W_{y0}$ $W_{t1} \approx 2W_{t0}$	$t_2 = 2t_0$ $L_2 \approx L_0$ $A_2 = t_2 L_2 \approx 2A_0$ $\dot{A}_2 \approx \dot{A}_0$ $I_{y2} \approx 2I_{y0}$ $W_{A2} \approx 2W_{A0}$ $W_{y2} \approx 2W_{y0}$ $W_{t2} \approx 2W_{t0}$

（续）

	标准连接	焊接	角码焊接	榫卯焊接 1	榫卯焊接 2
	$F_0 = k_1^F k_2^F k_3^F W_A[\sigma], M_0 = k_1^M k_2^M k_3^M W_y[\sigma], T_0 = k_1^T k_2^T k_3^T W_t[\tau]$				
极限载荷	$F_0 = W_A[\sigma]$ $M_0 = W_y[\sigma]$ $T_0 = W_t[\tau]$	$F_m \approx F_0$ $M_m \approx M_0$ $T_m \approx T_0$	$F_l = F_0 + 4ct_0[\sigma]$ $M_l = M_0 + 2bct_0[\sigma]$ $T_l = T_0 + 4bct_0[\tau]$	$F_1 = k_2^{F1} F_0$ $M_1 = k_2^{M1} M_0$ $T_1 = k_2^{T1} k_3^{T1} T_0$	$F_2 = k_2^{F2} k_3^{F2} F_0$ $M_2 = k_2^{M2} k_3^{M2} M_0$ $T_2 = k_2^{T2} k_3^{T2} T_0$
连接性能评价	标准	4mm 焊缝时，性能 ≈ 标准	性能 > 标准，增加角码边长 c，性能不断提高	1）因为 k_2^{F1}|k_2^{M1}<1，所以拉伸弯曲性能 < 标准 2）$k_2^T \cdot k_3^T$ >1时，扭转性能 > 标准，否则扭转性能 < 标准	$k_2^x \cdot k_3^x$ >1（$x = F_2, M_2$）时，性能 > 标准，否则性能 < 标准

结论：

1）焊接接头的性能取决于焊缝的大小和强度系数，当焊缝尺寸为 4mm、强度系数为 0.5 时，焊接接头与一体式标准接头的力学性能近似。考虑到焊缝对 B_1 的负面影响非常复杂，焊接的实际性能有所下降。

2）"角码焊接"的连接性能好于标准接头，且角码尺寸越大，连接性能越好。角码连接的缺点是增加了接头的尺寸和重量。

3）无榫卯面的"榫卯焊接 1"接头的性能比标准接头差，有榫卯面的"榫卯焊接 2"接头的性能优于标准接头，主要原因是榫卯结构参与承载，同时，卯孔型材的内部腹板大大弥补了连接面开口的负面效应。

总体上，无榫卯面的"榫卯 + 焊接"不如直接焊接，但是，通过合理设计型材和榫卯结构，有榫卯面的"榫卯 + 焊接"的性能明显好于直接焊接，如果采用"榫卯 + 角码 + 焊接"组合连接时，可以获得更好的连接性能，进一步，如果采用"榫卯 + 角码 + 胶接 + 铆接"，可以避免焊缝的负面效应，连接性能还会有进一步的提升。另外，"榫卯 +"还有一个特别的优点，就是当"+"失效时（例如焊缝失效时），榫头还具有一定的承载能力。总之，"榫卯 +"连接方式为铝合金型材连接提供了更多、更好的连接手段。

4.3.2　典型接头连接性能的仿真试验

1. 仿真试验目的

在上一节的定性对比分析模型基础上，进一步对 7 种接头进行数字仿真试验，以验证上一节的定性比较模型，并进一步了解 4 种不同的榫卯结构类型对连接性能的影响差异。试验对象如图 4.5 所示，其中 4 种榫卯结构分别是，榫卯焊接 1——简单的开孔 T 形榫卯结构，榫卯焊接 2——内部带主榫卯面的开孔榫卯结构，榫卯焊接 3——纵向开缝榫卯结构，榫卯焊接 4——横向开缝榫卯结构。

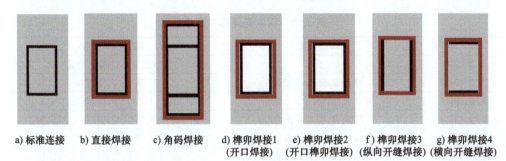

a) 标准连接　　b) 直接焊接　　c) 角码焊接　　d) 榫卯焊接1　　e) 榫卯焊接2　　f) 榫卯焊接3　　g) 榫卯焊接4
　　　　　　　　　　　　　　　　　　　　　　　（开口焊接）　（开口榫卯焊接）（纵向开缝焊接）（横向开缝焊接）

图 4.5　T 形接头类型

2. 仿真试验方案

1）几何尺寸（单位为 mm）：型材高度和宽度分别为 60 和 40，壁厚为 2，长度为 300，焊缝宽度为 4。三角形角码边长为 60×60，宽度为 40，壁厚为 2。

2）约束条件：约束 B_1 两端面 A_1 和 A_2 的全部 6 个自由度，如图 4.6a 所示，在 B_2 自由端面 C 分别加载单位载荷：拉伸载荷 $F_x = 100N$，弯曲载荷 $F_z = 100N$，扭转载荷 $T_x = 100N \cdot m$，如图 4.6b 所示。

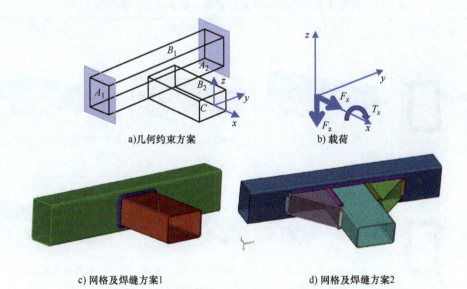

a) 几何约束方案　　　　　　　　　　　　b) 载荷

c) 网格及焊缝方案1　　　　　　　　　　d) 网格及焊缝方案2

图 4.6　有限元前处理方案

3）计算网格处理方案[26]：模型采用二阶四面体（CTETRA）划分网格，圆角处均大于两排网格，厚度方向均大于两层网格，如图 4.6c 和 d 所示。焊缝网格节点与 B_1、B_2 间的节点做重合连接处理，B_1 与 B_2 之间有榫卯面接触时按接触连接处理，见表 4.10。

表 4.10　有限元连接关系表

	焊缝处理	B_1 与 B_2 连接
标准连接	无	接触面节点连接，融为一体
直接焊接	与 B_1 B_2 间节点重合	B_1 与 B_2 不连接
角码焊接	与 B_1 B_2 角码间节点重合	B_1 与 B_2 不连接
榫卯焊接 1	与 B_1 B_2 间节点重合	B_2 与 B_1 榫接处的榫卯边做接触
榫卯焊接 2	与 B_1 B_2 间节点重合	B_2 与 B_1 榫接处的榫卯面做接触
榫卯焊接 3	与 B_1 B_2 间节点重合	B_2 与 B_1 榫接处的榫卯边做接触
榫卯焊接 4	与 B_1 B_2 间节点重合	B_2 与 B_1 榫接处的榫卯边做接触

注：接触连接是指模拟实际的物理接触，B_1 与 B_2 榫卯面受压则传力，受拉则离空不传力。

3. 仿真计算结果及分析

第一步：采用有限元技术获得接头应力分布，按第四强度理论找出截面 Ⅰ—Ⅰ 附近的焊缝最大应力和弱母材最大应力（取榫头型材和卯孔型材两者中的最大值）[27]，见表 4.11。

表 4.11　典型 T 形接头应力计算分布图（最大应力，单位为 MPa）

	图例	拉伸	面外弯曲	面外扭转
标准连接		 母材（B_1）：4.07	 母材（B_1）：23.64	 母材（B_2）：30.98
直接焊接		 弱母材（B_2）：2.53 焊缝：2.53	 弱母材（B_1）：14.08 焊缝：12.49	 弱母材（B_2）：28.4 焊缝：26.42

（续）

	图例	拉伸	面外弯曲	面外扭转
角码焊接		弱母材（B_1）：1.30 焊缝：1.30	弱母材（B_1）：6.34 焊缝：6.08	弱母材（B_1）：21.19 焊缝：21.19
榫卯焊接1		弱母材（B_1）：3.39 焊缝：3.27	弱母材（B_1）：16.91 焊缝：14.79	弱母材（B_2）：28.5 焊缝：27.04
榫卯焊接2		弱母材（B_1）：1.19 焊缝：1.19	弱母材（B_2）：5.34 焊缝：5.7	弱母材（B_2）：24.3 焊缝：21.83
榫卯焊接3		弱母材（B_2）：2.63 焊缝：2.63	弱母材（B_1）：11.72 焊缝：10.82	弱母材（B_2）：29.45 焊缝：27.03
榫卯焊接4		弱母材（B_2）：2.78 焊缝：2.78	弱母材（B_2）：13.37 焊缝：12.09	弱母材（B_2）：27.63 焊缝：25.44

　　由表 4.11 应力数据可见，各类接头的焊缝应力与弱母材应力基本相同，但是互有大小。

第二步：取母材的许用应力为 200MPa，取弱母材和焊缝的许用应力均为 100MPa，采用线性插值方法确定接头处的焊缝区域和弱母材区域的极限承载能力，见表 4.12。

表 4.12　典型 T 形接头极限载荷

	图例	拉伸	面外弯曲	面外扭转
标准连接		 母材（B_1）：4914N	 母材（B_1）：846N	 母材（B_2）：646N·m
直接焊接		 弱母材（B_2）：3952.5N 焊缝：3953N	 弱母材（B_1）：710N 焊缝：801N	 弱母材（B_2）：352N·m 焊缝：379N·m
角码焊接		 弱母材（B_1）：7692N 焊缝：7692N	 弱母材（B_1）：1577N 焊缝：1645N	 弱母材（B_1）：472N·m 焊缝：472N·m
榫卯焊接 1		 弱母材（B_1）：2950N 焊缝：3058N	 弱母材（B_1）：591.5N 焊缝：676N	 弱母材（B_2）：351N·m 焊缝：370N·m
榫卯焊接 2		 弱母材（B_1）：8403.5N 焊缝：8403N	 弱母材（B_1）：1872.5N 焊缝：1754N	 弱母材（B_2）：411.5N·m 焊缝：458N·m

（续）

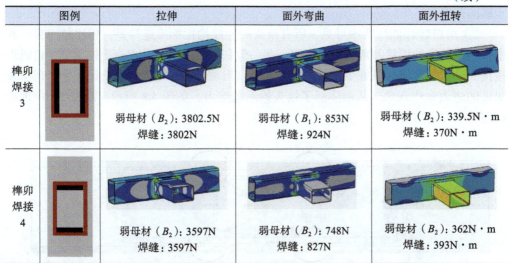

	图例	拉伸	面外弯曲	面外扭转
榫卯焊接3		弱母材（B_2）: 3802.5N 焊缝: 3802N	弱母材（B_1）: 853N 焊缝: 924N	弱母材（B_2）: 339.5N·m 焊缝: 370N·m
榫卯焊接4		弱母材（B_2）: 3597N 焊缝: 3597N	弱母材（B_2）: 748N 焊缝: 827N	弱母材（B_2）: 362N·m 焊缝: 393N·m

第三步：取焊缝和弱母材两者中极限载荷的最小值为该接头的极限承载能力，并进行统计比较，结果如图 4.7 所示。

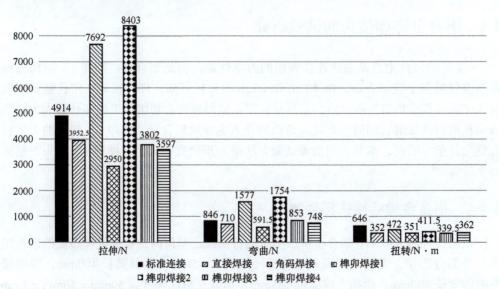

图 4.7　典型铝合金 T 形接头极限载荷对比图

第四步：结果分析。

1）由拉伸性能和弯曲性能柱状图可见，带腹板的榫卯焊接 2 接头的性能最突出，原因是内部的腹板弥补了榫孔的负面效应且参与承载；角码焊接性能次之，原因是截面焊缝面积明显加大；榫卯焊接 1、3、4 的性能均比直接焊接差，原因是开孔和开缝均削弱了型材连接面的刚度（$k_2 < 1$），但是开缝的表现好于开孔，其中纵向开缝又好于横向开缝。

2）由扭转性能柱状图可见，所有接头的性能均比标准连接差，相比较而言，其中带腹板的榫卯焊接和角码焊接稍好一些。但是，按上一节的理论比较模型，角码焊接接头的扭转性能应该好于标准连接，之所以出现矛盾，是因为仿真计算中出现了较明显的应力集中现象，从而降低了接头的承载能力，如图 4.8 所示，而表 4.9 中理论模型的应力是均匀的。

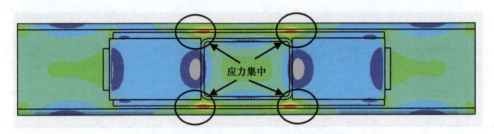

应力集中

图 4.8　角码焊接中的焊缝应力集中现象

4.4　铝合金榫卯接头的试验研究

4.3 节的研究重点是关注连接表面的力学性能，但是铝合金"榫卯 +"结构的破坏不仅仅局限于连接表面，由 4.1 节和 4.2 节的分析可知，榫头根部、卯孔壁根部以及榫卯面等部位均有失效风险，尤其是在卯孔型材表面上切削加工出卯孔会大大降低该卯孔型材的性能，同时，焊接、角码的介入也导致铝合金"榫卯 +"接头的失效行为更为复杂。因此，本节采用物理试验方法进一步研究铝合金"榫卯 +"接头的整体力学行为 [28]。

4.4.1　铝合金榫卯接头样件制备

试验样件由 6063-T6 铝合金挤压型材制备而成，型材内部有提供榫卯面的腹板结构，外部有凹槽，夹持面间距与外轮廓短边同为 45mm，型材梁长 400mm，榫卯接头中卯梁长 400mm，所插入榫梁长 155mm，加强三角片尺寸为 50mm × 50mm × 3mm（见图 4.9a）。制备型材梁（见图 4.9b）、榫卯接头（见图 4.9c）、加强榫卯接头（见图 4.9d），用于开展力学性能对比试验。

样件制作方法如下：先在卯梁中部作孔，开孔形状与所插入榫梁截面相同，随后插入榫梁（榫卯配合为 0.2mm 的间隙配合）。装配完成后沿接头外围用 MIG 焊（Metal Inert Gas Welding，熔化极惰性气体保护焊）固定，待样件冷却后即形成榫卯接头。加强榫卯接头在此基础上于榫卯接头四角凹槽处插入 4 个三角加强片,并在三角片周边焊接固定。

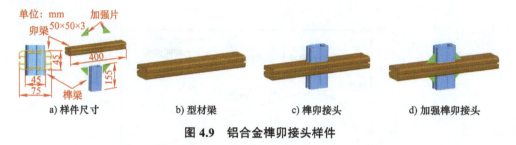

a) 样件尺寸　　　　　b) 型材梁　　　　　c) 榫卯接头　　　　　d) 加强榫卯接头

图 4.9　铝合金榫卯接头样件

4.4.2　铝合金榫卯接头弯曲试验设计

试验参考 ASTM E290-2014 标准[29]设计,选取面内、面外弯曲两种工况,每种样件开展 3 次重复试验。试验在 CMT-5305 电子万能试验机上进行,最大载荷为 300kN。面内弯曲试验设置如图 4.10a 所示,样件被放置于支座和压头之间,支座跨距为 280mm,支座和压头直径均为 30mm,试验加载速度为 2mm/min,样件完全失去承载能力时试验停止。在榫卯接头的卯梁腹板上侧、腹板下侧、上翼缘和下翼缘上布置 4 个应变片,所对应编号分别为 1、2、3、4。在样件中点和单侧分别布置位移传感器。面外弯曲试验设置如图 4.10b 所示,试验参数与面内弯曲时相同,不同之处在于卯梁下翼缘中部额外布置应变片 5。

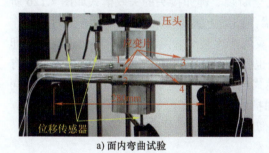

a) 面内弯曲试验　　　　　　　　　　　　　b) 面外弯曲试验

图 4.10　榫卯接头弯曲试验设置

4.4.3　铝合金榫卯接头弯曲力学性能

1. 面内弯曲力工况力学性能

（1）载荷响应

样件在面内弯曲工况下的力 – 位移曲线如图 4.11 所示。型材梁的载荷在超过峰值力后出现缓慢下降；榫卯接头及加强榫卯接头的载荷分为弹塑性变形和失效两个阶段，在超过峰值力后出现剧烈下降，并维持在较低的水平或缓慢下降至零。

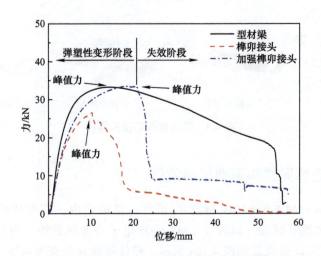

图4.11　面内弯曲工况样件力 – 位移曲线

（2）失效模式

型材梁的失效模式如图4.12a所示。随着压头挤压上表面，结构刚度下降，型材梁上翼缘和下翼缘出现裂纹，侧边腹板发生屈曲；随着腹板屈曲效应增大，裂纹自下翼缘逐渐扩展至腹板下侧，最终下翼缘完全断裂。榫卯接头的失效模式如图4.12b所示。压头接触榫梁并将承载力传递至卯梁，卯梁上翼缘受压，下翼缘则受到拉伸作用；随着样件持续受弯，靠近孔根部的下翼缘产生裂纹并沿着腹板扩展；最终，在卯梁的下翼缘和侧面产生明显断口，上翼缘也发生了严重的屈曲，但在榫梁表面并没有发现明显的裂纹。加强榫卯接头的失效模式与榫卯接头类似，如图4.12c所示。不同之处在于，随着榫梁下翼缘处裂纹产生和扩展，接头右下方加强片逐渐从卯梁脱落。当接头根部焊缝完全撕裂，加强片从卯梁彻底脱落后，样件完全失效。

（3）应变分布

样件在面内弯曲工况下的应变分布如图4.13所示。型材梁和榫卯接头应变分布相似：应变片1和3处为负应变，应变片2和4处为正应变，表示上翼缘和腹板上侧处于压缩状态，下翼缘和腹板下侧处于拉伸状态。对于应变片2，随着承载力增加，榫卯接头的应变值高于型材梁，表明榫卯接头腹板下侧的拉伸变形比型材梁更加剧烈。榫卯接头与加强榫卯接头的应变分布存在明显差异，主要表现在加强榫卯接头应变片3和4处的应变高于榫卯接头。当加强榫卯接头受力时，加强片提供额外承载能力的同时也改变了卯梁上下表面的应变分布情况，使得卯梁上翼缘的压缩变形和下翼缘的拉伸变形更加剧烈，导致应变片3、4处的应变明显增大。

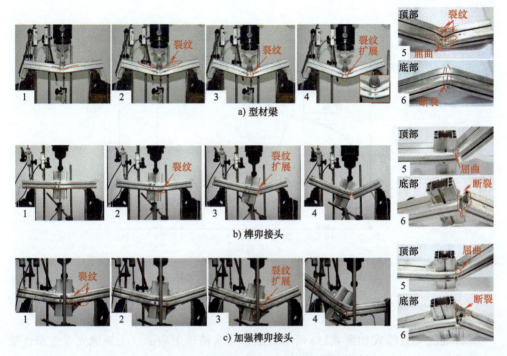

图 4.12 面内弯曲工况样件失效模式

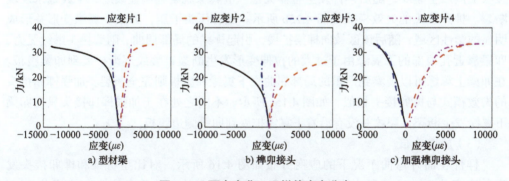

图 4.13 面内弯曲工况样件应变分布

2. 面外弯曲工况力学性能

（1）载荷响应

样件在面外弯曲工况下的力－位移曲线如图 4.14 所示。型材梁的载荷在弹塑性阶段线性增加，随着位移增大逐渐转变为非线性，上升至峰值力后缓慢下降，无强化阶段；榫卯接头及加强榫卯接头的载荷有明显的强化阶段，达到峰值力后样件失效，载荷出现剧烈下降。

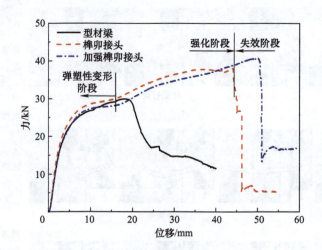

图4.14　面外弯曲工况样件力 – 位移曲线

（2）失效模式

型材梁的失效模式如图4.15a所示。随着压头挤压上表面，上翼缘先发生塑性变形；随后塑性变形区域扩展到腹板并引起腹板屈曲，由于型材梁腹板屈曲效应加剧，腹板上侧产生裂纹，随后样件发生整体失稳。上翼缘观察到明显裂纹，下翼缘未发现断裂。榫卯接头的失效模式如图4.15b所示。随着压头下压，卯梁上翼缘变形并形成明显的塑性区域；随后该区域向榫梁扩展，引起榫梁的局部屈曲；随着接头继续受力，卯梁靠近孔根部的下翼缘由于过大的拉伸变形发生断裂，裂纹逐渐扩展到卯梁腹板。在卯梁上翼缘可以观察到严重的局部屈曲，下翼缘和腹板则完全断裂。加强榫卯接头的失效模式与榫卯接头相似，如图4.15c所示。不同之处在于加强榫卯接头只在卯梁下翼缘发生断裂，裂纹并没有沿着下翼缘扩展到卯梁侧边腹板。

（3）应变分布

样件在面外弯曲工况下的应变分布如图4.16所示。对比型材梁和榫卯接头发现，应变片1、2、4和5处的应变趋势相似，应变片1处为负应变，应变片2、4和5处为正应变，表示腹板上部和卯梁上翼缘处于受压状态，腹板下部和卯梁下翼缘处于受拉状态。样件受力初期，型材梁所测应变都随着承载力的增加而变化，但榫卯接头各部位的应变几乎为零。通过比较榫卯接头和加强榫卯接头，应变片1、3、4和5处的应变趋势相似，应变片1和3处为压应变，应变片4和5处为拉应变。应变片2处榫卯接头表现为明显的拉应变，而加强榫卯接头应变片2处的应变数值变化幅度很小，这主要因为加强片提高了卯梁腹板的稳定性，减小了腹板的拉伸变形。

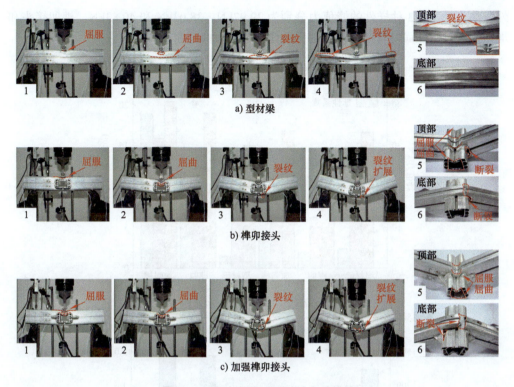

图 4.15　面外弯曲工况样件失效模式

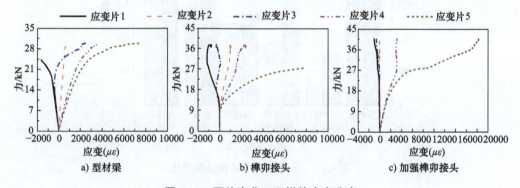

图 4.16　面外弯曲工况样件应变分布

3.面内、面外弯曲工况力学性能对比

不同工况下样件的峰值力、初始刚度和延性系数如图 4.17a 所示。在面内弯曲工况下，3 种样件的峰值力分别为 33.27kN、26.53kN 和 33.58kN，榫卯接头峰值力低于型材梁，而加强片可以提高其承载能力，使得加强榫卯接头具有最高的峰值力。在面

外弯曲工况下，3 种样件的峰值力分别为 29.97kN、38.03kN 和 40.83kN。榫卯接头和加强榫卯接头在面外弯曲工况下的承载能力强于面内弯曲。

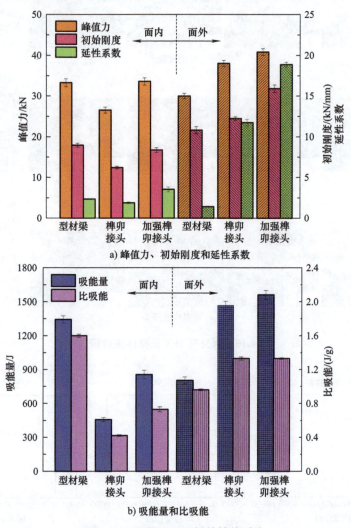

a) 峰值力、初始刚度和延性系数

b) 吸能量和比吸能

图 4.17　不同工况下样件性能对比

在面内弯曲工况下，3 种样件的初始刚度分别为 8.99kN/mm、6.21kN/mm 和 8.37kN/mm，榫卯接头和加强榫卯接头的初始刚度均低于型材梁；在面外弯曲工况下，3 种样件的初始刚度分别为 10.82kN/mm、12.23kN/mm 和 15.91kN/mm，榫卯接头和加强榫卯接头的弯曲刚度均高于型材梁。3 种样件在面外弯曲工况下都展现了更高的初始刚度。

在面内弯曲工况下，3 种样件的延性系数差别不大，分别为 2.36、1.89 和 3.53；

在面外弯曲工况下，3 种样件的延性系数分别为 1.41、11.74 和 18.87，榫卯接头和加强榫卯接头比型材梁展现了更好的延展能力。榫卯接头和加强榫卯接头在面外弯曲工况下的延性系数显著大于面内弯曲工况。

　　不同工况下样件的吸能量和比吸能如图 4.17b 所示。在面内弯曲工况下，3 种样件的吸能量分别为 1343.84J、458.66J 和 855.86J，比吸能分别为 1.60J/g、0.42J/g 和 0.73J/g，榫卯接头和加强榫卯接头的吸能量与比吸能都显著小于型材梁。在面外弯曲工况下，3 种样件的吸能量分别为 802.73J、1466.57J 和 1560.00J，比吸能分别为 0.96J/g、1.33J/g 和 1.34J/g，榫卯接头和加强榫卯接头的能量吸收能力高于型材梁。型材梁在面内弯曲工况下有更高的吸能量和比吸能，榫卯接头和加强榫卯接头则在面外弯曲工况下展现了更好的吸能效果。

第 5 章　框结构的轻量化原理

　　框结构是 TMBB 中的基础结构，尽管框结构非常普遍，设计难度不大，并形成了许多"公知常识"，但是对框结构轻量化的内在规律的认识尚不深入，甚至有偏差错误，因此有必要对这类结构的轻量化原理进行深入研究，给出框结构轻量化的内在规律，为"五化"设计中的"框化"设计方法提供理论支撑，这样更有利于框结构的轻量化设计。

5.1　基础框结构的几何原理

　　基础框是指四边形框结构，常见以下 3 种形态：

　　1）骨架框：仅由 4 条铝合金型材边框组成的框结构。

　　2）骨架 + 单蒙皮：在骨架框基础上加装一层蒙皮而形成的框结构。

　　3）骨架 + 双蒙皮：在骨架框的两个侧面（或上下表面）加装蒙皮而形成的框结构。

　　假设蒙皮与骨架框连接后形成一体，不考虑连接工艺缺陷。铝合金框边型材及 3 类框结构的基本参数及几何性能见表 5.1。

表 5.1　框结构基本参数及几何性能

图例	几何参数及几何性能		说明
1.框边型材 a)	几何参数： $a,b,t(a,b \gg t)$ $i = a/b$ 几何性能： $A_0 = 2t(a+b), \dot{A}_0 = a \cdot b$ $I_{x0} = \dfrac{a^2 t}{6}(a+3b)$ $I_{y0} = \dfrac{b^2 t}{6}(b+3a)$ $I_{t0} = \dfrac{4\dot{A}_0^{\,2}}{\oint \dfrac{ds}{t}} = \dfrac{2a^2 b^2 t}{a+b}$	（1a） （1b）	1）a、b、t 分别为型材截面的高、宽和壁厚（参考型材壁厚中心线）；i 为型材截面高宽比 2）A_0、$\dot{A}_0$、I_{x0}、I_{y0}、I_{t0} 分别为型材截面的材料面积、型材截面轮廓的面积，以及型材截面的 x、y 轴惯性矩和扭转惯性矩

（续）

图例	几何参数及几何性能	说明
2.骨架框 b)	几何参数： $L,W(L,W \gg a,b)$ $j = L/W$ （2a） 几何性能： $A_1 = 2A_0 = 4t(a+b)$ $I_{x1} \approx 2I_{x0}$ $I_{y1} \approx 2I_{y0}$ （2b） $I_{t1} = 2I_{t0}$	1）L、W 分别为矩形框的长和宽（参考边框型材中心线）；j 为框的长宽比 2）A_1、I_{x1}、I_{y1}、I_{t1} 分别为组合截面的材料面积，以及组合截面的 x、y 轴惯性矩和扭转惯性矩 3）从骨架框截面可见，骨架框的两个悬臂边互相独立，因此框截面的性能是单根型材的 2 倍
3.骨架+单蒙皮 c)	$A_2 \approx 2A_0 + tW$ $I_{x2} \approx 2I_{x0}$ $I_{y2} \approx 2I_{y0} + (a+b)tW^2 + \dfrac{1}{12}tW^3$ （3a） $I_{t2} = 2I_{t0} + \dfrac{1}{3}t^3W \approx 2I_{t0}$ $A_2 : A_1 = 1 + \dfrac{1}{4}W/(a+b) > 1$ $I_{x2} : I_{x1} \approx 1$ $I_{y2} : I_{y1} = 1 + \dfrac{W^2}{b^2} + \dfrac{W+8b}{4b+12a}\dfrac{W^2}{b^2} \gg 1$ （3b） $I_{t2} : I_{t1} = 1$	1）t 为蒙皮厚度，为推导公式方便，取其与型材厚度相等 2）A_2、I_{x2}、I_{y2}、I_{t2} 分别为"骨架+单蒙皮"组合截面的材料面积，以及组合截面的 x、y 轴惯性矩和截面扭转惯性矩 3）中心蒙皮对截面 x 轴惯性矩和扭转惯性矩的贡献都很小，对 y 轴惯性矩贡献很大
4.骨架+双蒙皮 d)	$A_3 = 2A_0 + 2tW$ $I_{x3} \approx 2I_{x0} + \dfrac{a^2tW}{2}$ $I_{y3} \approx 2I_{y0} + (a+b)tW^2 + \dfrac{1}{6}tW^3$ （4a） $I_{t3} \approx \dfrac{4A_3^2}{\displaystyle\oint_{A_3}\dfrac{\mathrm{d}s}{t}} = \dfrac{2ta^2W^2}{W+a}$ $A_3 : A_1 = 1 + \dfrac{W}{2(a+b)} > 1$ $I_{x3} : I_{x1} = 1 + \dfrac{3W}{2(a+3b)} > 1$ $I_{y3} : I_{y1} = 1 + \dfrac{W^2}{b^2} + \dfrac{(2W+8b)}{(4b+12a)}\dfrac{W^2}{b^2} \gg 1$ （4b） $I_{t3} : I_{t1} = \dfrac{(a+b)W^2}{(W+a)b^2}$ $\qquad \approx \dfrac{(a+b)}{b}\dfrac{W}{b} \gg 1$	1）A_3、I_{x3}、I_{y3} 分别为"骨架+双蒙皮"组合截面的材料面积，以及对 x、y 轴的惯性矩，A_3 为框中心腔轮廓面积 2）截面的扭转惯量 I_{t3} 可参考第 2 章表 2.5 中的式（7b）推导，为简化推导，在此以中间大腔近似计算 3）组合截面的轮廓面积大幅提升，截面惯性矩及扭转惯性矩也显著提升，导致承受弯曲及扭转的能力显著增强

由表 5.1 可见，基础框结构有以下几何特点：

1）由表中式（2）可见，单纯的骨架框的性能主要取决于型材截面的性能，由于型材截面通常很小，因此骨架框的性能很差。

2）由表中式（3）可见，中心蒙皮大大加大了 I_y，其他几何性能与骨架框基本相同。

3）由表中式（4）可见，在骨架上下表面增加双蒙皮全面提升了框的截面性能，尤其是 I_x、I_t 显著增加，此时的框结构是一个由"边框型材腔 + 中心腔"构成的腔梁结构；但是，双面蒙皮也同时明显增加了框结构的质量。

总体上，框结构是一个扁平的边界封闭的类平面结构，框的平面尺寸远大于框的厚度尺寸，框的面内性能远远超过面外性能，所谓面内性能是指承受面内拉伸、压缩、剪切的能力，面外性能是指承受面外弯曲和扭转的能力。

5.2　基础框结构的力学原理

5.2.1　基础框的载荷

建立框结构坐标系如图 5.1a 所示，框结构承受的载荷如图 5.1b 所示，包括面内载荷（F_x, F_z, M_y）和面外载荷（F_y, M_x, M_z）。以下结合车身结构的受载特点，选择图 5.1c ~ e 所示的 3 种典型载荷进行分析，其中图 c 为面内剪切载荷，对应车辆制动或加速时所引起的侧片模块的面内剪切承载状况，图 d 为面外弯曲载荷，对应车辆转弯时引起的侧片模块的面外弯曲承载状况，图 e 为面外扭转载荷，对应车辆转弯或车轮悬空时引起的侧片模块和车顶模块的扭转承载状况。

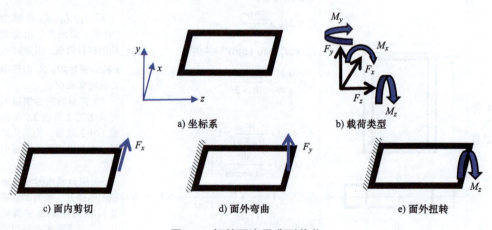

a) 坐标系　　　　　　　b) 载荷类型

c) 面内剪切　　　　　d) 面外弯曲　　　　　e) 面外扭转

图 5.1　框的固定及典型载荷

称图 5.1c～e 中固定的边为基础边，与之相邻的两条边称为悬臂边，载荷的作用边为载荷边。

5.2.2　骨架框的力学分析

1. 面内剪切

将框的一边固定，在相对的载荷边上施加一面内力载荷 F_x，如图 5.2a 所示。由于该框结构为一个带 3 个过约束的超静定结构，为此，在 C 点处将载荷边截断，由于截断处失去约束，框在载荷 F_x 作用下发生变形，导致 C 点移动到 C' 点位置，3 个初始位移分别记为（δ_θ, δ_z, δ_x），如图 5.2b 所示。为了消除该位移，需要在 C' 点处施加补偿载荷（M_c, N_c, Q_c），使 C' 点重新回到 C 点位置，如图 5.2c 所示。根据该条件可以建立 3 个独立方程求解出过约束变量。以上过程可采用参考文献 [15] 中介绍的能量原理与做功原理的计算方法。

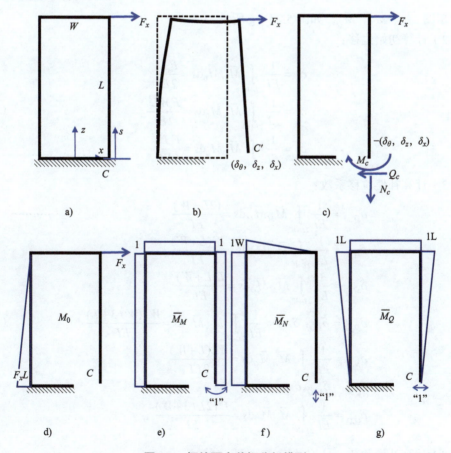

图 5.2　框的面内剪切分析模型

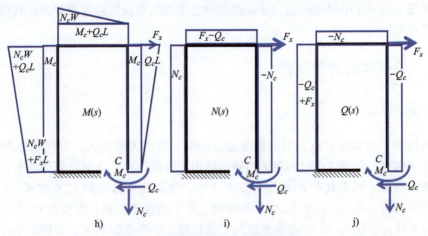

图 5.2　框的面内剪切分析模型（续）

1）分别绘制 C 点断开时的弯矩图 "M_0"，以及 C 点在 3 种单位补偿载荷作用下的弯矩图 $\bar{M}_M$、$\bar{M}_N$、$\bar{M}_Q$，如图 5.2d ~ g 所示。

2）计算初始位移：

$$\delta_\theta = \frac{1}{EI} \int\limits_{2L+W} \bar{M}_M M_0 \mathrm{d}s = \frac{F_x L^2}{2EI}$$

$$\delta_z = \frac{1}{EI} \int\limits_{2L+W} \bar{M}_N M_0 \mathrm{d}s = \frac{F_x W L^2}{2EI} \qquad (5.1)$$

$$\delta_x = \frac{1}{EI} \int\limits_{2L+W} \bar{M}_Q M_0 \mathrm{d}s = \frac{F_x L^3}{6EI}$$

3）计算补偿位移系数：

$$\delta_{\bar{M},\bar{M}} = \frac{1}{EI} \int\limits_{2L+W} \bar{M}_M \bar{M}_M \mathrm{d}s = \frac{(2L+W)}{EI}$$

$$\delta_{\bar{M},\bar{N}} = \frac{1}{EI} \int\limits_{2L+W} \bar{M}_M \bar{M}_N \mathrm{d}s = \frac{W(L+W)}{EI}$$

$$\delta_{\bar{M},\bar{Q}} = \frac{1}{EI} \int\limits_{2L+W} \bar{M}_M \bar{M}_Q \mathrm{d}s = \frac{L(L+W)}{EI}$$

$$\delta_{\bar{N},\bar{M}} = \delta_{\bar{M},\bar{N}}, \delta_{\bar{N},\bar{N}} = \frac{1}{EI} \int\limits_{2L+W} \bar{M}_N \bar{M}_N \mathrm{d}s = \frac{W^2(W/3+L)}{EI} \qquad (5.2)$$

$$\delta_{\bar{N},\bar{Q}} = \frac{1}{EI} \int\limits_{2L+W} \bar{M}_N \bar{M}_Q \mathrm{d}s = \frac{WL(L+W)}{2EI}$$

$$\delta_{\bar{Q},\bar{M}} = \delta_{\bar{M},\bar{Q}}, \delta_{\bar{Q},\bar{N}} = \delta_{\bar{N},\bar{Q}},$$

$$\delta_{\bar{Q},\bar{Q}} = \frac{1}{EI} \int\limits_{2L+W} \bar{M}_Q \bar{M}_Q \mathrm{d}s = \frac{L^2(2L/3+W)}{EI}$$

4）计算补偿载荷：

$$
\begin{bmatrix}
\delta_{\bar{M},\bar{M}} & \delta_{\bar{M},\bar{N}} & \delta_{\bar{M},\bar{Q}} \\
\delta_{\bar{N},\bar{M}} & \delta_{\bar{N},\bar{N}} & \delta_{\bar{N},\bar{Q}} \\
\delta_{\bar{Q},\bar{M}} & \delta_{\bar{Q},\bar{N}} & \delta_{\bar{Q},\bar{Q}}
\end{bmatrix}
\begin{pmatrix} M_c \\ N_c \\ Q_c \end{pmatrix}
= -\begin{pmatrix} \delta_\theta \\ \delta_z \\ \delta_x \end{pmatrix}
\tag{5.3a}
$$

将式（5.2）代入式（5.3a），得

$$
\begin{bmatrix}
(2L+W) & W(L+W) & L(L+W) \\
W(L+W) & W^2(W/3+L) & WL(L+W) \\
L(L+W) & WL(L+W) & L^2(2L/3+W)
\end{bmatrix}
\begin{pmatrix} M_c \\ N_c \\ Q_c \end{pmatrix}
= -F_x L^2 \begin{pmatrix} 1/2 \\ W/2 \\ L/3 \end{pmatrix}
\tag{5.3b}
$$

求解式（5.3b）可得补偿载荷，但是补偿载荷的表达式非常复杂。

$$
M_c = F_x f_M(W,L)
$$
$$
N_c = F_x f_N(W,L)
$$
$$
Q_c = F_x f_Q(W,L)
$$
$$
f_M(W,L) = -\frac{L(3j^2+j+2)}{2(3j^2+5j+4)}
\tag{5.3c}
$$
$$
f_N(W,L) = -\frac{3j^2(2j+1)}{2(3j^2+5j+4)}
$$
$$
f_Q(W,L) = \frac{3j^2-j+1}{3j^2+5j+4}
$$

式中，$j = L/M$。

5）绘制并计算带补偿载荷的弯矩内力图 $M(s)$、轴向内力图 $N(s)$ 和剪切内力图 $Q(s)$，如图 5.2h ~ j。

6）列写以下能量平衡方程，可得到载荷作用点的位移 d_x：

$$
\frac{1}{2}F_x d_x = \frac{1}{2}\left(\int_{2L+W} \frac{M^2(s)}{EI}ds + \int_{2L+W} \frac{N^2(s)}{EA}ds + \int_{2L+W} \frac{Q^2(s)}{GA}ds \right)
\tag{5.4}
$$

式中，A 和 I 分别为框边型材的截面面积及截面惯量。

至此可计算剪切刚度 $K_x = F_x/d_x$。显然，按以上方法计算框的刚度非常复杂，为简化分析，假设框结构的载荷边为刚性，且载荷边的两端与悬臂边采用铰链连接，每根悬臂边在端部受到的外力为 $F_x/2$，由此产生的位移按照悬臂梁模型进行分析，见表 5.2 中"面内剪切"例图。显然，该简化框架模型与原模型有误差，因为忽略边框之间的连接属性会明显削弱框的剪切性能，但是，这也是一种将复杂问题进行解耦的有效方法。

该简化骨架框的剪切刚度定义及计算公式如表 5.2 中式（1a）和式（1b）所示。

2. 面外弯曲

继续采用简化框架模型，一个垂直于框表面的力 F_y 作用在载荷边上，并通过两端的铰接点作用在两条悬臂边的端部，导致两条悬臂边在垂直框平面的方向同向弯曲，假设每根悬臂边在端部受到的外力为 $F_y/2$，产生的位移 d_y 按照悬臂梁模型进行分析，结果如表 5.2 中的式（2a），骨架框的弯曲刚度定义及计算公式如表 5.2 中的式（2b）。

3. 面外扭转

假设面外扭矩为 M_z，该扭矩导致在悬臂型材端面产生力 F_y 和扭矩 M_0 并平衡，以及相应的线位移 d_y 和角位移 θ_z，线位移按照悬臂梁模型计算，角位移按照悬臂梁的纯扭模型计算，且线位移与角位移线性相关。转角及刚度结果如表 5.2 中的式（3a）和式（3b）所示。

表 5.2　骨架框力学计算

指标	面内剪切	面外弯曲	面外扭转
载荷	F_x，单位 N	F_y，单位 N	M_z，单位 N·mm
位移[①]	切向位移 d_x，单位 mm $$d_x = \frac{F_x/2 \cdot L^3}{3EI_{y0}} \quad (1a)$$	垂向位移 d_y，单位 mm $$d_y = \frac{F_y/2 \cdot L^3}{3EI_{x0}} \quad (2a)$$	扭转位移 θ_z，单位 rad $$\theta_z = d_y/(W/2)$$ $$d_y = \frac{F_y L^3}{3EI_{x0}}, \ M_z = F_y W + 2\theta_z' GI_{t0} \quad (3a)$$
刚度	剪切刚度，单位 N/mm $$K_x = F_x/d_x$$ $$= \frac{Etb^2}{L^3}(3a+b) \quad (1b)$$	弯曲刚度，单位 N/mm $$K_y = F_y/d_y$$ $$= \frac{Eta^2}{L^3}(a+3b) \quad (2b)$$	扭转刚度，单位 N·mm/rad[②] $$K_m = M_z/\theta_z$$ $$= \frac{Eta^2 W^2}{4L^3}(a+3b) + \frac{12Gta^2b^2}{L(a+b)} \quad (3b)$$

① I_{x0}、I_{y0}、I_{t0} 分别为型材截面惯性矩及扭转惯性矩，参见表 5.1 中的式（1b）。

② 式（3b）中第一项为框边型材弯曲带来的扭转刚度，第二项为框边型材扭转带来的扭转刚度，如果假设载荷边与悬臂边铰接，可不计入该项，否则会引起较大偏差。

5.2.3 "骨架 + 单蒙皮" 的力学分析

1. 面内剪切

"骨架 + 单蒙皮"的组合截面如表 5.1 中的图 c 所示。假设 4 条边框在角部刚性连接形成封闭的四边形框，在框厚度的对称中心位置连接蒙皮，构成一个复杂的超静定结构系统。在面内载荷 F_x 作用下，组合框通过边框和蒙皮共同承担载荷。组合框的固定、外载荷、边框内力及蒙皮剪切力流分布规律如图 5.3 所示 [15]。

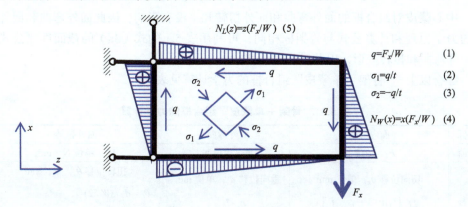

图 5.3 "骨架 + 单蒙皮" 平面剪切时的力学规律

该工况下组合框结构具有以下力学特点：

1）蒙皮的 4 条周边上出现剪切力流 q，力流大小相等，且相对边的力流方向相反，向邻边的力流方向相汇或相离，力流大小如图 5.3 中的式（1）所示。

2）蒙皮周边的剪切力流会在蒙皮内部产生拉压应力，在主应力方向的拉压应力分别为 σ_1 和 σ_2，如图 5.3 中的式（2）和式（3）所示。当压应力 σ_2 大于蒙皮的失稳压力时，蒙皮出现失稳失效。

3）蒙皮周边的力流会传递到 4 条边框型材上，导致型材产生拉力或压力，其中下悬臂边型材的内力为压力，其他 3 个边的内力为拉力，所有内力呈三角形分布，如图 5.3 中的式（4）和式（5）所示。

在外载 F_x 作用下，组合框在外载作用点产生相应的位移 d_x，位移大小取决于框边型材的拉伸 / 压缩变形以及蒙皮的拉伸 / 剪切变形。根据能量守恒原理，载荷 F_x 在位移 d_x 上做的功与组合框的内部变形能相等，即

$$\frac{1}{2} F_x \cdot d_x = 2 \cdot \frac{1}{2} \int_W \frac{N_W^2(x)}{EA_0} \mathrm{d}x + 2 \cdot \frac{1}{2} \int_L \frac{N_L^2(z)}{EA_0} \mathrm{d}z + \frac{1}{2} \int_A \frac{\sigma_1^2 + \sigma_2^2}{E} t \mathrm{d}A \quad (5.5)$$

式中，A_0 为边框型材的材料截面积，A 为蒙皮面积，参考表 5.1 中的式（1b）。

式（5.5）右边第一项为基础边和载荷边型材的拉压变形能，第二项为两个悬臂边型材的拉压变形能，第三项为中心蒙皮的拉/压变形能，式中积分函数的 $N_W(x)$、$N_L(z)$、σ_1 和 σ_2 的公式参考图 5.3 中的式（1）~式（5），据此可求得位移 d_x 为

$$d_x = \frac{2F_x}{Et}\left[\frac{(W^3+L^3)}{3(a+b)W^2}+\frac{L}{W}\right] \tag{5.6}$$

2. 面外弯曲和面外扭转

中心蒙皮对组合框的面外弯曲和面外扭转几乎没有影响，因此面外弯曲和面外扭转的力学原理和计算公式与骨架框相同，可利用表 5.1 的式（3a）的截面性能公式计算面外弯曲和扭转变形，以及对应的刚度。

综合以上，"骨架 + 单蒙皮"组合框的力学计算见表 5.3。

表 5.3　"骨架 + 单蒙皮"组合框的力学计算

指标	面内剪切	面外弯曲	面外扭转
载荷	F_x，单位 N	F_y，单位 N	M_z，单位 N·mm
位移	切向位移 d_x，单位 mm $d_x = \dfrac{2F_x}{Et}\left[\dfrac{(W^3+L^3)}{3(a+b)W^2}+\dfrac{L}{W}\right]$ （1a）	垂向位移 d_y，单位 mm $d_y = \dfrac{F_y \cdot L^3}{3EI_{x2}}$ （2a）[①]	扭转位移 θ_z，单位 rad $\theta_z = d_y/(W/2)$ $d_y = \dfrac{F_y L^3}{3EI_{x0}}, M_z = F_y W + 2\theta_z' GI_{t0}$ （3a）
刚度	剪切刚度，单位 N/mm $K_x = F_x/d_x$ $= \dfrac{Et}{2}\left[\dfrac{W^3+L^3}{3W^2(a+b)}+\dfrac{L}{W}\right]^{-1}$ （1b）	弯曲刚度，单位 N/mm $K_y = F_y/d_y$ $= \dfrac{Eta^2}{L^3}(a+3b)$ （2b）	扭转刚度，单位 N·mm/rad $K_m = (F_y W)/\theta_z$ $= \dfrac{Eta^2 W^2}{4L^3}(a+3b)+\dfrac{12Gta^2b^2}{L(a+b)}$ （3b）

① I_{x2} 为型材截面惯性矩，参见表 5.1 中的式（3a）。

5.2.4　"骨架 + 双蒙皮"的力学分析

"骨架 + 双蒙皮"的组合截面如表 5.1 中的图 d 所示，即 4 条边框在角部刚性连接形成封闭的刚性边框，并在框的上下表面连接两张蒙皮，形成一个框腔梁结构，该结构是一个更复杂的超静定结构系统，由表 5.1 中的式（4a）和式（4b）可以看出，该结构的截面几何性能得到明显增强，因此力学性能也显著提高。

1. 面内剪切

在面内载荷 F_x 的作用下，"骨架 + 双蒙皮"的力学原理与图 5.3 所示的"骨架 + 单蒙皮"的力学原理相同，位移计算也根据式（5.1）进行推导，但是要考虑双层蒙皮

的变形能。

2. 面外弯曲和扭转

在面外载荷 F_y 和 M_z 的作用下，组合框出现面外弯曲变形和面外扭转变形，由于双蒙皮骨架的截面类似于多腔型材，可利用表 5.1 中的式（4a）的截面性能来计算面外弯曲和扭转变形，以及对应的刚度。

综合以上，3 种载荷下的力学分析结果见表 5.4。

表 5.4　"骨架 + 双蒙皮"的力学计算

指标	面内剪切	面外弯曲	面外扭转
载荷	F_x，单位 N	F_y，单位 N	M_z，单位 N·mm
位移	切向位移 d_x，单位 mm $d_x = \dfrac{2F_x}{Et}\left[\dfrac{(W^3+L^3)}{3(a+b)W^2}+\dfrac{2L}{W}\right]$　（1a）	垂向位移 d_y，单位 mm $d_y = \dfrac{F_y L^3}{3EI_{x3}}$　（2a）①	扭转位移 θ_z，单位 rad $\theta_z = \dfrac{M_z L}{GI_{t3}}$　（3a）
刚度	剪切刚度，单位 N/mm $K_x = F_x/d_x$ $= \dfrac{Et}{2}\left[\dfrac{W^3+L^3}{3W^2(a+b)}+\dfrac{2L}{W}\right]^{-1}$　（1b）	弯曲刚度，单位 N/mm $K_y = F_y/d_y$ $= \dfrac{Eta^2}{2L^3}(2a+6b+3W)$　（2b）	扭转刚度，单位 N·mm/rad $K_m = M_z/\theta_z$ $= \dfrac{GI_{t3}}{L} = \dfrac{2ta^2W^2G}{L(W+a)}$　（3b）

① I_{x3} 为型材截面惯性矩，参见表 5.1 中的式（4a）。

5.3　基础框结构的轻量化规律

类似于第 2 章型材轻量化的分析方法，定义框结构的刚度变化率与质量变化率之比为框的轻量化效益系数，并以此为基础分析框的各个尺寸参数与轻量化之间的关系。记为

$$\lambda_K^{x_i} = \left(\frac{\partial K^{x_i}}{K}\right) : \left(\frac{\partial M^{x_i}}{M}\right), \quad 或\lambda_K^{x_i} = \left(\frac{\partial K^{x_i}}{\partial M^{x_i}}\right) : \left(\frac{K}{M}\right) \tag{5.7}$$

$$x_i = a,b,t,L,W$$

式中，K 和 M 分别为框的刚度和质量的初值；x_i 为尺寸参数；∂K^{x_i} 和 ∂M^{x_i} 分别为尺寸 x_i 的刚度敏感系数和质量敏感系数。

式（5.7）适用于 3 类基础框的轻量化规律研究，但是考虑到"骨架 + 单蒙皮"和"骨架 + 双蒙皮"的刚度函数式及其导数计算非常复杂，很难推导出解析表达式，因此，以下以较简单的骨架框为例，结合式（5.7）以及表 5.2 中的 3 个刚度函数式（1b）、式（2b）、式（3b），对骨架框的 3 种刚度与尺寸参数之间的轻量化规律进行分析。

5.3.1　面内剪切刚度的轻量化规律

骨架框面内剪切刚度的轻量化规律分析及结果见表 5.5 和图 5.4。

表 5.5　面内剪切刚度的尺寸轻量化效益系数

基本公式	$M = 4\rho t(a+b)(L+W), K_x = Et(3ab^2 + b^3)/L^3, \dfrac{K_x}{M} = \dfrac{Eb^2(3a+b)}{4\rho(a+b)(L+W)L^3}$		
系数	质量敏感系数	剪切刚度敏感系数	剪切刚度的轻量化效益系数
尺寸参数 x_i	$\partial M^{x_i} = \dfrac{\partial M}{\partial x_i}$	$\partial K_x^{x_i} = \dfrac{\partial K_x}{\partial x_i}$	$\lambda_{Kx}^{x_i} = \left(\dfrac{\partial K_x^{x_i}}{\partial M^{x_i}}\right) : \left(\dfrac{K_x}{M}\right)$
a	$\partial M^a = 4\rho t(L+W)$	$\partial K_x^a = \dfrac{3Etb^2}{L^3}$	$\lambda_{Kx}^a = 1 + \dfrac{2}{1+3i}$ （1）
b	$\partial M^b = 4\rho t(L+W)$	$\partial K_x^b = \dfrac{3Etb(2a+b)}{L^3}$	$\lambda_{Kx}^b = 3 + \dfrac{6i^2}{1+3i}$ （2）
t	$\partial M^t = 4\rho(a+b)(L+W)$	$\partial K_x^t = \dfrac{Etb^2(3a+b)}{L^3}$	$\lambda_{Kx}^t = 1$ （3）
L	$\partial M^L = 4\rho t(a+b)$	$\partial K_x^L = -\dfrac{3Etb^2(3a+b)}{L^4}$	$\lambda_{Kx}^L = -3(1+1/j)$ （4）
W	$\partial M^M = 4\rho t(a+b)$	无	无
轻量化参数排序表[①]	$i,j < 1.37$ 时：(b,L,a,t)；　$i,j > 1.37$ 时：(L,b,a,t)		

① 对具体的骨架框，先计算 i 和 j，分别代入表中公式计算轻量化效益系数，再进行排序。

分析：

1）L 的轻量化效益系数为负值，其绝对值随框的长宽比 $j(j = L/W)$ 的增大而减小，且始终大于 3，可见减少 L 可以显著提升框的剪切刚度。

2）型材宽度 b 的轻量化效益系数大于 3 且随型材的高宽比 i（$i = a/b$）持续增加，即型材截面越细高，增加 b 可以越显著地提升框的剪切刚度。

3）型材截面高度 a 的轻量化效益系数小于 3 且随 i 持续减少并趋向于 1。

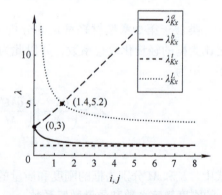

图 5.4　面内剪切刚度的轻量化效益系数

4）型材厚度 t 的轻量化效益系数恒为 1，且为最小的一个。

总体上，框的长度 L 和型材的宽度 b 对剪切刚度的轻量化效果影响最大，即减小框的悬边长度、提高型材的宽度，对提升骨架框的面内剪切性能和轻量化效果最为明显；而改变壁厚的性能提升和轻量化效果最差。

5.3.2　面外弯曲刚度的轻量化规律

面外弯曲刚度的轻量化规律分析及结果见表 5.6 和图 5.5。

表 5.6　面外弯曲刚度的尺寸轻量化效益系数

基本公式	$M = 4\rho t(a+b)(L+W), K_y = Et(3ba^2 + a^3)/L^3, \dfrac{K_y}{M} = \dfrac{Ea^2(3b+a)}{4\rho(a+b)(L+W)L^3}$		
系数	质量敏感系数	剪切刚度敏感系数	剪切刚度的轻量化效益系数
尺寸参数 x_i	$\partial M^{x_i} = \dfrac{\partial M}{\partial x_i}$	$\partial K_y^{x_i} = \dfrac{\partial K_y}{\partial x_i}$	$\lambda_{Ky}^{x_i} = \left(\dfrac{\partial K_y^{x_i}}{\partial M^{x_i}}\right) : \left(\dfrac{K_y}{M}\right)$
a	$\partial M^a = 4\rho t(L+W)$	$\partial K_y^a = \dfrac{3Eta(2b+a)}{L^3}$	$\lambda_{Ky}^a = 3 + \dfrac{6}{i^2 + 3i}$　（1）
b	$\partial M^b = 4\rho t(L+W)$	$\partial K_y^b = \dfrac{3Eta^2}{L^3}$	$\lambda_{Ky}^b = 1 + \dfrac{2i}{3+i}$　（2）
t	$\partial M^t = 4\rho(a+b)(L+W)$	$\partial K_y^t = \dfrac{Eta^2(3b+a)}{L^3}$	$\lambda_{Ky}^t = 1$　（3）
L	$\partial M^L = 4\rho t(a+b)$	$\partial K_y^L = -\dfrac{3Eta^2(3b+a)}{L^4}$	$\lambda_{Ky}^L = -3(1+1/j)$　（4）
W	$\partial M^M = 4\rho t(a+b)$	无	无
轻量化参数 排序表[①]	(L,b,a,t)		

① 对具体的骨架框，先计算 i 和 j，分别代入表中公式计算轻量化效益系数，再进行排序。

分析：

1）由表 5.6 知，L 的轻量化效益系数为负数，其绝对值随框的长宽比 j 的增大而减小，但始终大于 3。

2）型材高度 a（也是框的厚度）的轻量化效益系数随型材高宽比 i 的增大而减小，也始终大于 3，但始终小于尺寸 L 曲线。

3）型材宽度 b 的轻量化效益系数从 1 开始，随 i 持续增加并趋向于 3。

4）型材厚度 t 的轻量化效益系数恒为 1，为最小的一个。

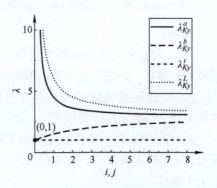

图 5.5　面外弯曲刚度的轻量化效益系数

总体上，框的长度 L 和型材高度 a 对面外弯曲刚度的轻量化效果影响最大，减小框的悬边长度、提高型材的高度（即增加框的厚度），可以有效提升骨架框的面外弯曲性能，同时可获得好的轻量化效果；而改变壁厚的性能提升和轻量化效果最差。

5.3.3 面外扭转刚度的轻量化规律

仅考虑骨架弯曲扭转时的面外扭转刚度的轻量化规律，分析及结果见表 5.7 和图 5.6。

表 5.7 面外扭转刚度的尺寸轻量化效益系数

基本公式	$M=4\rho t(a+b)(L+W),\ K_m=\dfrac{1}{4}\dfrac{W^2}{L^3}Et(3ba^2+a^3),\ \dfrac{K_m}{M}=\dfrac{EW^2a^2(3b+a)}{16\rho(a+b)(L+W)L^3}$		
系数	质量敏感系数	剪切刚度敏感系数	剪切刚度的轻量化效益系数
尺寸参数 x_i	$\partial M^{x_i}=\dfrac{\partial M}{\partial x_i}$	$\partial K_m^{x_i}=\dfrac{\partial K_m}{\partial x_i}$	$\lambda_{Km}^{x_i}=\left(\dfrac{\partial K_m^{x_i}}{\partial M^{x_i}}\right):\left(\dfrac{K_m}{M}\right)$
a	$\partial M^a=4\rho t(L+W)$	$\partial K_m^a=\dfrac{3EtW^2a(2b+a)}{4L^3}$	$\lambda_{Km}^a=3+\dfrac{6}{i^2+3i}$ （1）
b	$\partial M^b=4\rho t(L+W)$	$\partial K_m^b=\dfrac{3EtW^2a^2}{4L^3}$	$\lambda_{Km}^b=1+\dfrac{2i}{3+i}$ （2）
t	$\partial M^t=4\rho(a+b)(L+W)$	$\partial K_m^t=\dfrac{EW^2a^2(3b+a)}{4L^3}$	$\lambda_{Km}^t=1$ （3）
L	$\partial M^L=4\rho t(a+b)$	$\partial K_m^L=-\dfrac{3EtW^2a^2(3b+a)}{4L^4}$	$\lambda_{Km}^L=-3(1+1/j)$ （4）
W	$\partial M^M=4\rho t(a+b)$	$\partial K_m^W=-\dfrac{EtWa^2(3b+a)}{2L^3}$	$\lambda_{Km}^W=2(1+j)$ （5）
轻量化参数 排序表[①]	$i,j<1.14$ 时：(L,a,W,b,t)；$1.14<i,j<1.5$ 时：(L,W,a,b,t)； $i,j>1.5$ 时：(W,L,a,b,t)		

① 对具体的骨架框，先计算 i 和 j，分别代入表中公式计算轻量化效益系数，再进行排序。

分析：

1）L 的轻量化效益系数为负值，其绝对值随框的长宽比 j 的增大而减小，但始终大于 3。

2）W 的轻量化效益系数从 2 开始，随框的长宽比 j 的增大而持续增大。

3）型材高度 a 的轻量化效益系数随型材高宽比 i 的增大而减小，并始终大于 3，且始终小于 L 曲线。

4）型材宽度 b 的轻量化效益系数从 1 开始，随 i 持续增加并趋向于 3。

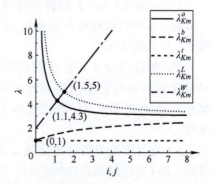

图 5.6 面外扭转刚度的轻量化效益系数

5）型材厚度 t 的轻量化效益系数恒为 1，为最小的一个。

总体上，框的宽 W、高 L 和型材截面高 a 的轻量化效益系数较大，但是三者的排序随 i、j 的不同而不同；而改变壁厚的性能提升和轻量化效果最差。

增加型材的高度 a 和宽度 b 也会显著提升型材的扭转截面惯量（参见第 2 章表 2.7 中矩形空心型材轻量化效益曲线），有利于进一步提升框的面外扭转性能。

5.4　框加强结构的轻量化规律

5.4.1　框加强结构的轻量化分析模型

从表 5.2 中的刚度公式可以看出，骨架框的 3 种刚度均与框的长 L^3 成反比，面外扭转刚度还与宽 W^2 成正比，另外，框的厚度 a 对框的面外性能影响也很大，因此，调整框的长度 L、宽度 W 和厚度 a 对框的结构性能影响均很大。除此之外，为了提高基础骨架框的刚度性能，还经常采取增加内部加强结构的措施，不过加强结构在提高框的性能的同时，也增加了框结构的质量，为了评价不同加强结构所带来的性能提升及轻量化效果，参照第 2 章的型材轻量化原理，定义以下框加强结构的刚度变化率 η_K^s 和轻量化效益系数 λ_K^s：

$$\eta_K^s = (\Delta K^s / K_0), \Delta K^s = K^s - K_0 \tag{5.8}$$

$$\lambda_K^s = (\Delta K^s / K_0) : (\Delta M^s / M_0) \tag{5.9}$$

式中，上角标 s 代表加强结构；K^s 为加强后的框结构的刚度性能；M_0 和 K_0 分别为加强之前的基础框的质量和刚度；ΔM^s 和 ΔK^s 分别为加强结构 s 引起的质量增加值和刚度增加值。加强结构的轻量化效益系数大于 1 时，表明加强结构带来的刚度提升率大于加强结构带来的质量变化率，该系数越大，表明加强结构的性能提升和轻量化效果越好。

5.4.2　典型框加强结构

考虑 8 种常见的框加强结构，如表 5.8 的图例所示，其中 S8、S9、S10 均为双面蒙皮方案，但是蒙皮厚度有所不同。

为便于计算对比，设骨架框的大小为 $L = W = 800mm$，$a = b = 60mm$，$t = 2mm$，$i = j = 1$，加强结构的型材与基础框的边框型材相同，蒙皮的外形尺寸与基础框的形状尺寸相同，厚度 $t = 2mm$。

将以上参数代入表 5.8 中的质量公式，以及表 5.2 中的 3 个刚度公式 [式（1b）～式（3b）]，可得到该基本骨架框的初始质量 M_0 和 3 个初始刚度 K_{x0}、K_{y0}、K_{m0}。

由于很难推导加强框结构的刚度解析表达式，为此采用有限元方法计算加强后的刚度 K_x、K_y、K_m，在此基础上，根据式（5.8）和式（5.9）计算各个加强结构 s 的刚度变化率及结构轻量化效益系数，结果见表 5.8。

表 5.8　基础框的加强结构轻量化效益系数

框加强结构	面内剪切刚度	面外弯曲刚度	面外扭转刚度	横向比较
S0：基础骨架框	$M_0 = 16\rho taL$			
	$K_{x0} = 4Eta^3/L^3$ $= 232\text{N}/\text{mm}$	$K_{y0} = 4Eta^3/L^3$ $= 232\text{N}/\text{mm}$	$K_{m0} = Eta^3/L$ $= 650\text{N}\cdot\text{m}/(°)$	
S1：纵向骨架	$\Delta M^{s1} = 4\rho taL$, $\Delta M^{s1}/M_0 = 0.25$			剪切刚度和弯曲刚度变化率为0.38，轻量化效益系数均大于1，扭转刚度无加强
	$K_x^{s1} = 321$ $\Delta K_x^{s1} = 89$ $\eta_{Kx}^{s1} = 0.38$ $\lambda_{Kx}^{s1} = 1.53$	$K_y^{s1} = 321$ $\Delta K_y^{s1} = 89$ $\eta_{Ky}^{s1} = 0.38$ $\lambda_{Ky}^{s1} = 1.53$	$K_m^{s1} = 650$ $\Delta K_m^{s1} \approx 0$ $\eta_{Km}^{s1} = 0$ $\lambda_{Km}^{s1} = 0$	
S2：横向骨架	$\Delta M^{s2} = 4\rho taL$, $\Delta M^{s2}/M_0 = 0.25$			剪切刚度变化率和结构轻量化效益系数最好，面外扭转次之，面外弯曲无加强。横向骨架不适用于加强面外弯曲刚度
	$K_x^{s2} = 524$ $\Delta K_x^{s2} = 292$ $\eta_{Kx}^{s2} = 1.26$ $\lambda_{Kx}^{s2} = 5$	$K_y^{s2} = 229$ $\Delta K_y^{s2} \approx 0$ $\eta_{Ky}^{s2} = 0$ $\lambda_{Ky}^{s2} = 0$	$K_m^{s2} = 961$ $\Delta K_m^{s2} = 311$ $\eta_{Km}^{s2} = 0.48$ $\lambda_{Km}^{s2} = 1.93$	
S3：斜向骨架	$\Delta M^{s3} = 4\sqrt{2}\rho taL$, $\Delta M^{s3}/M_0 = 0.35$			剪切刚度变化率和轻量化效益系数非常好，但两个面外刚度提升很小。斜向骨架非常适用于加强面内剪切性能
	$K_x^{s3} = 8848$ $\Delta K_x^{s3} = 8616$ $\eta_{Kx}^{s3} = 37$ $\lambda_{Kx}^{s3} = 106$	$K_y^{s3} = 254$ $\Delta K_y^{s3} = 22$ $\eta_{Ky}^{s3} = 0.1$ $\lambda_{Ky}^{s3} = 0.27$	$K_m^{s3} = 731$ $\Delta K_m^{s3} = 81$ $\eta_{Km}^{s3} = 0.13$ $\lambda_{Km}^{s3} = 0.36$	
S4：中心十字骨架	$\Delta M^{s4} = 8\rho atL$, $\Delta M^{s4}/M_0 = 0.5$			面内剪切提升最大，面外扭转次之，面外弯曲最小
	$K_x^{s4} = 1045$ $\Delta K_x^{s4} = 813$ $\eta_{Kx}^{s4} = 3.5$ $\lambda_{Kx}^{s4} = 7$	$K_y^{s4} = 333$ $\Delta K_y^{s4} = 101$ $\eta_{Ky}^{s4} = 0.435$ $\lambda_{Ky}^{s4} = 0.87$	$K_m^{s4} = 1017$ $\Delta K_m^{s4} = 367$ $\eta_{Km}^{s4} = 0.57$ $\lambda_{Km}^{s4} = 1.14$	
S5：中心斜叉骨架	$\Delta M^{s5} = 8\sqrt{2}\rho taL$, $\Delta M^{s5}/M_0 = \sqrt{2}/2 = 0.7$			剪切刚度变化率为82，扭转刚度变化率为3.28，但弯曲刚度只提升了0.5倍
	$K_x^{s5} = 19229$ $\Delta K_x^{s5} = 18997$ $\eta_{Kx}^{s5} = 82$ $\lambda_{Kx}^{s5} = 117$	$K_y^{s5} = 349$ $\Delta K_y^{s5} = 117$ $\eta_{Ky}^{s5} = 0.5$ $\lambda_{Ky}^{s5} = 0.72$	$K_m^{s5} = 2769$ $\Delta K_m^{s5} = 2119$ $\eta_{Km}^{s5} = 3.28$ $\lambda_{Km}^{s5} = 4.64$	

（续）

框加强结构	面内剪切刚度	面外弯曲刚度	面外扭转刚度	横向比较
S6：菱形叉骨架	$\Delta M^{s6} = 8\sqrt{2}\rho taL, \ \Delta M^{s6}/M_0 = 0.7$			总体效果接近中心斜叉，但面外弯曲性能较差
	$K_x^{s6} = 14669$ $\Delta K_x^{s6} = 14437$ $\eta_{Kx}^{s6} = 62$ $\lambda_{Kx}^{s6} = 89$	$K_y^{s6} = 305$ $\Delta K_y^{s6} = 73$ $\eta_{Ky}^{s6} = 0.3$ $\lambda_{Ky}^{s6} = 0.45$	$K_m^{s6} = 1700$ $\Delta K_m^{s6} = 1050$ $\eta_{Km}^{s6} = 1.63$ $\lambda_{Km}^{s6} = 2.3$	
S7：单面厚蒙皮	$\Delta M^{s7} = \rho t L^2, \ \Delta M^{s7}/M_0 = L/a/16 = 0.83$			偏置单面蒙皮，厚度为2mm。剪切刚度明显加强，面外扭转和面外弯曲略有提升（0.68倍和0.56倍）
	$K_x^{s7} = 3123$ $\Delta K_x^{s7} = 2891$ $\eta_{Kx}^{s7} = 12.5$ $\lambda_{Kx}^{s7} = 15$	$K_y^{s7} = 361$ $\Delta K_y^{s7} = 129$ $\eta_{Ky}^{s7} = 0.56$ $\lambda_{Ky}^{s7} = 0.67$	$K_m^{s7} = 1089$ $\Delta K_m^{s7} = 439$ $\eta_{Km}^{s7} = 0.68$ $\lambda_{Km}^{s7} = 0.82$	
S8：双面薄蒙皮	$\Delta M^{s8} = \rho t L^2, \ \Delta M^{s8}/M_0 = L/a/16 = 0.83$			对称双面蒙皮，厚度为1mm。性能及轻量化表现均出色
	$K_x^{s8} = 35087$ $\Delta K_x^{s8} = 34855$ $\eta_{Kx}^{s8} = 150$ $\lambda_{Kx}^{s8} = 181$	$K_y^{s8} = 560$ $\Delta K_y^{s8} = 328$ $\eta_{Ky}^{s8} = 1.41$ $\lambda_{Ky}^{s8} = 1.7$	$K_m^{s8} = 5098$ $\Delta K_m^{s8} = 4448$ $\eta_{Km}^{s8} = 6.84$ $\lambda_{Km}^{s8} = 8.24$	
S9：双面厚蒙皮	$\Delta M^{s9} = 2\rho t L^2, \ \Delta M^{s9}/M_0 = L/a/8 = 1.66$			对称双面蒙皮，厚度为2mm。性能最突出，但是该方案是最重的，绝对质量增加太多
	$K_x^{s9} = 37271$ $\Delta K_x^{s9} = 37039$ $\eta_{Kx}^{s9} = 160$ $\lambda_{Kx}^{s9} = 96$	$K_y^{s9} = 681$ $\Delta K_y^{s9} = 386$ $\eta_{Ky}^{s9} = 1.66$ $\lambda_{Ky}^{s9} = 1$	$K_m^{s9} = 7259$ $\Delta K_m^{s9} = 6609$ $\eta_{Km}^{s9} = 10.24$ $\lambda_{Km}^{s9} = 6.15$	
S10：全部薄壁	$\Delta M^{s10} = \rho t L^2 - 8\rho tL, \ \Delta M^{s10}/M_0 = (L-8a)/a/16 = 0.33$			对称双面蒙皮，厚度为1mm，型材壁厚为1mm。面外弯曲性能一般，其他表现出色，尤其轻量化表现最好，总质量几乎最低，接近 S1 方案
	$K_x^{s10} = 26954$ $\Delta K_x^{s10} = 26722$ $\eta_{Kx}^{s10} = 115$ $\lambda_{Kx}^{s10} = 348$	$K_y^{s10} = 365$ $\Delta K_y^{s10} = 133$ $\eta_{Ky}^{s10} = 0.57$ $\lambda_{Ky}^{s10} = 1.72$	$K_m^{s10} = 3945$ $\Delta K_m^{s10} = 3295$ $\eta_{Km}^{s10} = 5.06$ $\lambda_{Km}^{s10} = 15.3$	

注：S9 和 S10 方案也为双面蒙皮方案，但是蒙皮厚度和骨架框壁厚不同。

5.4.3 框加强结构的轻量化规律

1. 质量变化率的比较

根据表 5.8 的计算结果，对 8 种框加强结构的质量变化率绘制柱状图，进行加强结构质量比较分析，如图 5.7 所示。

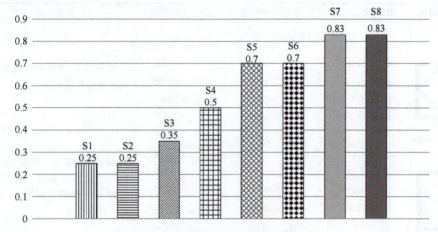

图 5.7　框加强结构的质量变化率

讨论：

上述 8 种框加强方案的质量逐步增加，其中单面厚蒙皮和双面薄蒙皮的质量变化率达到 83%，单纯看质量的变化，蒙皮方案最重。

2. 刚度变化率的比较分析

根据表 5.8 的计算结果，按 3 种刚度分组，对 8 种框加强结构的刚度变化率绘制柱状图，进行刚度性能变化率的比较分析，如图 5.8 所示。

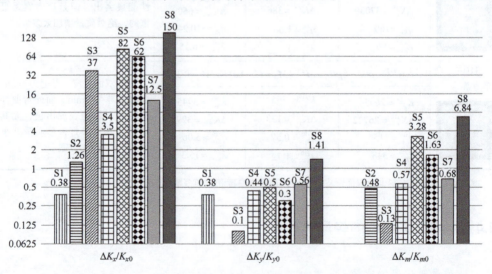

图 5.8　框加强结构 3 种刚度性能的相对变化率比较

讨论：

1）总体上，加强结构对面内剪切刚度的提升最大，对弯曲刚度的提升效果最弱。其实，框结构本身就是平面结构，平面结构的基本特点就是面内性能好于面外性能，因此，框的面外弯曲刚度本身就是它的最弱项。

2）双面蒙皮对 3 个刚度的加强效果都位于第一且优势明显；中心斜叉和菱形叉位于第二梯队；单面蒙皮和中心十字叉位于第三梯队；单杆加强存在明显"偏科"现象，例如单斜杆对加强面内剪切刚度效果非常好，而对另外两个刚度的贡献非常小，纵向杆对面外扭转刚度无任何帮助，横向杆对面外弯曲刚度无任何帮助。

3. 框加强结构的轻量化效益系数的比较

根据表 5.8 的计算结果，按 3 种刚度分组，对 8 种框加强结构的轻量化效益系数绘制柱状图，进行轻量化性能的比较分析，如图 5.9 所示。

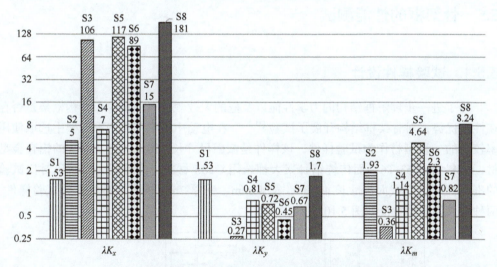

图 5.9　框加强结构 3 种刚度性能的结构轻量化效益系数

讨论：

1）面内剪切刚度的轻量化效益系数非常突出，弯曲刚度的轻量化效益系数最差。

2）3 组刚度中，双蒙皮的轻量化效益系数均为最高，中心斜叉次之。

3）十字叉和单蒙皮的轻量化效益系数比较均衡，但是不突出。

4）3 种单杆加强以及菱形叉的轻量化效益系数存在"偏科"现象，要根据情况用其所长。

综合上述 3 组数据的分析比较，可得出以下结论：

1）双面薄蒙皮加强方案（S8 方案）的 3 个刚度变化率和对应的轻量化效益系数都最高，是最好的轻量化加强结构，这是因为通过双面蒙皮，骨架框已经变成一种框腔梁结构，其结构形态已经发生了本质变化，理论分析与仿真计算数据都表明，框腔梁结构相比骨架框结构更具有性能优势和轻量化优势。

2）中心斜叉、菱形叉、中心十字叉的力学性能和轻量化表现也比较好，是工程中常用的加强结构；单杆加强既有"短板"，也有"强项"，可以根据具体工况选择使用，扬长避短。

3）框腔梁结构也有它的弱点：①框的尺寸过大或蒙皮过薄时容易出现失稳失效；②蒙皮面积较大时，增加蒙皮厚度会明显增加质量，例如，表 5.8 中双面厚蒙皮方案（S9）的性能最好，但是质量变化率高达 1.66，采用双面薄蒙皮方案（S8）时，性能提升仍然相当高，但是质量变化率降低到 0.83，如果要进一步降低质量，还可以同时减小骨架型材的壁厚，如方案 S10，此时的面内剪切刚度变化率达到 115，但是质量变化率只有 0.33，同时，面外性能的变化率和轻量化效益系数也高于其他骨架方案。

5.5 骨架框的性能测试

5.5.1 试验样件设计

为了进一步理解框结构的力学性能以及框的失效规律，验证榫卯结构框架是否存在性能优势，对骨架框结构开展了试验[31-32]。在电动中巴车车身侧围骨架中选取使用率较高的一种型材作为试验样件，该样件是截面尺寸长 75mm、宽 45mm 的铝合金型材，材料为 6063-T6。而传统钢骨架大都选用 Q235 材料，为保证面内挤压对比试验的准确性，选取截面尺寸长 40mm、宽 40mm、壁厚 2mm 的方钢型材作为试验样件，两种样件的截面特征如图 5.10 所示。

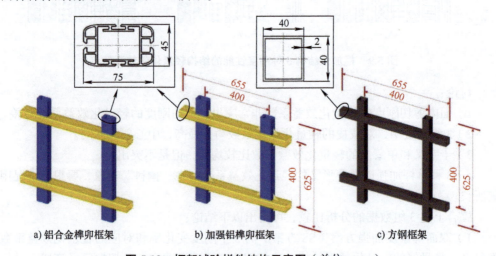

a) 铝合金榫卯框架　　　　b) 加强铝榫卯框架　　　　c) 方钢框架

图 5.10　框架试验样件结构示意图（单位：mm）

利用榫卯+焊接方式，制得铝合金榫卯框架、加强铝榫卯框架和方钢框架样件，如图 5.10 所示。3 种样件的梁轴线间距均为 400mm×400mm，纵梁长度为 655mm，横梁长度为 625mm。铝合金榫卯框架质量为 5140g，加强铝合金榫卯框架质量为 5420g，方钢框架质量为 5070g，铝合金榫卯框架与方钢框架质量误差为 1.36%，质量基本相同。为便于后期试验分析，定义每类方框样件编号，见表 5.9。

表 5.9　框架面内试验编号

编号	AF-ip	RF-ip	SF-ip	AF-oop	RF-oop	SF-oop
试验样件	铝合金榫卯挤压样件	加强铝榫卯挤压样件	方钢挤压样件	铝合金榫卯弯曲样件	加强铝榫卯弯曲样件	方钢弯曲样件

5.5.2　试验方案设计

依据电动中巴车车身骨架上框架单元受力特点进行试验分析，对比铝合金榫卯框架、加强铝榫卯框架、方钢框架在面内挤压和面外弯曲状态下的力学性能和破坏模式。将样件放置在试验台架上进行面内挤压试验和面外弯曲试验，利用长春机械科学研究院有限公司 SDS-50 电液伺服多载荷试验机收集样件承载力与压头位移。

针对铝合金榫卯框架、加强铝榫卯框架和方钢框架开展面内挤压和面外弯曲试验，样件测试情况如图 5.11 所示。其中面内挤压工况是固定样件其中一个角，并在固定端的对角施加面内压力，利用压头沿着受压端和固定端的连线进行压力加载，直至样件完全破坏，或者到达电液伺服多载荷试验机量程极限；面外弯曲工况也是固定样件其中一个角，并在固定端的对角利用压头施加面外压力，沿着样件所在平面的法向进行压力加载，直至样件完全破坏，或者到达电液伺服多载荷试验机量程极限。

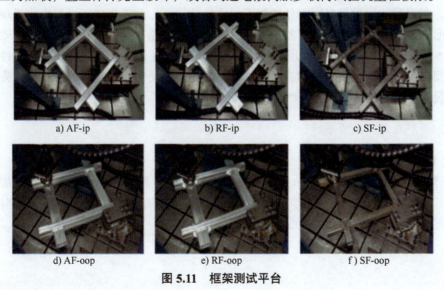

a) AF-ip　　　　　　　　b) RF-ip　　　　　　　　c) SF-ip

d) AF-oop　　　　　　　e) RF-oop　　　　　　　f) SF-oop

图 5.11　框架测试平台

5.5.3 试验结果与分析

1.面内挤压工况力学性能

（1）载荷响应

样件在面内挤压工况下的力 - 位移曲线，如图 5.12 所示。在面内挤压载荷加载过程中，曲线变化大致分为 3 个阶段：弹性变形阶段、弹塑性变形阶段和渐进失效阶段，在超过破坏强度后，榫卯结构的框架均会出现剧烈下降，加强铝榫卯框架仍维持在较高的水平，但铝合金榫卯框架快速下降至零。

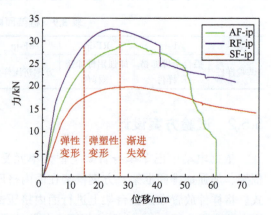

图 5.12　面内挤压工况样件力 - 位移曲线

（2）失效模式

铝合金榫卯框架的失效模式如图 5.13a 所示。铝合金榫卯框架采取不同截面构件穿插，穿插节点内部具有多个接触面以过盈接触方式连接。在承受载荷时，接触面之间相互挤压、摩擦，消耗了部分能量。在此过程中，榫卯结构之间的接触面因持续挤压产生塑性变形，从而导致过盈配合失效，进而在接触面之间形成空隙产生更大的变形。同时，榫卯结构连接处产生焊缝撕裂，卯梁开口处形成弯曲撕裂，提高了整体的吸能特性。加强铝榫卯框架的失效模式如图 5.13b 所示。含加强片的铝合金榫卯框架主要是基于铝合金榫卯结构框架，在榫梁和卯梁接口直角处增加了斜支撑加强片，在压头挤压过程中，呈现平行四边形变形，仅一处榫梁、卯梁穿插连接薄弱处发生断裂失效。方钢框架的失效模式如图 5.13c 所示。方钢框架采用直接端面焊接，焊接处材料在高温处理后材料性能呈现大幅度下降，在承受载荷时，3 处端面焊接处型材发生屈曲变形，在焊缝处先出现微小裂缝，进而快速撕裂，从而丧失承载能力。

2.面外弯曲工况力学性能

（1）载荷响应

样件在面外弯曲工况下的力 - 位移曲线如图 5.14 所示。在面外弯曲载荷加载过程中，曲线变化大致分为两个阶段：弹性变形阶段和弹塑性变形阶段，随着位移增大，载荷逐渐由线性增加转变为非线性。

a) 铝合金榫卯框架　　b) 加强铝榫卯框架

c) 方钢框架

图 5.13　不同框架失效模式

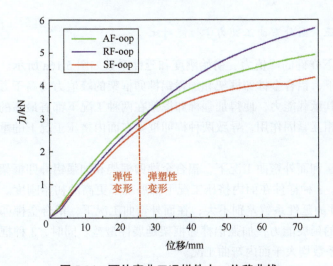

图 5.14　面外弯曲工况样件力 – 位移曲线

（2）失效模式

与面内挤压工况下破坏模式不同，3种框架面外弯曲工况下的破坏模式并没有发生断裂失效，只发生屈服变形。铝合金榫卯框架的失效模式如图5.15a所示。铝合金榫卯框架总体破坏阶段分为榫梁、卯梁屈服变形。随着压头的挤压，榫梁和卯梁首先出现弯曲弹性变形；随着压头位移的增加，榫梁与卯梁发生屈服变形，但框架未出现断裂。加强铝榫卯框架的失效模式如图5.15b所示。含加强片的铝合金榫卯框架在面外弯曲工况下，榫梁和卯梁首先出现弯曲弹性变形，然后框架的榫梁和卯梁出现屈服变形，但未出现断裂破坏，加强铝榫卯框架整体呈现面外弯曲屈服变形。方钢框架的失效模式如图5.15c所示。不同之处在于，在加载的初始阶段，焊缝出现撕裂变形。随着压头的加载，框架陆续产生弹性变形和屈服变形，但最终也未达到断裂状态，方钢框架整体呈现面外弯曲屈服变形。

a) 铝合金榫卯框架　　　　　　b) 加强铝榫卯框架　　　　　　c) 方钢框架

图5.15　不同框架失效模式

3. 面内挤压、面外弯曲工况力学性能对比

不同工况下样件的峰值力、初始刚度和延性系数如图5.16a所示。在面内挤压和面外弯曲工况下，铝合金榫卯框架和加强铝榫卯框架的峰值力均高于方钢框架，而加强片可以提高其承载能力，使得加强榫卯框架在两种工况下都有最高的峰值力。由于榫梁和卯梁的相互紧固作用，导致两种榫卯框架在面内挤压工况下的承载能力明显强于面外弯曲。

在面内挤压和面外弯曲工况下，铝合金榫卯框架和加强铝榫卯框架的初始刚度均高于方钢框架。3种样件在面内挤压工况下都展现了更高的初始刚度。在面内挤压工况下，3种样件的延性系数差别不大；在面外弯曲工况下，铝合金榫卯框架比方钢框架展现了更好的延展能力，加强铝榫卯框架延展性最差。同时，3种框架在面内压缩工况下的延性系数均大于面内弯曲工况。

不同工况下样件的吸能量和比吸能如图5.16b所示。在面内挤压和面外弯曲工况下，铝合金榫卯框架和加强铝榫卯框架的吸能量与比吸能都高于方钢框架。在两种工况下，加强铝榫卯框架的吸能量与比吸能均最高，展现了更好的吸能效果。

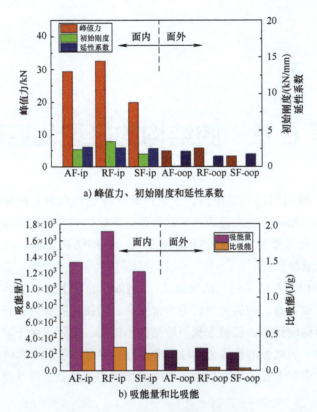

a) 峰值力、初始刚度和延性系数

b) 吸能量和比吸能

图 5.16　不同工况下样件性能对比

　　总体上，铝合金榫卯框架的性能全面优于钢框架，框架的面内性能显著优于面外性能，加强铝榫卯框架的表现最好。

第 6 章 腔结构的轻量化原理

腔结构是一种封闭的三维结构。腔结构的应用场合众多，例如油罐、仓库、飞机、汽车、家具、箱包、各类包装盒和容器等，腔结构的主要作用是创造内部空间用于储放物品，因此希望腔的内部容积应足够大、腔的结构足够安全，对移动的腔结构，还希望其重量尽量轻。

人们对腔结构存在诸多的"认知错觉"。例如，经验上觉得腔结构很简单，实际上腔的结构形式很丰富，腔的力学行为非常复杂，即便在腔表面上开出一个窗口，都将大大改变腔结构的性能；经验上觉得腔结构不结实，实际上由于腔结构的材料主要分布在腔表面上，因此腔的整体力学性能非常好，只是腔壁的局部性能差；经验上觉得腔结构很轻，实际上腔的表面积大，稍微增加腔的壁厚就会导致腔结构的重量迅速增加。

因此，本章从最简单的腔结构——六面体空壳结构入手，采用理论建模与数字仿真相结合的方式分析研究腔的力学行为，尤其是它的轻量化规律。本章研究内容及结论为"五化"设计中的"腔化"设计方法提供了重要的理论基础。

鉴于车辆中更关注扭转刚度，本章重点研究腔的扭转性能，对其他性能（例如弯曲性能）可以采用相同的方法进行研究，但是结论不同。

6.1 腔结构的力学基础

TMBB 结构体系中的腔结构有 3 种类型：纯腔、骨架腔（或称腔骨架，即腔表面没有蒙皮，只有骨架）、骨架蒙皮腔（简称复合腔），其中纯腔结构又包括：单腔、并联多腔、串联多腔。腔结构主要承受扭矩和弯矩，由于车辆结构设计更关心扭转刚度，因此，表 6.1 给出典型腔结构的扭转力学性能计算模型，并分析其力学特点。

表 6.1　各类典型腔结构的截面性能及力学计算公式

腔类型及截面计算公式

1. 矩形截面单腔 [15]

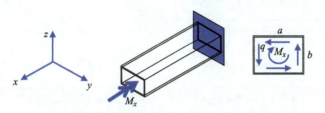

腔的一端固定，另一端承受扭矩 M_x，腔在扭矩作用下产生扭转变形，在腔的横截面 4 条边上形成大小相等的力流 q，根据力矩平衡条件、能量守恒原理及剪切胡克定律，可得以下公式

$$I_t = \frac{4\dot{A}^2}{\oint \frac{\mathrm{d}s}{t}} = \frac{4t\dot{A}^2}{L}, W_t = 2\dot{A}t, \varphi' = \frac{M_x}{I_t G}, \varphi(x) = \varphi' x, q = \frac{M_x}{2\dot{A}} \qquad (1)$$

式中，I_t、W_t、φ'、φ 分别为截面扭转惯量、截面扭转模量、截面扭转角变形率和截面的扭转角；$\dot{A}$ 和 L 分别为腔截面封闭轮廓的面积和周长（以下简称面积和周长）；a、b、t 分别为腔截面的宽、高、壁厚；x 为截面的位置，即截面距离固定端面的距离。下同。

讨论：①对矩形截面轮廓，当面积 $\dot{A}$ 一定时，正方形的 L 最小，且 $L = \sqrt{\dot{A}}$，或当周长 L 一定时，正方形的截面积 $\dot{A}$ 最大，且 $\dot{A} = L^2/16$，此时 I_t 最大，即对应的正方形的截面扭转惯量最大；②对正方形和圆形轮廓，面积 $\dot{A}$ 一定时（此时 $a^2 = \pi r^2$），正方形周长 / 圆周长 $= 4a/(2\pi r) = 2/\sqrt{\pi} > 1$，即正方形的周长大于圆的周长，因此正方形截面的扭转惯量小于等面积的圆截面的扭转惯量。因此，面积或周长一定时，圆截面的扭转性能好于正方形，正方形截面的扭转性能好于矩形。

2. 并联双腔

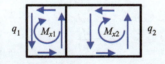

并联双腔是两个并排相连的腔，两腔共用一个腹板。参考 2.1.2 节表 2.5 中式（7b），列以下方程组

$$\begin{bmatrix} 2\dot{A}_1 & 2\dot{A}_2 & 0 \\ \oint_1 \frac{\mathrm{d}s}{t} & -\frac{b}{t} & -2G\dot{A}_1 \\ -\frac{b}{t} & \oint_2 \frac{\mathrm{d}s}{t} & -2G\dot{A}_2 \end{bmatrix} \begin{pmatrix} q_1 \\ q_2 \\ \varphi' \end{pmatrix} = \begin{pmatrix} M_x \\ 0 \\ 0 \end{pmatrix}$$

式中，$\dot{A}_1$ 和 $\dot{A}_2$ 分别为左腔和右腔的面积；b 为腔高度；M_x 为截面扭矩，解得

（续）

腔类型及截面计算公式

$$I_t = \frac{4\left(\dot{A}_1^{\,2}\oint_{A_2}\dfrac{\mathrm{d}s}{t} + \dot{A}_2^{\,2}\oint_{A_1}\dfrac{\mathrm{d}s}{t} + 2\dot{A}_1\dot{A}_2\dfrac{b}{t}\right)}{\oint_{A_1}\dfrac{\mathrm{d}s}{t}\oint_{A_2}\dfrac{\mathrm{d}s}{t} - \left(\dfrac{b}{t}\right)^2}, \quad \varphi' = \frac{M_x}{I_t G}$$

$$q_1 = \frac{\dot{A}_1\oint_{A_2}\dfrac{\mathrm{d}s}{t} + \dot{A}_2\dfrac{b}{t}}{\dot{A}_1^{\,2}\oint_{A_2}\dfrac{\mathrm{d}s}{t} + \dot{A}_2^{\,2}\oint_{A_1}\dfrac{\mathrm{d}s}{t} + 2\dot{A}_1\dot{A}_2\dfrac{b}{t}} \cdot \frac{M_x}{2}, \quad q_2 = \frac{\dot{A}_2\oint_{A_1}\dfrac{\mathrm{d}s}{t} + \dot{A}_1\dfrac{b}{t}}{\dot{A}_1^{\,2}\oint_{A_2}\dfrac{\mathrm{d}s}{t} + \dot{A}_2^{\,2}\oint_{A_1}\dfrac{\mathrm{d}s}{t} + 2\dot{A}_1\dot{A}_2\dfrac{b}{t}} \cdot \frac{M_x}{2} \qquad （2）$$

$$q_1 : q_2 = \frac{\dot{A}_1\oint_{A_2}\dfrac{\mathrm{d}s}{t} + \dot{A}_2\dfrac{b}{t}}{\dot{A}_2\oint_{A_1}\dfrac{\mathrm{d}s}{t} + \dot{A}_1\dfrac{b}{t}} = 1 + \frac{(a_1 - a_2)b}{2a_1a_2 + 2a_2b + a_1b}$$

式中，a_1、a_2 分别为左右腔的宽度，可见，当 $a_1 > a_2$ 时，$q_1 > q_2$，即大腔的力流大于小腔的力流。对比式（2）与式（1），由于左右腔通过中间腹板耦合成一体，导致两腔之间的参数（面积、周长、边长）也互相耦合，呈现很强的非线性。

特例 1：分体等面积双腔	特例 2：连体等面积双腔	特例 3：大单腔，厚壁 kt，$k > 1$
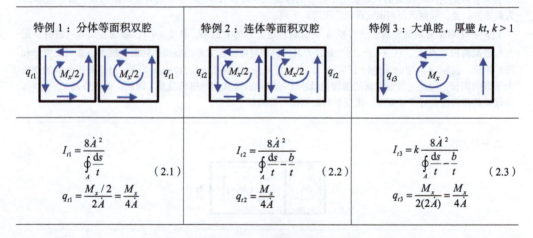		
$$I_{t1} = \frac{8\dot{A}^2}{\oint_A \dfrac{\mathrm{d}s}{t}} \qquad （2.1）$$ $$q_{t1} = \frac{M_x/2}{2\dot{A}} = \frac{M_x}{4\dot{A}}$$	$$I_{t2} = \frac{8\dot{A}^2}{\oint_A \dfrac{\mathrm{d}s}{t} - \dfrac{b}{t}} \qquad （2.2）$$ $$q_{t2} = \frac{M_x}{4\dot{A}}$$	$$I_{t3} = k\frac{8\dot{A}^2}{\oint_A \dfrac{\mathrm{d}s}{t} - \dfrac{b}{t}} \qquad （2.3）$$ $$q_{t3} = \frac{M_x}{2(2\dot{A})} = \frac{M_x}{4\dot{A}}$$

以上各式中 $\dot{A}$ 和 b 分别为单腔的面积及轮廓边长。将腹板材料加入外轮廓，得特例 3 壁厚 kt，显然 $k > 1$。经比较可见，① $I_{t3} > I_{t2} > I_{t1}$，$q_{t3} = q_{t2} = q_{t1}$，即加厚大腔的扭转惯性矩 > 连体双腔的扭转惯性矩 > 分体双腔的扭转惯性矩；② 3 种特例腔的力流相等，连体腔中腹板力流为 0。

3. 对称并联三腔

（续）

腔类型及截面计算公式

为简化推导，假设三腔的左右两腔面积相等，因此力流相等，由 2.1.2 节表 2.5 中式 (7b) 可列下式

$$\begin{bmatrix} 2\dot{A}_1 & 2\dot{A}_2 & 2\dot{A}_1 & 0 \\ \oint_1 \dfrac{ds}{t} & -\dfrac{b}{t} & 0 & -2G\dot{A}_1 \\ -\dfrac{b}{t} & \oint_2 \dfrac{ds}{t} & -\dfrac{b}{t} & -2G\dot{A}_2 \\ 0 & -\dfrac{b}{t} & \oint_1 \dfrac{ds}{t} & -2G\dot{A}_1 \end{bmatrix} \begin{pmatrix} q_1 \\ q_2 \\ q_1 \\ \varphi' \end{pmatrix} = \begin{pmatrix} M_x \\ 0 \\ 0 \\ 0 \end{pmatrix}$$

式中，$\dot{A}_1$ 和 $\dot{A}_2$ 分别为左右腔和中心腔截面面积，求解得

$$I_t = \dfrac{4\left(2\dot{A}_1^2 \oint_{A_2} \dfrac{ds}{t} + \dot{A}_2^2 \oint_{A_1} \dfrac{ds}{t} + 4\dot{A}_1\dot{A}_2 \dfrac{b}{t}\right)}{\oint_{A_1} \dfrac{ds}{t} \oint_{A_2} \dfrac{ds}{t} - 2\left(\dfrac{b}{t}\right)^2}, \varphi' = \dfrac{M_x}{GI_t}$$

$$q_1 = q_3 = \dfrac{\dot{A}_1 \oint_{A_2} \dfrac{ds}{t} + \dot{A}_2 \dfrac{b}{t}}{2\dot{A}_1^2 \oint_{A_2} \dfrac{ds}{t} + \dot{A}_2^2 \oint_{A_1} \dfrac{ds}{t} + 4\dot{A}_1\dot{A}_2 \dfrac{b}{t}} \cdot \dfrac{M_x}{2}, q_2 = \dfrac{\dot{A}_2 \oint_{A_1} \dfrac{ds}{t} + 2\dot{A}_1 \dfrac{b}{t}}{2\dot{A}_1^2 \oint_{A_2} \dfrac{ds}{t} + \dot{A}_2^2 \oint_{A_1} \dfrac{ds}{t} + 4\dot{A}_1\dot{A}_2 \dfrac{b}{t}} \cdot \dfrac{M_x}{2}$$

（3）

$$q_1 : q_2 = \dfrac{\dot{A}_1 \oint_{A_2} \dfrac{ds}{t} + \dot{A}_2 \dfrac{b}{t}}{\dot{A}_2 \oint_{A_1} \dfrac{ds}{t} + 2\dot{A}_1 \dfrac{b}{t}} = 1 - \dfrac{1}{2(1 + a_1/a_2 + a_1/b)}$$

式中，a_1、a_2 分别为左右腔和中心腔的宽度，可见，左右腔的力流 q_1 始终小于中心腔的力流 q_2。同样，由于左中右三腔通过中间两条腹板耦合成一体，导致 3 个腔之间的参数（面积、周长、边长）也互相耦合，呈现很强的非线性。

特例 1：分体等面积三腔	特例 2：连体等面积三腔	特例 3：大单腔，厚壁 kt，$k>1$
		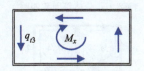
$$I_{t1} = 3\dfrac{4\dot{A}^2}{\oint_A \dfrac{ds}{t}} = \dfrac{6t\dot{A}^2}{a+b}$$ （3.1） $$q_{t1} = \dfrac{M_x/3}{2\dot{A}} = \dfrac{M_x}{6A}$$	$$I_{t2} = \dfrac{6t\dot{A}^2}{a + \dfrac{1}{3}b \cdot \left(1 - \dfrac{1}{6a/b+10}\right)}$$ $$q_{t2\text{-}1} = \dfrac{M_x}{6A}\left(1 - \dfrac{0.5}{3a/b+5}\right)$$ （3.2） $$q_{t2\text{-}2} = \dfrac{M_x}{6A}\left(1 + \dfrac{1}{3a/b+5}\right)$$ $$q_{t2\text{-}1} : q_{t2\text{-}2} = 1 - \dfrac{1}{2a/b+4}$$	$$I_{t3} = \dfrac{12\dot{A}^2}{\oint \dfrac{ds}{t_3} - \dfrac{4}{3}\dfrac{b}{t_3}} = k\dfrac{6t\dot{A}^2}{a + \dfrac{1}{3}b}$$ $$\varphi' = \dfrac{M_x}{GI_t}$$ （3.3） $$q_{t3} = \dfrac{M_x}{2(3\dot{A})} = \dfrac{M_x}{6A}$$

（续）

腔类型及截面计算公式

将腹板材料加入外轮廓，得特例 3 壁厚 kt，显然 $k>1$。比较 3 组公式可知，① $I_{t3}>I_{t2}>I_{t1}$，即厚壁大腔的扭转惯量 > 连体腔的扭转惯量 > 分体腔的扭转惯量；② $q_{t2-1}<q_{t1}=q_{t3}<q_{t2-2}$，即大单腔和分体腔的力流相等，连体腔两个侧腔的力流小于大单腔和分体腔，连体腔中心腔的力流大于大单腔和分体腔。

4. 对称并联四腔

为简化推导，设四腔对称，小腔的边长为 a 和 b，面积为 $\dot{A}$，由对称性可设力流相等，由 2.1.2 节表 2.5 中式（7b）列式并求解。

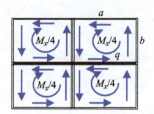

$$\begin{bmatrix} 2\dot{A} & 2\dot{A} & 2\dot{A} & 2\dot{A} & 0 \\ \oint\dfrac{\mathrm{d}s}{t} & -\dfrac{a}{t} & -\dfrac{b}{t} & 0 & -2G\dot{A} \\ -\dfrac{a}{t} & \oint\dfrac{\mathrm{d}s}{t} & 0 & -\dfrac{b}{t} & -2G\dot{A} \\ -\dfrac{b}{t} & 0 & \oint\dfrac{\mathrm{d}s}{t} & -\dfrac{a}{t} & -2G\dot{A} \\ 0 & -\dfrac{a}{t} & -\dfrac{b}{t} & \oint\dfrac{\mathrm{d}s}{t} & -2G\dot{A} \end{bmatrix}\begin{pmatrix} q \\ q \\ q \\ q \\ \varphi' \end{pmatrix}=\begin{pmatrix} M_x \\ 0 \\ 0 \\ 0 \\ 0 \end{pmatrix},$$

即 $8\dot{A}q=M_x$

$$\left(\oint_A\dfrac{\mathrm{d}s}{t}-\dfrac{a}{t}-\dfrac{b}{t}\right)q=\dfrac{1}{2}q\oint_A\dfrac{\mathrm{d}s}{t}=2G\dot{A}\varphi'$$

解得

$$q=\frac{M_x}{8\dot{A}},\ I_t=\frac{32\dot{A}^2}{\oint_A\dfrac{\mathrm{d}s}{t}},\ \varphi'=\frac{M_x}{GI_t} \tag{4}$$

特例 1：分体等面积四腔	特例 2：连体等面积四腔	特例 3：大单腔，厚壁 kt，$k>1$
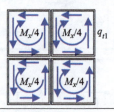	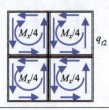	
$I_{t1}=\dfrac{16\dot{A}^2}{\oint_A\dfrac{\mathrm{d}s}{t}},\ q_{t1}=\dfrac{M_x}{8\dot{A}}$ （4.1）	$I_{t2}=2\cdot\dfrac{16\dot{A}^2}{\oint_A\dfrac{\mathrm{d}s}{t}},\ q_{t2}=\dfrac{M_x}{8\dot{A}}$ （4.2）	$I_{t3}=2\cdot k\dfrac{16\dot{A}^2}{\oint_A\dfrac{\mathrm{d}s}{t}},\ q_{t3}=\dfrac{M_x}{8\dot{A}}$ （4.3）

将腹板材料加入外轮廓，得特例 3 壁厚 kt，显然 $k>1$。比较以上 3 组公式可见，① $I_{t3}>I_{t2}>I_{t1}$，$q_{t3}=q_{t2}=q_{t1}$，即大单腔的扭转惯量 > 连体腔的扭转惯量 > 分体腔的扭转惯量；② 3 种特例腔的力流相等。

（续）

腔类型及截面计算公式

5. 并联五腔

并联五腔由 4 个角腔和 1 个中心十字腔组成，为了简化推导，设 4 个角腔和中心腔均为对称结构，小腔边长为 a_0 和 b_0，面积为 $\dot{A}_0$，大腔外边长为 a 和 b，面积为 $\dot{A}_1$。根据 2.1.2 节表 2.5 中式（7b），列下式

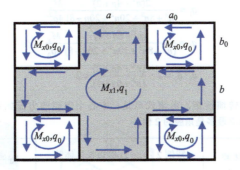

$$\begin{bmatrix} 2\dot{A}_0 & 2\dot{A}_0 & 2\dot{A}_0 & 2\dot{A}_0 & 2\dot{A} & 0 \\ \oint_A \dfrac{\mathrm{d}s}{t} & & & & -\left(\dfrac{a_0}{t}+\dfrac{b_0}{t}\right) & -2G\dot{A}_0 \\ & \oint_A \dfrac{\mathrm{d}s}{t} & & & -\left(\dfrac{a_0}{t}+\dfrac{b_0}{t}\right) & -2G\dot{A}_0 \\ & & \oint_A \dfrac{\mathrm{d}s}{t} & & -\left(\dfrac{a_0}{t}+\dfrac{b_0}{t}\right) & -2G\dot{A}_0 \\ & & & \oint_A \dfrac{\mathrm{d}s}{t} & -\left(\dfrac{a_0}{t}+\dfrac{b_0}{t}\right) & -2G\dot{A}_0 \\ -\left(\dfrac{a_0}{t}+\dfrac{b_0}{t}\right) & -\left(\dfrac{a_0}{t}+\dfrac{b_0}{t}\right) & -\left(\dfrac{a_0}{t}+\dfrac{b_0}{t}\right) & -\left(\dfrac{a_0}{t}+\dfrac{b_0}{t}\right) & \oint_{A_0} \dfrac{\mathrm{d}s}{t} & -2G\dot{A}_1 \end{bmatrix} \begin{pmatrix} q_0 \\ q_0 \\ q_0 \\ q_0 \\ q_1 \\ \varphi' \end{pmatrix} = \begin{pmatrix} M_x \\ 0 \\ 0 \\ 0 \\ 0 \\ 0 \end{pmatrix}$$

解得

$$I_t = \frac{4\left[4\dot{A}_0^2 \oint_A \dfrac{\mathrm{d}s}{t} + \dot{A}_1^2 \oint_{A_0} \dfrac{\mathrm{d}s}{t} + 8\dot{A}_0\dot{A}_1\left(\dfrac{a_0}{t}+\dfrac{b_0}{t}\right)\right]}{\oint_A \dfrac{\mathrm{d}s}{t} \oint_{A_0} \dfrac{\mathrm{d}s}{t} - 4\left(\dfrac{a_0}{t}+\dfrac{b_0}{t}\right)^2}, \quad \varphi' = \frac{M_x}{GI_t}$$

$$q_1 = \frac{\dot{A}_1 \oint_A \dfrac{\mathrm{d}s}{t} + 4\dot{A}_0\left(\dfrac{a_0}{t}+\dfrac{b_0}{t}\right)}{2\left[4\dot{A}_0^2 \oint_A \dfrac{\mathrm{d}s}{t} + \dot{A}_1^2 \oint_{A_0} \dfrac{\mathrm{d}s}{t} + 8\dot{A}_0\dot{A}_1\left(\dfrac{a_0}{t}+\dfrac{b_0}{t}\right)\right]} \cdot \frac{M_x}{1}, \quad q_0 = \frac{\dot{A}_0 \oint_A \dfrac{\mathrm{d}s}{t} + \dot{A}_1\left(\dfrac{a_0}{t}+\dfrac{b_0}{t}\right)}{2\left[4\dot{A}_0^2 \oint_A \dfrac{\mathrm{d}s}{t} + \dot{A}_1^2 \oint_{A_0} \dfrac{\mathrm{d}s}{t} + 8\dot{A}_0\dot{A}_1\left(\dfrac{a_0}{t}+\dfrac{b_0}{t}\right)\right]} \cdot \frac{M_x}{1}$$

（5）

式中，q_0 和 q_1 分别为角腔和中心十字腔的力流。进一步假设所有腔为正方形，且 $a=na_0$（$n \geq 1$），则有

$$\dot{A}_0 = a_0^2, \oint_{A_0} \frac{\mathrm{d}s}{t} = 4a_0/t, \dot{A}_1 = n(n+4)a_0^2, \oint_A \frac{\mathrm{d}s}{t} = 4(n+2)a_0/t$$

（续）

腔类型及截面计算公式

特例：单腔时，即 $n=1$ 时，由"腔截面力矩平衡方程 + 骨架纵向平衡方程 + 应变能最小方程"解得

$$q^0 = \frac{M_x}{2A}, B = \frac{a}{t_a} - \frac{b}{t_b}, C = \frac{a}{t_a} + \frac{b}{t_b}$$

$$\Delta = \frac{2}{3}\frac{L}{EA} + \frac{C}{4GL}$$

$$N_1 = \frac{q^0 B}{2G\Delta} \tag{7.3}$$

$$q_b = q^0\left(1 + \frac{B}{4GL\Delta}\right)$$

$$q_a = q^0\left(1 - \frac{B}{4GL\Delta}\right)$$

8. 骨架蒙皮腔开缺口 [15]

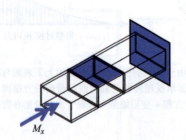
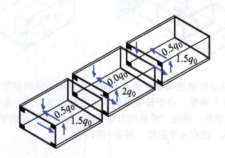

如上左图所示，在某腔段表面开缺口时（图中灰色区域），会改变该腔段及相邻腔段的表面剪切力流以及骨架法向力流。变化规律如上右图所示，分析方法与"7. 骨架蒙皮腔"相同，重要结论如下：

1）开口区域及其对面区域的剪切力流为 0，剩下两个侧面的剪切力流倍增，即 $2q_0$。

2）与开口区域相邻的表面及其对面区域上的剪切力流减半，即 $0.5q_0$，另一对表面的剪切力流增加到 $1.5q_0$。

9. 骨架腔（腔骨架）

当骨架蒙皮腔结构中没有侧面蒙皮、只保留骨架时的结构称为纯骨架腔，或称腔骨架，最简单的腔骨架是仅有 4 条边角纵向型材的腔骨架，此时外载荷 M_x 由 4 根型材端部的力 Q 形成的扭矩，以及型材自身的扭矩 M_0 平衡，每条骨架在 Q 的作用下产生弯曲变形位移 s，并引起整个截面的扭转。

截面平衡方程：

$$M_x = 2Qd + 4M_0 = 2Qd + 4\varphi' GI_{t0} \tag{9.1}$$

式中，d 为截面对角线长度，I_{t0} 为型材截面扭转惯量，φ' 为截面扭转变形率：

$$\varphi = \frac{s}{d/2} = \frac{2QL^3}{3EI_0 d}$$

$$\varphi' = \frac{d\varphi}{dL} = \frac{2QL^2}{EI_0 d} \tag{9.2}$$

（续）

腔类型及截面计算公式

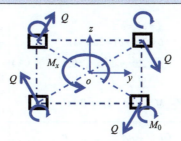

由式（9.1）和式（9.2）解得

$$Q=\frac{M_x}{2\left(d+\frac{4GI_{t0}L^2}{EI_0d}\right)}$$

$$s=\frac{QL^3}{3EI_0}=\frac{M_xL^3}{6\left(EI_0d+\frac{4GI_{t0}L^2}{d}\right)}$$

$$\varphi=\frac{s}{d/2}=\frac{M_xL^3}{3(EI_0d^2+4GI_{t0}L^2)}$$

$$\varphi'=\frac{M_xL^2}{EI_0d^2+4GI_{t0}L^2}$$

（9.3）

式中，L、a、b、d 分别为腔的长度，以及腔截面的宽、高和对角线长度，φ 为端面的转角，I_0 和 I_{t0} 分别为型材的截面弯曲惯量和截面扭转惯量，截面的两条对角线的夹角不同时，I_0 不同。

6.2　腔结构的轻量化规律

6.2.1　基础腔的几何参数及性能指标

基础腔是指空心长方六面体，它的几何尺寸参数为腔截面的宽 a 和高 b、腔的长 c 以及腔的壁厚 t，该基础腔的几何参数及性能指标见表 6.2。

表 6.2　基础腔的几何参数及性能指标

	几何参数及性能指标	说明
几何参数 腔的几何尺寸	腔的几何参数：（宽，高，长，壁厚）= (a,b,c,t)，$a,b,c \gg t$ 定义：腔的形态参数：$i=b/a$，$j=c/a$ 腔的大小参数：a,t　　　（1）	1）i 为腔截面的高宽比，j 为腔的长宽比，$i=j=1$ 时，腔为正方体，$i<1$ 时为扁腔，$i>1$ 时为高腔，$j<1$ 时为短腔，$j>1$ 时为长腔，i 和 j 偏离 1 越多，腔的形态越畸形 2）a 越大，腔越大；t 越大，腔壁越厚

（续）

几何参数及性能指标		说明
截面性能	$\dot{A} = ab = a^2 i$ $L = 2(a+b) = 2a(i+1)$ $I_t = \dfrac{4\dot{A}^2}{\oint \dfrac{ds}{t}} = \dfrac{4t\dot{A}^2}{L} = \dfrac{2ta^3 i^2}{(i+1)}$ （2） $M = ctL\rho = 2\rho ta^2 (1+i)j$	1）式中，ρ、$\dot{A}$、L、I_t、M分别为材料密度、截面面积、截面轮廓周长、截面扭转惯量和腔质量 2）式中，M只计入腔的侧面质量，因为扭转时约束两端面，因此端面的质量对刚度无贡献，可不计入
扭转刚度	$K = \dfrac{GI_t}{c} = \dfrac{4Gt\dot{A}^2}{cL} = 2Gta^2 \dfrac{i^2}{j(1+i)}$ （3）	式中，G为铝合金剪切模量，取$G=26.5\text{GPa}$[30]
刚度敏感系数	$\partial K^{x_i} = \partial K / \partial x_i,\ x_i = i, j, a, t$ （4）	即刚度对参数的偏导数
刚度变化率	$\eta_K^{x_i} = \dfrac{\partial K^{x_i} \Delta x_i}{K_0},\ x_i = i, j, a, t$ （5）	式中，K_0为变量变化之前腔的刚度
刚度轻量化效益系数	$\lambda_p^{x_i} = \left(\dfrac{\partial K^{x_i}}{\partial M^{x_i}}\right) : \left(\dfrac{K_0}{M_0}\right), x_i = i, j, a, t$ （6）	式中，K_0和M_0分别为变量变化之前腔的刚度和质量
刚度密度	$\mu_{KM} = \dfrac{K}{M} = \dfrac{4G}{\rho c^2} \left(\dfrac{\dot{A}}{L}\right)^2 = \dfrac{G}{\rho} \dfrac{i^2}{j^2(1+i^2)}$ （7）	刚度密度也可称为比刚度

6.2.2　基础腔的轻量化规律

1. 腔的轻量化效益系数

按表6.2的定义，进一步分析腔的轻量化规律，见表6.3。

绘制轻量化效益系数曲线如图6.1所示。

观察表6.3和图6.1，轻量化效益系数的大小有以下规律：

1）屈服扭矩与i、a、t 3个参数有关，其中截面形状参数i的轻量化效益系数最大，且始终大于1，i越小（腔越扁平时），轻量化效益系数越大，$i=1$时$\lambda_T^i = 2$，$i \to 0$时$\lambda_T^i \to \infty$；a和t的轻量化效益系数均为1，说明改变这两个参数对屈服扭矩及质量的影响程度相当。

2）扭转刚度与i、j、a、t 4个参数有关，其中截面形状参数i的轻量化效益系数最大，且始终大于1，i越小（腔越扁平时），轻量化效益系数越大，$i=1$时$\lambda_K^i = 3$，$i \to 0$时$\lambda_K^i \to \infty$；参数（a，t，j）的轻量化效益系数的绝对值均为1，说明改变这3个参数对刚度及质量的影响程度相当，其中腔的长短形状参数j的轻量化效益系数为 -1，说明j对刚度的影响和对质量的影响效果相反。

表 6.3　腔的轻量化效益系数

基本公式	屈服扭矩				扭转刚度			
	$T = 2\dot{A}q = 2ia^2t[\tau]$ $M = 2\rho ta^2(1+i)j$ $\dfrac{T}{M} = \dfrac{i[\tau]}{\rho(1+i)j}$ $\lambda_T^{x_i} = \left(\dfrac{\partial T^{x_i}}{\partial M^{x_i}}\right):\left(\dfrac{T}{M}\right),\ x_i = a,t,i$			（1）	$K = \dfrac{GI_t}{c} = \dfrac{4Gt\dot{A}^2}{cL} = 2Gta^2\dfrac{i^2}{j(1+i)}$ $M = ctL\rho = 2\rho ta^2(1+i)j$ $\dfrac{K}{M} = \dfrac{Gi^2}{\rho j^2(1+i)^2}$ $\lambda_K^{x_i} = \left(\dfrac{\partial K^{x_i}}{\partial M^{x_i}}\right):\left(\dfrac{K}{M}\right),\ x_i = a,t,i,j$			（2）
x_i	∂M^{x_i}	∂T^{x_i}	$\dfrac{\partial T^{x_i}}{\partial M^{x_i}}$	$\lambda_T^{x_i}$	∂M^{x_i}	∂K^{x_i}	$\dfrac{\partial K^{x_i}}{\partial M^{x_i}}$	$\lambda_K^{x_i}$
a	$4\rho ta(1+i)j$	$4iat[\tau]$	$\dfrac{i[\tau]}{\rho(1+i)}$	1	$4\rho ta(1+i)j$	$4Gta\dfrac{i^2}{j(1+i)}$	$\dfrac{G}{\rho}\dfrac{i^2}{j^2(1+i)^2}$	1
t	$2\rho a^2(1+i)j$	$2ia^2[\tau]$	$\dfrac{i[\tau]}{\rho(1+i)}$	1	$2\rho a^2(1+i)j$	$2Ga^2\dfrac{i^2}{j(1+i)}$	$\dfrac{G}{\rho}\dfrac{i^2}{j^2(1+i)^2}$	1
i	$2\rho ta^2 j$	$2a^2t[\tau]$	$\dfrac{[\tau]}{\rho j}$	$1+\dfrac{1}{i}$	$2\rho ta^2 j$	$2Gta^2\dfrac{i(2+i)}{j(1+i)^2}$	$\dfrac{G}{\rho}\dfrac{i(2+i)}{j^2(1+i)^2}$	$1+\dfrac{2}{i}$
j	$2\rho ta^2(1+i)$	—	—	—	$2\rho ta^2(1+i)$	$-2Gta^2\dfrac{i^2}{j^2(1+i)}$	$-\dfrac{G}{\rho}\dfrac{i^2}{j^2(1+i)^2}$	-1
轻量化参 数排序	$(i,a=t)$				$(i,a=t=j)$			

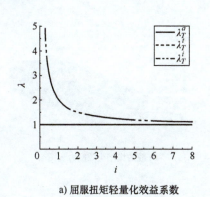

a）屈服扭矩轻量化效益系数

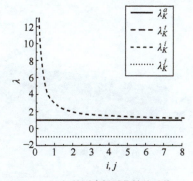

b）扭转刚度轻量化效益系数

图 6.1　腔的轻量化效益系数曲线

2. 腔的刚度密度变化规律

1）观察表 6.2 中式（7），刚度密度只与腔的形状参数 i 和 j 有关，与腔的大小参数 a 和 t 无关，说明相同形状的腔，即 i 和 j 一定时，不管腔的大小和壁厚如何变化，腔的刚度密度是相同的。

2）刚度密度与 j 的二次方成反比，即腔越短，腔的刚度密度越大。

3）刚度密度与 i 非线性正相关。假设 j 恒定，分别代入 $i=0,1,\infty$（分别对应 $b=0$ 的扁腔，$a=b$ 的方腔，$b=\infty$ 的高腔）得对应的刚度密度 $\mu_{KM}=0$，$0.25G/(\rho j^2)$，$G/(\rho j^2)$，刚度密度的极限值为 $G/(\rho j^2)$。

4）继续观察表 6.2 中式（7），刚度密度与 $\dot{A}$ 的二次方成正比，与 L 的二次方成反比，由此可推得，当截面面积一定或截面周长一定时，正方形截面腔的扭转刚度密度最大。

6.2.3 腔的失效规律

刚度只能描述腔抵抗变形的能力，但是无法描述腔的失效过程，因为腔的失效类型有塌陷失效和屈服失效两种，取决于腔的几何尺寸及形态，通常大尺寸薄壁腔容易先出现腔壁塌陷失效，小尺寸厚壁腔仅出现材料的剪切屈服失效。

为了说明腔的失效规律，以下定义一种特定形状的基础腔，该基础腔的形状参数 i 和 j 固定不变，只有大小参数 a 和 t 为变量，称之为"定比基础腔"。

采用有限元法计算该腔的失效形式，扭矩载荷 T 的加载模型如图 6.2a 所示。若外加扭矩施加到一定程度，继续增加微小的扭矩就导致腔的位移发生很大的突变，此后腔又可以继续稳定变形，直至出现材料屈服破坏，此突变点即为腔的塌陷失效点，对应的扭矩为塌陷扭矩，对应的扭转角为塌陷转角，对应的最大应力为塌陷强度[27]，如图 6.2b 所示。

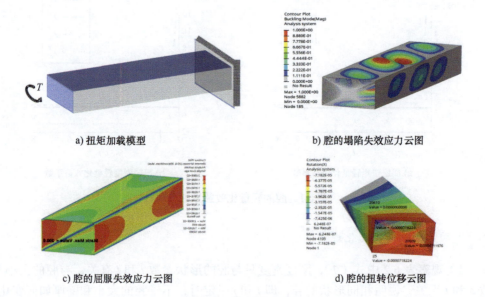

a) 扭矩加载模型   b) 腔的塌陷失效应力云图

c) 腔的屈服失效应力云图   d) 腔的扭转位移云图

图 6.2 腔的失效模型

若施加扭矩过程中不出现上述突变现象，即随着扭矩的增加，腔连续变形直至出现材料屈服破坏，此时对应的扭矩为屈服扭矩，对应的转角为屈服转角，对应的最大应力为屈服强度，如图 6.2c 所示。腔在扭矩作用下在各个截面上产生周向剪切变形，导致相邻截面之间产生扭转位移，扭转位移沿腔的纵向线性累加，如图 6.2d 所示。

定比基础腔的性能指标及其定义见表 6.4。

表 6.4　定比基础腔的性能指标及其定义

指标	公式	说明
几何尺寸及性能	$i = 0.6, j = 4$ $a = 100 \sim 500mm$ $t = 0.5 \sim 5mm$　（1） $M = 12.8\rho a^2 t$ $K = 0.1125Ga^2 t$	1）质量公式中不计入两个端面的质量 2）腔的大小参数 a 和 t 的范围以车辆应力为背景 3）质量公式和刚度公式的函数为相似函数，但系数不同
失效扭矩（N·m）	$T = \min(T_b, T_\sigma)$　（2）	T_b 为塌陷扭矩，T_σ 为屈服扭矩，T 为失效扭矩，取两种扭矩中的小者，T 越大，表明腔的承载能力越强
失效转角（°）	$\gamma = f(T)$　（3）	γ 为失效时腔的转角，γ 越大，表明腔的变形能力越强
扭转刚度 [N·m/(°)]	$K = T / \varphi$　（4）	用失效扭矩和失效转角计算出的腔的刚度
尺寸轻量化效益系数	$\lambda_P^{x_i} = \dfrac{\Delta P^{x_i}}{\Delta M^{x_i}} : \dfrac{P_0}{M_0}, x_i = a, t$　（5）	ΔP^{x_i} 和 ΔM^{x_i} 分别为变量 x_i 变化引起的性能变化和质量变化，P_0 和 M_0 分别为变化之前的性能及质量
结构轻量化效益系数	$\lambda_P^{s} = \dfrac{\Delta P^{s}}{\Delta M^{s}} : \dfrac{P_0}{M_0}$　（6）	ΔP^{s} 和 ΔM^{s} 分别为增加的结构 s 引起的性能变化和质量变化，P_0 和 M_0 分别为变化之前的性能及质量

对表 6.4 中式（1）定义的定比基础腔，以腔的大小参数 a 和厚度参数 t 为变量，采用有限元法分别计算基础腔的塌陷扭矩和塌陷转角，以及屈服扭矩和屈服转角，并按表 6.4 中式（2）~式（4）分别确定基础腔的失效扭矩 T、失效转角 γ 和扭转刚度 K，按式（5）和式（6）计算基础腔的轻量化效益系数，结果如图 6.3 所示。

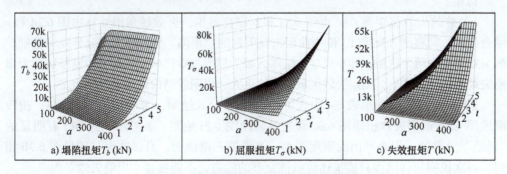

a) 塌陷扭矩T_b (kN)　　b) 屈服扭矩T_σ (kN)　　c) 失效扭矩T (kN)

图 6.3　基础薄壁腔的性能及轻量化规律

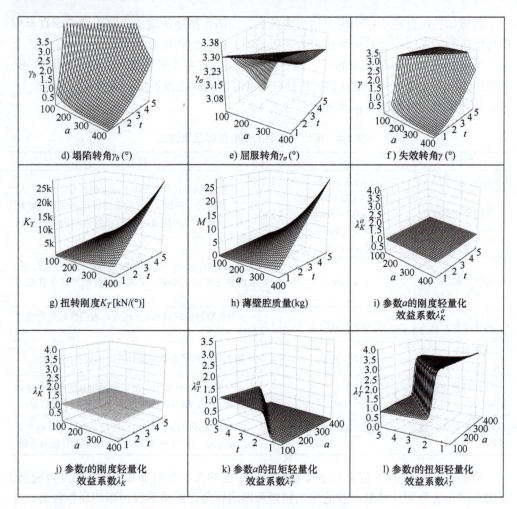

d) 塌陷转角γ_b(°)　　　　　e) 屈服转角γ_σ(°)　　　　　f) 失效转角γ(°)

g) 扭转刚度K_T[kN/(°)]　　h) 薄壁腔质量(kg)　　i) 参数a的刚度轻量化
　　　　　　　　　　　　　　　　　　　　　　　　　　　　效益系数λ_K^a

j) 参数t的刚度轻量化　　k) 参数a的扭矩轻量化　　l) 参数t的扭矩轻量化
　效益系数λ_K^t　　　　　效益系数λ_T^a　　　　　效益系数λ_T^t

图 6.3　基础薄壁腔的性能及轻量化规律（续）

讨论：

1）腔的失效扭矩图 6.3c 由图 6.3a 和 b 综合得出，失效转角图 6.3f 由图 6.3d 和 e
综合得出。观察图 6.3c 和 f，图中曲面出现明显的"塌陷"分界线，该分界线将基础腔
的失效划分为两个区域，即小尺寸大壁厚区域为屈服失效区域，大尺寸小壁厚区域为塌
陷失效区域，总体上，塌陷失效区域的占比更大，说明腔结构以塌陷失效为主。

2）质量图 6.3h 根据表 6.4 中式（1）的质量公式绘制，为一光滑三维曲面；扭转
刚度图 6.3g 根据失效扭矩图 6.3c 和失效转角图 6.3f 绘制，虽然图 6.3c 和 f 有明显的
"塌陷"分界线，但是导出的刚度图为一光滑的三维曲面，且该曲面与质量图 6.3h 相
似，再次说明扭转刚度只能描述腔抵抗变形的能力，不能描述"塌陷失效"现象。

3）刚度轻量化效益系数图 6.3i 和 j 由刚度图 6.3g 和质量图 6.3h 计算获得，可见

λ_K^a 和 λ_K^t 均接近于 1，该结论与表 6.2 中的理论分析结论相同，即腔的尺寸参数 a 和 t 的刚度轻量化效益系数均为 1。

4）扭矩轻量化效益系数图 6.3k 和 l 由失效扭矩图 6.3c 和质量图 6.3h 计算获得，其规律比较复杂：

① 由于扭矩在失效区域分界线附近不连续，导致两个轻量化效益系数 λ_T^a 和 λ_T^t 也不连续，在分界线区域出现"悬崖"落差，但是两个落差趋势正好相反。

② 在屈服失效区（对应小尺寸大壁厚区），λ_T^a 和 λ_T^t 均接近 1，该结果与表 6.3 的结论是一致的。

③ 在塌陷失效区（对应大尺寸小壁厚区），λ_T^a 接近 0，说明增加腔的大小 a 对失效扭矩的提升没有作用，甚至会进一步降低失效扭矩；而 λ_T^t 高于 3，说明增加壁厚 t 可以大大提升塌陷扭矩。该结论可由表 2.7 中矩形实心型材 I_y 关于 t 的轻量化效益系数为 3 予以解释，即腔的局部弯曲塌陷性能近似于矩形实心型材的弯曲性能 I_y。

由以上分析知，大尺寸薄壁腔的失效主要为塌陷失效，其根本原因是薄壁腔表面在厚度方向的局部弯曲塌陷刚度不足。为了提高薄壁腔抵抗局部塌陷的能力，可采取以下 3 种腔结构加强措施：①在腔的表面增加局部加强结构；②在腔的内部增加腹板加强结构；③在腔的内部增加骨架，形成骨架蒙皮复合腔结构。

6.3　薄壁腔的表面局部加强

6.3.1　局部加强结构的几何定义

局部加强是指在薄壁腔的表面增加局部加强结构，常见的局部加强结构有凸筋和凸台（或凹筋、凹槽），典型的局部加强结构的布置方式取横向、纵向和斜向 3 种，组合出 6 种局部加强方案，如图 6.4 所示，其中上下表面的斜向凸筋和凸台与腔的纵向呈 45° 夹角。

为便于对比，假设基础腔尺寸：a=400mm，t=3mm，$a:b:c$=1：0.6：4，质量 m=16.48kg。假设凸筋的高度 h 和壁厚 t 分别为 6mm 和 6mm，凸台的高度 h 和壁厚 t 分别为 6mm 和 3mm，凸台内宽 w 为 20mm，布置的原则是尽量保证 6 种加强结构的总长、布置密度基本相同。凸筋尺寸及布置方式如图 6.4a ~ c 所示，凸台尺寸及布置方式如图 6.4d ~ f 所示，凸筋和凸台的重量 Δm 通过计算获得，数值上略有不同。

6.3.2　局部加强腔的仿真计算

采用有限元法分别对局部加强腔进行计算，并按表 6.4 中式（4）~式（6）计算刚度和轻量化效益系数，按 K/M 计算刚度密度，结果见表 6.5。

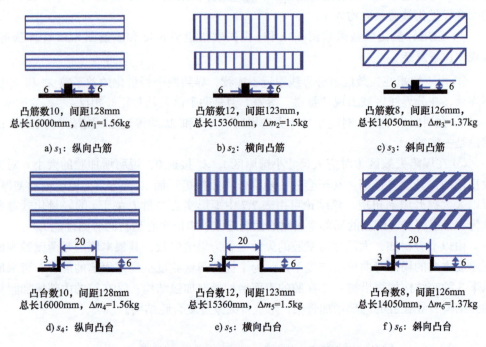

图 6.4 薄壁腔局部加强结构 s 的类型、布置方式及参数

表 6.5 薄壁腔局部加强结构的性能

加强结构类型	Δm/kg	塌陷扭矩 T_b/N·m	屈服扭矩 T_σ/N·m	失效扭矩 T/N·m	失效转角 γ/(°)	扭转刚度 K/[N·m/(°)]	λ_K^s 刚度轻量化效益系数	刚度密度 μ_{KM}^s
基础腔	m_0=16.48	14911	34290	14911	0.61	24589	—	1492
s_1: 纵向凸筋	1.55	17523	57803	17523	0.53	32990	3.63	1830
s_2: 横向凸筋	1.53	29673	57471	29673	0.9	32971	3.67	1830
s_3: 斜向凸筋	1.5	34998	48662	34998	1.01	34675	4.51	1929
s_4: 纵向凸台	1.55	18916	57307	18916	0.61	31038	2.79	1721
s_5: 横向凸台	1.55	42158	46404	42158	1.37	30805	2.69	1709
s_6: 斜向凸台	1.58	56422	9955	9955	1.06	9351	−6.46	518

对 6 种局部加强薄壁腔的性能进行分类比较、统计，结果如图 6.5 所示。

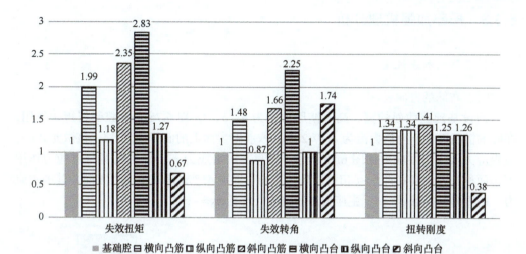

图 6.5　不同加强结构的效果对比

1）局部加强结构对腔的失效扭矩和失效转角的影响更大（最高达 2.83 倍和 2.25 倍），对腔的扭转刚度的影响相对较小（最高达 1.41 倍）。

2）横向凸台、斜筋和横筋显著提高了腔的塌陷门槛，纵筋和纵向凸台的表现不明显，斜向凸台出现"软化拉胯"效应，失效扭矩和扭转刚度不升反降。

3）除了斜向凸台，加强后腔的刚度密度有所提高（1.15～1.3 倍），轻量化效益系数较高（2.69～4.51），其中尤其以斜向凸筋最高。

4）由于斜向凸台的表现非常"另类"，观察表 6.5 发现，斜向凸台率先出现屈服失效，且屈服扭矩很低。进一步观察腔的应力分布，如图 6.6 所示，斜向凸台表面带的应力明显高于凸台底部的腔表面，尤其在腔的棱边凸台区域，由于凸台在棱边位置出现剧烈转折，导致该位置的应力达到最高，形成明显的应力集中现象。

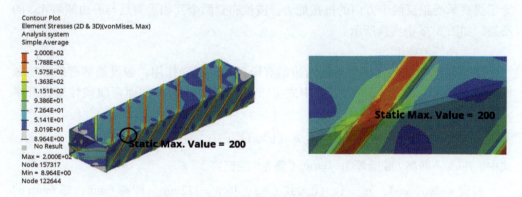

图 6.6　斜向凸台屈服失效区域应力分布图

6.3.3 局部加强机理分析

1. 凸筋的加强机理

（1）布筋的方向

假设基础腔截面的宽、高及壁厚分别为 a、b、t，图 6.7a 表示腔受扭矩 T 作用，在腔的横截面上产生的力流为 $q=T/(2ab)$。取腔壁表面上的面积微元 dA，该微元 dA 的边界应力及内部主应力如图 6.7b 所示，边界上的剪应力 $\tau=q/t$，在边界纯剪应力作用下，面积微元上存在两个互相垂直且与腔的边界成 45° 夹角的主应力方向，其中主应力 1 的方向受拉且 $\sigma_1=\tau$，主应力 2 的方向受压且 $\sigma_2=-\tau$。

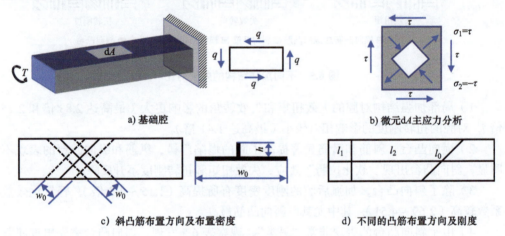

a) 基础腔　　　　　　　　　　　　　　　　b) 微元 dA 主应力分析

c) 斜凸筋布置方向及布置密度　　　　　d) 不同的凸筋布置方向及刚度

图 6.7　腔壁应力分布分析

如果腔的壁厚 t 很薄，腔表面在受压方向上容易出现弯曲塌陷，为了防止塌陷，应提高该方向的局部弯曲截面惯量，因此，理论上沿主应力 2 的方向布置凸筋最好。为了提高承受正反两个方向的抗扭能力，应该布置两个互相垂直且与腔边倾斜 45° 的凸筋，如图 6.7c 中实线所示。

（2）凸筋的密度

筋是局部加强结构，只对筋两边的有限区域起加强作用，假设筋的有效影响区域的宽度为 w_0。由 2.2.3 节表 2.9 中式（1a），可获得凸筋的截面弯曲惯性矩提升率 η_{Ix}^s 为

$$\eta_{Ix}^s = j(4i^3 + 6i^2 + 3i) \tag{6.1}$$

式中，$i=h/e$（筋高/腔壁厚）；$j=t/w_0$（筋宽/腔壁宽）。

假设 $h=t=6$，$e=3$，$\eta_{Ix}^s=1$，代入式（6.1）得 $w_0=372$mm，即高 6mm、厚 6mm 的凸筋对两边共 372mm 宽度范围内的腔壁有 100% 的局部加强作用，如图 6.7c 中虚

线区域所示。如果布筋密度大于该宽度，加强效果将进一步提高，反之加强效果将降低。

（3）凸筋的刚度

凸筋的加强效果不仅与凸筋的局部截面性能有关，还与筋的刚度有关，而刚度与筋的长度有关。斜筋、横筋、纵筋的长度各不相同，如图 6.7d 所示，其中横筋最短、刚度最高，斜筋刚度次之，纵筋刚度最低。但是，由于横筋和纵筋与主压应力方向不一致，在主压应力方向的有效刚度会明显降低，考虑该因素后，横筋的有效刚度会明显降低，纵筋的刚度会进一步降低。

综合以上分析，斜筋的加强效果最好，横筋次之，纵筋最差，该结论与表 6.5 及图 6.5 的结果相符合。

2. 凸台的加强机理

（1）凸台的局部加强效应

凸台对腔壁的局部加强原理与凸筋相同，也是增加了薄壁的截面弯曲惯性矩，由 2.2.3 节表 2.9 中式（2a）可知，凸台对截面弯曲惯性矩的提升率 η_{Ix}^s 更高

$$\eta_{Ix}^s = 2j[(4+6n)i^3 + 6i^2 + 3i] \tag{6.2}$$

式中，$i=h/e$（凸台高 / 腔壁厚）；$j=t/w_0$（凸台壁厚 / 腔壁宽）；$n=w/h$（凸台内宽 / 凸台高）。假设 $h=6$，$t=e=3$，$w=6$，$\eta_{Ix}^s=1$，代入式（6.2）得 $w_0=660\mathrm{mm}$，即壁厚 3mm、高度 6mm、内宽 6mm 的凸台对两边共 660mm 宽度范围内的腔壁有 100% 的局部加强作用，因此凸台的布置密度可以比凸筋少。

（2）凸台应力集中效应

凸台与凸筋在几何上的最大不同是部分腔壁表面抬高到凸台表面，导致腔壁表面上的主拉应力 $+\sigma_1$ 对斜向凸台的上表面产生附加弯矩 M_1，从而在凸台表面的底面产生附加弯曲拉应力 σ_1^m，如图 6.8a 所示。同样地，腔壁表面上的主压应力 $-\sigma_2$ 对另一个交叉方向的斜向凸台表面也产生附加弯矩 M_2，从而在凸台表面的底面产生附加弯曲压应力 $-\sigma_2^m$，如图 6.8b 所示，因此，斜向凸台纵向截面I-I上的最大拉/压应力明显增加，称此现象为凸台应力集中。

附加弯曲应力及应力集中系数按式（6.3）计算。

$$M_1 = \sigma_1 h, M_2 = -\sigma_2 h$$

$$\sigma_1^m = \frac{6h}{t^2}\sigma_1, k_{\sigma 1} = \frac{\sigma_1^m + \sigma_1}{\sigma_1} = 1 + \frac{6h}{t^2} \tag{6.3}$$

$$\sigma_2^m = \frac{6h}{t^2}\sigma_2, k_{\sigma 2} = \frac{\sigma_2^m + \sigma_2}{\sigma_2} = 1 + \frac{6h}{t^2}$$

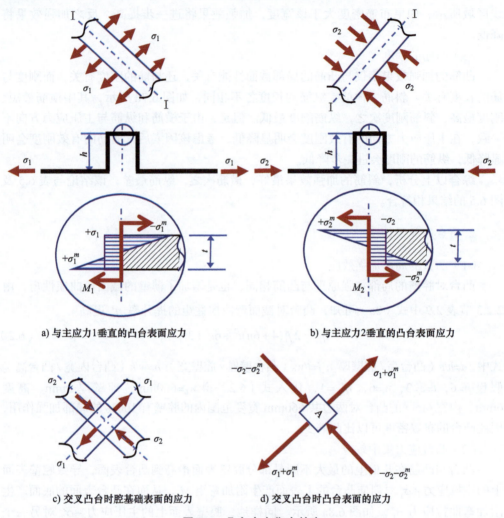

a) 与主应力1垂直的凸台表面应力　　　　　b) 与主应力2垂直的凸台表面应力

c) 交叉凸台时腔基础表面的应力　　　　　d) 交叉凸台时凸台表面的应力

图 6.8　凸台应力集中效应

通常凸台高度 h 比壁厚 t 大得多，因此应力集中系数较大。例如，$t=3$，$h=6$ 时，应力集中系数 $k_{\sigma 1}=k_{\sigma 2}=5$；$t=3$，$h=10$ 时，应力集中系数 $k_{\sigma 1}=k_{\sigma 2}=7.66$。可见，在附加弯曲应力作用下，斜向凸台表面的力学行为可能发生本质的变化，即有可能率先出现材料屈服失效。该结论与图 6.5 的结论一致，即斜凸台加强腔的失效扭矩及扭转刚度最差，且低于未加强腔的性能。

如果有两个互相垂直的交叉凸台，在凸台交叉区域 A 的四边聚集了应力集中后的应力，显然，该区域为高应力危险区域，如图 6.8c、d 所示。

由于纵向凸台和横向凸台为两个不倾斜的特殊凸台，故没有凸台应力集中现象。

（3）凸台的宏观效应

增加凸台还会改变腔的截面轮廓大小、截面轮廓周长以及截面扭转惯性矩，从而改变腔的整体刚度性能。3 种凸台腔的整体刚度性能计算及比较见表 6.6，其中斜向凸台腔的横截面上有 6 个凸台，纵向凸台腔的横截面上有 10 个凸台，横向凸台腔沿纵向有 12 个凸台。

表 6.6　凸台对腔的整体刚度性能的影响

斜向凸台腔	纵向凸台区	横向凸台腔

1. 截面几何参数

$\dot{A}_0 = ab,\ L_0 = 2(a+b)$	$\dot{A}_0 = ab,\ L_0 = 2(a+b)$	$\dot{A}_0 = ab,\ L_0 = 2(a+b)$
$\Delta \dot{A}_1 = \sqrt{2}n_1 wh,\ \Delta L_1 = 2n_1 h$	$\Delta \dot{A}_2 = n_2 wh,\ \Delta L_2 = 2n_2 h$	$\Delta \dot{A}_3 = 2(a+b)h,\ \Delta L_3 = 8h$
$\dfrac{\Delta \dot{A}_1}{\dot{A}_0} = \dfrac{\sqrt{2}n_1 wh}{ab}$ (1a)	$\dfrac{\Delta \dot{A}_2}{\dot{A}_0} = \dfrac{n_2 wh}{ab}$ (2a)	$\dfrac{\Delta \dot{A}_3}{\dot{A}_0} = \dfrac{2(a+b)h}{ab}$ (3a)
$\dfrac{\Delta L_1}{L_0} = \dfrac{n_1 h}{a+b}$	$\dfrac{\Delta L_2}{L_0} = \dfrac{n_2 h}{a+b}$	$\dfrac{\Delta L_3}{L_0} = \dfrac{4h}{a+b}$

上面三式中，a、b 为基础腔截面的高和宽；n_i 为截面上的凸台数量，图例中取 $n_1=6$，$n_2=10$，$n_3=12$；w、h 为凸台垂直截面上的宽度和高度；$\dot{A}_0$、L_0 分别为基础腔截面的轮廓面积和轮廓长度；$\Delta \dot{A}_i$、ΔL_i（$i=1,2$）分别为凸台腔横截面的轮廓面积增加量和轮廓周长增加量；$\Delta \dot{A}_3$、ΔL_3 分别为横向凸台腔段的截面积增量和周长增量。假设所有壁厚均匀为 t

2. 截面扭转惯性矩、刚度及刚度比

$I_{t0} = \dfrac{4\dot{A}_0^2}{\displaystyle\oint_{L_0} \frac{ds}{t}} = \dfrac{4t\dot{A}_0^2}{L_0}$ (1b)	$I_{t0} = \dfrac{4\dot{A}_0^2}{\displaystyle\oint_{L_0} \frac{ds}{t}} = \dfrac{4t\dot{A}_0^2}{L_0}$ (2b)	$I_{t0} = \dfrac{4\dot{A}_0^2}{\displaystyle\oint_{L_0} \frac{ds}{t}} = \dfrac{4t\dot{A}_0^2}{L_0}$（腔段）
$I_{t1} = \dfrac{4\dot{A}_1^2}{\displaystyle\oint_{L_1} \frac{ds}{t}} = \dfrac{4t(\dot{A}_0 + \Delta \dot{A}_1)^2}{L_0 + \Delta L_1}$	$I_{t2} = \dfrac{4\dot{A}_2^2}{\displaystyle\oint_{L_2} \frac{ds}{t}} = \dfrac{4t(\dot{A}_0 + \Delta \dot{A}_2)^2}{L_0 + \Delta L_2}$	$I_{t3} = \dfrac{4\dot{A}_3^2}{\displaystyle\oint_{L_3} \frac{ds}{t}} = \dfrac{4t(\dot{A}_0 + \Delta \dot{A}_3)^2}{L_0 + \Delta L_3}$（凸台段） (3b)

$K_0 = \dfrac{GI_{t0}}{c}$	$K_0 = \dfrac{GI_{t0}}{c}$	$K_0 = \dfrac{GI_{t0}}{c}$
$K_1 = \dfrac{GI_{t1}}{c}$	$K_2 = \dfrac{GI_{t2}}{c}$	$K_3 = \dfrac{GI_{t0}I_{t3}}{c_3 I_{t0} + (c-c_3)I_{t3}}$
$K_1 : K_0 = \dfrac{I_{t1}}{I_{t0}}$	$K_2 : K_0 = \dfrac{I_{t2}}{I_{t0}}$	$K_3 : K_0 = \dfrac{c}{c_3 \dfrac{I_{t0}}{I_{t3}} + (c-c_3)}$
$= \left(1 + \dfrac{\Delta \dot{A}_1}{\dot{A}_0}\right)^2 \dfrac{1}{(1+\Delta L_1/L_0)}$ (1c)	$= \left(1 + \dfrac{\Delta \dot{A}_2}{\dot{A}_0}\right)^2 \dfrac{1}{(1+\Delta L_2/L_0)}$ (2c)	$= \dfrac{c}{c_3\left(1+\dfrac{\Delta L_3}{L_0}\right)\Big/\left(1+\dfrac{\Delta \dot{A}_3}{\dot{A}_0}\right)^2 + (c-c_3)}$ (3c)

上面三组公式中，G 为剪切弹性模量；c 为基础腔的长度；c_3 为横向凸台腔段的纵向累计长度

　基于表 6.6 的公式开展数值试验，观察凸台宽和高对腔的整体刚度的影响规律，结果见表 6.7。

表 6.7　不同凸台尺寸的凸台腔刚度

凸台类型	凸台宽 /mm	20			40			60		
	凸台高 /mm	5	10	15	10	20	30	15	30	45
斜凸台	$\Delta A_1 / A_0$	0.009	0.018	0.027	0.035	0.071	0.106	0.08	0.16	0.239
	$\Delta L_1 / L_0$	0.047	0.094	0.141	0.094	0.188	0.281	0.14	0.28	0.42
	K_1 / K_0	0.97	0.95	0.92	0.98	0.965	0.95	1.02	1.05	1.08
刚度比	$\frac{K_1}{K_0}=1$	−0.03	−0.05	−0.07	−0.02	−0.035	−0.05	0.02	0.05	0.08
纵凸台	$\Delta A_2 / A_0$	0.01	0.02	0.03	0.042	0.083	0.125	0.09	0.19	0.281
	$\Delta L_2 / L_0$	0.078	0.156	0.234	0.156	0.313	0.469	0.234	0.469	0.703
	K_2 / K_0	0.95	0.9	0.86	0.94	0.88	0.86	0.96	0.96	0.96
刚度比	$\frac{K_1}{K_0}=1$	−0.05	−0.1	−0.14	−0.06	−0.12	−0.14	−0.04	−0.04	−0.04
横凸台	$\Delta A_3 / A_0$	0.067	0.133	0.2	0.133	0.267	0.4	0.2	0.4	0.6
	$\Delta L_3 / L_0$	0.031	0.063	0.094	0.063	0.125	0.188	0.094	0.188	0.281
	K_3 / K_0	1.01	1.03	1.04	1.05	1.1	1.13	1.12	1.22	1.3
刚度比	$\frac{K_1}{K_0}=1$	0.01	0.03	0.04	0.05	0.1	0.13	0.12	0.22	0.3

分析：

1）横向凸台提高了基础腔的整体刚度，且刚度与凸台尺寸正相关。

2）小宽度的纵向凸台和斜向凸台对刚度的影响为负，随宽度增加到一定程度时转为正。

3）相同凸台宽度下，凸台越高，刚度比的绝对值越大。

4）相同尺寸的纵向凸台腔的刚度小于斜向凸台腔的刚度。

综合以上 3 种效应可见，凸台的综合加强效果非常复杂：①微观上，凸台对腔壁的局部弯曲刚度的加强效果好于凸筋；②宏观上，横向凸台会提高腔的刚度，小宽度的纵向 / 斜向凸台会降低腔的刚度，且凸台越高，降低越明显，而宽度加大到一定程度时，纵向 / 斜向凸台会增加腔的刚度，且凸台越高，增加越明显；③在斜向凸台表面会出现明显的凸台应力集中现象，且凸台越高越明显。凸台的最终加强效果是以上 3 种效应的综合表现。本节算例中，横向凸台在微观和宏观上均为正面加强效果，且没有凸台应力集中现象，因此加强效果最好；斜向凸台的微观效果最好，但是宏观效果为负，且凸台应力集中现象最严重，大大降低了腔的刚度，因此表现最差；纵向凸台的微观效果最差，宏观效果也为负面，但是没有凸台应力集中现象，因此综合表现居中。

总之，无论是加筋或凸台，首先要综合考虑腔的载荷条件、腔的形态和尺寸，分析腔的局部失稳方向，然后尽量在该方向加筋或加凸台，总体上，加筋的效果很确定，但是加凸台带来了较大的不确定性，要充分注意凸台的负面效应并尽量避免。

6.4　薄壁腔的腹板加强

腹板（或筋面）加强是指在基础薄壁腔的内部增加腹板以实现对腔的加强，通常有 3 种类型：①横向垂直腹板；②纵向垂直腹板；③纵向水平腹板，见表 6.8 中的图例。

腹板的加强效果与腹板的质量和位置有关，为了便于分析对比，仍假设基础腔的尺寸为 $a=400\text{mm}$，$t=3\text{mm}$，尺寸比例 $a:b:c=1:0.6:4$，并假设 3 种腹板的厚度均为 3mm。

6.4.1　理论分析

3 种腹板加强腔的几何形态、参数、截面扭转惯性矩以及扭转刚度的理论公式见表 6.8。截面扭转惯量参考表 6.1 中式（1）及式（2），材料性能参考表 2.11。

表 6.8　薄壁腔腹板加强的几何参数及力学性能

横向垂直腹板	纵向垂直腹板	纵向水平腹板
$m=16.6kg$ $\Delta m=0.7776kg$ $\Delta m/m=0.047$　（1a） $\dot{A}=96000mm^2$ $L=1280mm$	$m=16.6kg$ $\Delta m=3.1kg$ $\Delta m/m=0.187$　（2a） $\dot{A}_1=i\dot{A},\ \dot{A}_2=(1-i)\dot{A},\ i=(0,1)$ $L_1=\dot{A}_1/b,\ L_2=\dot{A}_2/b$	$m=16.6kg$ $\Delta m=4.36kg$ $\Delta m/m=0.263$　（3a） $\dot{A}_1=i\dot{A},\ \dot{A}_2=(1-i)\dot{A},\ i=(0,1)$ $L_1=\dot{A}_1/a,\ L_2=\dot{A}_2/a$
$I_{t1}=\dfrac{4\dot{A}^2}{\oint\frac{ds}{t}}=\dfrac{4t\dot{A}^2}{L}$　（1b）	$I_{t2}=\dfrac{4\left(\dot{A}_1^2\oint_{A_2}\frac{ds}{t}+\dot{A}_2^2\oint_{A_1}\frac{ds}{t}+2\dot{A}_1\dot{A}_2\frac{b}{t}\right)}{\oint_{A_1}\frac{ds}{t}\oint_{A_2}\frac{ds}{t}-\left(\frac{b}{t}\right)^2}$　（2b） $=\dfrac{4t(\dot{A}_1^2L_2+\dot{A}_2^2L_1+2b\dot{A}_1\dot{A}_2)}{L_1L_2-b^2}$	$I_{t3}=\dfrac{4\left(\dot{A}_1^2\oint_{A_2}\frac{ds}{t}+\dot{A}_2^2\oint_{A_1}\frac{ds}{t}+2\dot{A}_1\dot{A}_2\frac{a}{t}\right)}{\oint_{A_1}\frac{ds}{t}\oint_{A_2}\frac{ds}{t}-\left(\frac{a}{t}\right)^2}$　（3b） $=\dfrac{4t(\dot{A}_1^2L_2+\dot{A}_2^2L_1+2a\dot{A}_1\dot{A}_2)}{L_1L_2-a^2}$
$K=\dfrac{M_x}{\phi}=\dfrac{M_x}{c\phi'}=\dfrac{I_{t1}G}{c}$（1c）	$K=\dfrac{M_x}{\phi}=\dfrac{M_x}{c\phi'}=\dfrac{I_{t2}G}{c}$　（2c）	$K=\dfrac{M_x}{\phi}=\dfrac{M_x}{c\phi'}=\dfrac{I_{t3}G}{c}$　（3c）

扭转刚度理论曲线

由表 6.8 可见：

1）横向腹板将单腔分割成竹节腔，"竹节"面对扭转刚度没有影响。

2）纵向垂直腹板对薄壁腔的刚度的最大提升效果在 10% 以内，纵向水平腹板对薄壁腔的刚度的最大提升效果在 20% 以内，且腹板越靠近腔的侧面，扭转刚度越大，越靠近腔的中心，扭转刚度越小，直至中间位置时，扭转刚度无加强效果。

3）图例中的纵向水平腹板对刚度的加强效果好于纵向垂直腹板，这是因为水平腹板的尺寸比垂直腹板更大。

6.4.2　数字仿真

由于表 6.8 仅提供了腹板加强腔的理论刚度性能，尚无法获得加强腔的失效扭矩和失效转角性能，因此以下采用数字仿真方法再次对腹板加强薄壁腔进行计算，并与理论模型进行比较。失效扭矩、失效转角及刚度结果如图 6.9a、c、e 所示，根据表 6.4 中式（6）分别计算扭矩、转角及刚度的结构轻量化效益系数，如图 6.9b、d、f 所示。

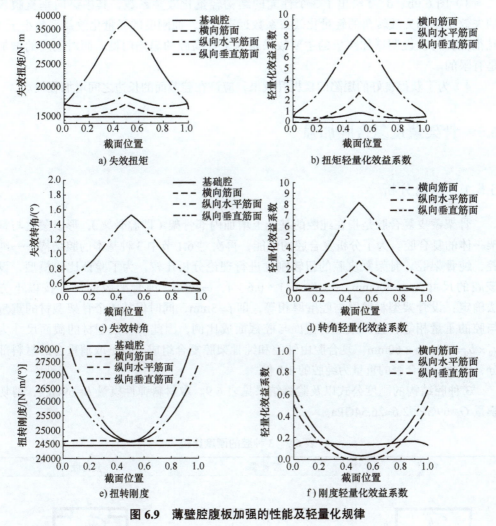

图 6.9　薄壁腔腹板加强的性能及轻量化规律

分析：

1）图 6.9e 的扭转刚度的变化规律与表 6.8 的理论分析结果是一致的，即增加纵向腹板可以提高腔的扭转刚度（纵向水平腹板增加 20% 以内，纵向垂直腹板增加 10% 以内），但是腹板越靠近中心，效果越差；增加横向腹板对扭转刚度几乎没有影响。

2）图 6.9a 的失效扭矩和图 6.9c 的失效转角表明，纵向垂直腹板对失效扭矩和失效转角带来明显的提升效果，且腹板越靠近中心位置，提升效果越明显，这是因为纵向垂直腹板显著减小了腔截面的长边跨度，且越靠近中心位置，腔截面边长的跨度越小，从而提高效果越好；纵向水平腹板仅减小了腔截面的短边跨度，因此提升效果不明显；横向腹板对失效扭矩和失效转角的影响可忽略不计。

3）图 6.9b、d、f 给出了 3 个性能的结构轻量化效益系数，其中纵向垂直腹板的失效扭矩和失效转角的轻量化效益系数远高于 1，而刚度的轻量化效益系数小于 1 且很低，再次说明增加腹板的主要效果是为了提高腔的塌陷门槛，而对刚度的增加是有限的。

4）为了获得良好的塌陷门槛提升效果，应该在腔截面的长边之间增加腹板。

6.5 骨架蒙皮复合腔加强

6.5.1 理论分析

骨架蒙皮复合腔是指在纯腔的基础上增加内部骨架（即腔骨架），形成蒙皮与骨架一体的复合腔。为了分析复合腔的性能，再次对 6.1 节中 3 种基本的腔结构——纯腔、纯骨架腔、骨架蒙皮腔的扭转刚度进行理论分析比较，为了验证比较模型，设该腔的尺寸为 a=400mm，$a:b:c$=1:0.6:4，t=3mm。纯骨架腔的尺寸按以下方法确定：设骨架型材壁厚与腔壁厚相等，即 t_0=3mm，同时保持 4 个骨架型材的重量与腔的重量相等，且骨架型材截面与腔截面成比例，因此得骨架型材的截面尺寸为 $a_0 \times b_0$=100mm × 60mm。复合腔由纯腔和纯骨架腔复合组成，但是取消重合的材料部分，因此，复合腔的重量为纯腔的 1.5 倍。

3 种腔结构的刚度公式以及验算结果见表 6.9。取材料弹性模量 E=69GPa，剪切模量 G=69GPa/2.6=26.54GPa。

表 6.9 3 种腔的刚度比较

纯腔	腔骨架	复合腔

（续）

纯腔	腔骨架	复合腔
截面性能： $t=3, a=400, b=240,$ $c=1600$ $I_x = tb^2\left(\dfrac{b}{6}+\dfrac{a}{2}\right)$ $=4.1\times10^7\,\mathrm{mm}^4$ （1a） $I_t = \dfrac{4\dot{A}^2}{\oint \dfrac{\mathrm{d}s}{t}}$ $=\dfrac{2ta^2b^2}{a+b}$ $=8.64\times10^7\,\mathrm{mm}^4$	截面性能： $a=400, b=240, c=1600$ $t_0=3, a_0=100, b_0=60$ $I_{x0}=t_0b_0^2\left(\dfrac{b_0}{6}+\dfrac{a_0}{2}\right)$ $=6.48\times10^5\,\mathrm{mm}^4$ （2a） $I_{t0}=\dfrac{4\dot{A}^2}{\oint\limits_{A_0}\dfrac{\mathrm{d}s}{t_0}}$ $=\dfrac{2t_0(a_0b_0)^2}{a_0+b_0}$ $=1.35\times10^6\,\mathrm{mm}^4$	截面性能： $t=3, a=400, b=240, c=1600$ $t_0=3, a_0=100, b_0=60$ 由表 6.1 中式（5）计算 I_t $\dot{A}_0=100\times60=6\times10^3$ $\dot{A}_1=12\dot{A}_0=7.2\times10^4$ $L_0=\oint\limits_{A_0}\mathrm{d}s=3.2\times10^2$ $L_1=\oint\limits_{A_1}\mathrm{d}s=1.28\times10^3$ （3a） $I_t=\dfrac{4t[4\dot{A}_0^2 L_1 + \dot{A}_1^2 L_0 + 4\dot{A}_0\dot{A}_1 L_0]}{L_0L_1-L_0^2}$ $=9.36\times10^7\,\mathrm{mm}^4$
由表 6.1 式（1）得扭转刚度 $K_1^t=\dfrac{M_x}{\varphi}=\dfrac{GI_t}{c}\dfrac{\pi}{180}$ （1b） $=25000\,\mathrm{N\cdot m/(°)}$	由表 6.1 式（8.3）得扭转刚度 $K_2^t=\dfrac{M_x}{\varphi}$ $=\left[\dfrac{3EI_{x0}(a^2+b^2)}{c^3}+\dfrac{12GI_{t0}}{c}\right]\dfrac{\pi}{180}$ （2b） $\approx124+3048=3172\,\mathrm{N\cdot m/(°)}$	由表 6.1 式（5）得扭转刚度 $K_3^t=\dfrac{M_x}{\varphi}=\dfrac{GI_t}{c}\dfrac{\pi}{180}$ （3b） $\approx27096\,\mathrm{N\cdot m/(°)}$

注：计算中骨架的截面弯曲惯量未考虑旋转角度，为近似值，骨架腔截面的对角线长度也为近似值。

由表 6.9 得出以下结论：

1）等重的腔骨架的扭转刚度与纯腔的扭转刚度之比为 12.7%，可见仅有 4 条纵梁的腔骨架的承受扭矩的能力很弱。

2）腔骨架的扭转刚度中，骨架弯曲带来的扭转刚度与骨架扭转带来的扭转刚度之比为 4%，因此，骨架弯曲带来的扭转刚度效应可以忽略不计。

3）纯腔与骨架复合后的复合腔的质量增加了 50%，但是刚度仅增加了 8.4%，复合腔的轻量化效益系数为 0.17。

4）如果把复合腔的材料全部融入纯腔的壁厚，此时壁厚将增加 50%，由表 6.9 中式（1b）可知扭转刚度将提升 50%，轻量化效益系数达到 1。

6.5.2 等效腔骨架

由上一节可知，4 纵梁腔骨架的扭转力学性能很低，与纯腔复合后的复合腔的性能提升也不高，为此，以下采用数字仿真方法确定一个具有较好的扭转力学性能的腔骨架。

为便于对比分析，仍采用以下基础薄壁腔参数，即 i=0.6，j=4，a=400mm。首先按图 6.10a 的方式对薄壁腔施加位移约束和扭矩载荷，采用变密度法确定材料优化拓扑方案[33]，获得图 6.10b 所示的材料分布模型，在此基础上布置骨架型材，获得腔骨架结构，如图 6.10c 所示。假设骨架型材的截面尺寸为 40mm×40mm，型材厚度待定。

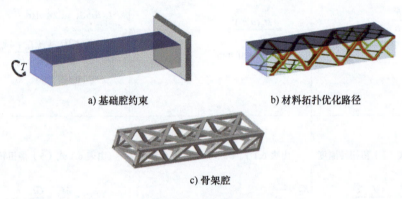

a) 基础腔约束　　　　　　b) 材料拓扑优化路径

c) 骨架腔

图 6.10　骨架腔结构

以下分别按骨架腔与基础腔等刚度、等扭矩（等承载能力）、等质量 3 种等效条件，寻找骨架型材壁厚。结果见表 6.10。

表 6.10　基础薄壁腔和等效骨架腔的性能比较

	壁厚/mm	质量/kg	塌陷扭矩 T_b/N·m	屈服扭矩 T_σ/N·m	失效扭矩 T/N·m	失效转角 γ/(°)	扭转刚度/[N·m/(°)]	刚度密度 μ_{KM}
基础薄壁腔	3	16.6	14911	34243	14911	0.608	24544	1479
等刚度骨架腔	8.69①	60.9	1785596	18163	18163	0.74	24544	403
等扭矩骨架腔	4.45①	31.2	492319	14911	14911	1.22	12222	391
等质量骨架腔	2.4①	16.6	114473	4450	4450	0.69	6473	390

① 数据为骨架腔的型材壁厚。

对表 6.10 中 4 类腔结构的 4 组性能参数（失效扭矩、失效转角、扭转刚度和质量）进行统计对比，结果如图 6.11 所示。

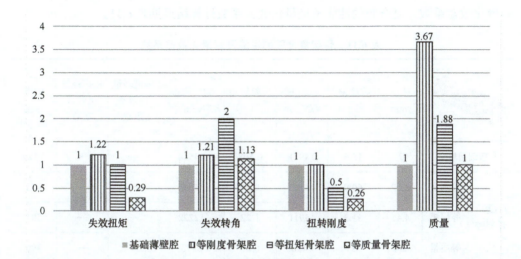

图 6.11　薄壁腔与骨架腔的等效对比

结论：

1）骨架腔均率先出现材料屈服失效。

2）3 种骨架腔的刚度密度相近，但是均不足基础薄壁腔的 1/3。

3）根据 3 类不同的等效条件得到的骨架腔的型材壁厚和质量均不相同，其中等刚度骨架腔的质量达到基础腔的 3.67 倍，等扭矩骨架腔的质量达到基础腔的 1.88 倍。

以上分析说明，与骨架腔相比，薄壁腔的轻量化效果最好，性能也好，但是它的缺陷是失效转角小，不允许大变形。为此，以下采用复合腔结构以弥补基础薄壁腔的缺陷。

6.5.3　复合腔的性能分析

将上文分析的 3 种等效骨架腔（简称等刚度、等扭转角和等质量）与基础薄壁腔进行复合可得到 3 种复合腔（简称为等刚度复合腔、等扭矩复合腔和等质量复合腔）；进一步，为了验证纯腔结构性能，另外再增加一类厚壁腔，即将 3 种等效骨架腔的质量折算为板材厚度，并加入基础薄壁腔形成 3 种厚壁腔，简称为等刚度厚壁腔、等扭矩厚壁腔和等质量厚壁腔。

采用有限元法计算基础薄壁腔、骨架腔、复合腔和厚壁腔的性能。为了评价性能（失效扭矩 T、失效转角、扭转刚度 K）与骨架腔结构 s 之间的轻量化关系，将复合腔中的骨架腔看成薄壁腔的加强结构 s，再利用表 6.4 中式（6）计算骨架腔或厚壁腔的轻量化效益系数。复合腔的性能及轻量化效益系数计算结果见表 6.11。

表 6.11 骨架复合腔的性能及轻量化效益系数

		壁厚 /mm	质量 M/kg	失效扭矩 T/N·m	失效转角 γ/(°)	扭转刚度 K/[N·m/(°)]	刚度轻量化效益系数	扭矩轻量化效益系数	刚度密度
①基础薄壁腔		3	16.6	14911	0.608	24544	—	—	1479
②骨架腔	等刚度	8.69	60.9	18163	0.74	24544	—	—	403
	等扭矩	4.45	31.2	14911	1.22	12222	—	—	391
	等质量	2.4	16.6	4450	0.69	6473	—	—	390
③复合腔	等刚度	3,8.69	76.5	43599	0.75	58043	0.37	0.52	759
	等扭矩	3,4.45	46.8	35349	0.82	43083	0.4	0.73	920
	等质量	3,2.4	33.2	29426	0.84	35122	0.43	0.97	1057
④厚壁腔	等刚度	14	76.5	138154	1.22	112784	0.98	2.25	1474
	等扭矩	8.6	46.8	91666	1.32	69581	0.97	2.74	1486
	等质量	6	33.2	65242	1.36	47845	0.95	3.38	1441
比较		—	④=③=①+②	④>③>①+②	④>③>②>①	④>③>①+②	④>③	④>③	①=④>③>②

分析：

1）对比基础腔、骨架腔及复合腔，复合腔的失效扭矩和刚度明显提升，并且表现出 1+1 > 2 的加强效果（失效转角除外），即复合腔的性能好于薄壁腔性能和骨架腔性能之和。

2）对比复合腔和厚壁腔，各个厚壁腔的性能明显好于对应的复合腔的性能，说明厚壁腔结构比复合腔结构的性能更好，因此，增加薄壁腔的壁厚比在薄壁腔内部增加骨架的效果更好，这再次说明，腔结构是更好的轻量化结构。

3）复合腔的所有轻量化效益系数均小于 1，说明骨架腔加强的轻量化效果不好；

厚壁腔的刚度轻量化效益系数均接近 1，说明增加壁厚在提高刚度的同时也同步提高了质量，扭矩轻量化效益系数均为 2.25~3.38，说明增加壁厚对增加失效扭矩的效果非常好。该结论与 6.2 节结论相符。

　　4）纯腔的刚度密度最高，且基本不随腔壁厚度而变化，该结论与 6.2 节结论相符，骨架腔的刚度密度最低，复合腔的刚度密度介于两者之间。

第 7 章　TMBB 铝合金车架结构

车架是客车最重要的结构模块，它是整车的力学基础和装配基础，在整车结构中的重量占比也最大。传统燃油客车经历了长期的演变和迭代，形成了若干经典的车架结构拓扑类型，例如双大梁梯形车架和桁架式空间车架。纯电动客车与传统燃油车的主要区别是，用电机替换发动机，用电池包替换油箱，前者有利于简化车架结构，而后者不利于简化车架结构。新能源乘用车基本完成了从"油改电"结构到"新结构"的进化，但是新能源客车 / 商用车仍在采用"油改电"技术路线，虽然部分客车采用了"上铝下钢"的客车结构，但是轻量化效果有限，目前，新能源客车的重量普遍比燃油客车重 20%，且结构更加复杂。因此，开展轻量化客车结构，尤其是轻量化车架结构的创新尤为迫切。

车架结构设计面临诸多复杂的约束：①车辆底盘系统的类型、装配方式及工作空间；②车内地板高度及布置方式；③电池包形状、数量及布置方式；④电机及散热器的布置方式；⑤线束布置方式等。本章针对典型的新能源客车 / 商用车开展全铝合金车架结构的创新。

7.1　二级踏步 6m 小巴 TMBB 铝合金车架

7.1.1　车架设计空间分析

二级踏步车架主要是指一种客车车架，该车架的上表面是地板面，通过二级踏步进入，相关国标对客车地板的高度、一级台阶和二级台阶的高度有明确的规定[34-36]。在地板以下的车架空间中要布置多种系统，包括：前桥及板簧悬架、动力后桥及板簧悬架、转向系统、动力电池系统以及车轮，这些系统均有较大的工作空间和安装空间需求。

车架设计的基础是设计空间分析，以下从 3 个方向维度确定车架结构的最大有效设计空间。

（1）车架设计空间的高度分析

1）车架空间上限：对二级踏步地板，按客车法规要求的一级踏步和二级踏步的总高度确定车架空间上限，并尽量确保上限空间在同一个水平高度上，为平地板设计创造条件，如图 7.1a 中尺寸 H_{u0} 所示。

2）车架空间下限：车架底部可分为 3 段，即前段、中段和后段。在车架的前后段位置要布置前后桥和板簧，由于前后桥的板簧悬架具有静扰度和动扰度要求，为了防止前后桥和车架结构干涉，要求车架前段和后段的下限空间在车桥上面，并要预留悬架静扰度和动扰度所需的净空高度，车架底部的中段可以下降，离地高度需要满足客车法规对车辆通过性的要求，因此，车架下限形成了两端高、中间低的台阶形状，如图 7.1a 所示。

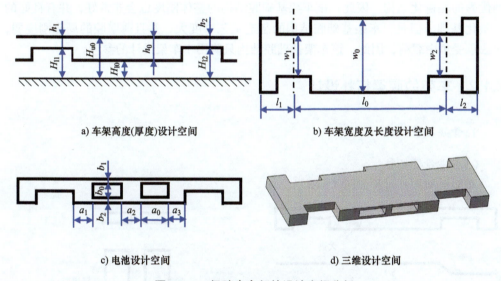

a) 车架高度(厚度)设计空间

b) 车架宽度及长度设计空间

c) 电池设计空间

d) 三维设计空间

图 7.1　二级踏步车架的设计空间分析

（2）车架设计空间的宽度分析

车架的总宽度取决于车辆的宽度。在前后车轮部位，由于车轮工作空间的要求，导致车架空间的宽度变窄，特别是前轮转向空间要求大，对应前轮部位的车架空间宽度最窄，分别记 3 个宽度为前车架空间宽度 w_1、后车架空间宽度 w_2、中车架空间宽度 w_0，如图 7.1b 所示。

（3）车架设计空间的纵向长度分析

车架前后端面位置主要取决于车辆长度、车辆前 / 后脸造型以及车架内部系统的布置方式。结合车架厚度空间的台阶形态，分别记前车架前悬长度为 l_1、后悬长度为 l_2、车架前后轴距长度为 l_0，如图 7.1b 所示。

电动汽车的电池占用空间大，是影响车架结构设计的重要因素。二级踏步车架设计空间的中段有较高的高度空间 h_0，可用于布置电池包。TMBB 车架在中段设计空间"挖出"若干横向"隧道"作为电池包的布置空间，电池包从隧道两边的端口进出，这样可以充分利用整个中段设计空间，如图 7.1c 所示。电池隧道的宽和高分别为 a_0

和 b_0，为了保持车架的结构性能，横向隧道的高度 b_0 必须小于车架空间中段高度 h_0，以确保在隧道的上下留出必要的剩余高度空间 b_1 和 b_2 用于车架的结构设计，同样地，在隧道两侧也必须留出合理的剩余纵向空间 a_1、a_2 和 a_3 用于车架的结构设计。

至此得到除去隧道空间后的车架三维设计空间，如图 7.1d 所示。

车架是车辆最重要的基础力学结构，需要提供足够的纵向弯曲刚度和扭转刚度。理论上，可以用蒙皮将图 7.1d 所示的车架设计空间围成一个复杂的三维腔形结构——车架基础腔结构。第 6 章的研究表明，三维腔结构既能提供出色的力学性能，又是一种优秀的轻量化结构，因此，该车架基础腔结构的整体刚度也会非常好，并有良好的轻量化基础。但是，车架基础腔结构的制造工艺难度大，并且薄壁腔的局部刚度弱，无法承受集中载荷，因此，该车架基础腔结构只能用于车架设计的参考。

7.1.2 车架的腔梁拓扑设计

1. 骨架拓扑设计

（1）主骨架拓扑

车架骨架拓扑过程如图 7.2 所示。

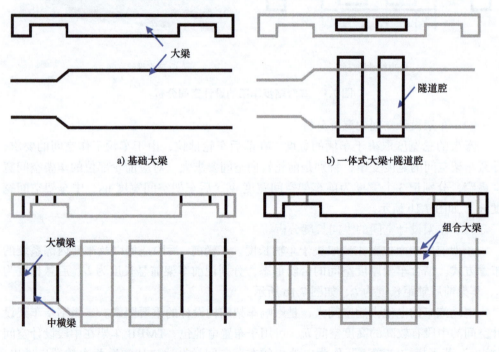

a) 基础大梁

b) 一体式大梁+隧道腔

c) 一体式大梁+隧道腔+横梁

d) 组合大梁+隧道腔+横梁

图 7.2 二级踏步车架主骨架

首先，在基础腔的内部布置两条基础大梁，基础大梁的侧面投影形状即为车架设计空间的高度轮廓——分段阶梯状，垂直投影形状为一体式折弯大梁，大梁前段的宽度小于大梁后段的宽度，如图 7.2a 所示。

其次，将车架设计空间中的横向隧道空间设计为横向薄壁腔结构——隧道腔，该隧道腔沿横向贯穿通过纵向基础大梁，如图 7.2b 所示。

进一步，在大梁的前后端各布置一条与纵向大梁等高的大横梁，在大横梁与隧道腔之间布置若干中横梁，中横梁的高度与车架前后段设计空间的高度 h_1 和 h_2 相同，如图 7.2c 所示。

图 7.2a 中的大梁是一根分段折弯的大梁，由于大梁尺寸大，实施弯折工艺困难，实际工程应用中，常采用两条纵向直大梁，通过横向隧道组合而成一根组合大梁，这样，最终获得由 2 条组合大梁、2 个横向隧道腔、2 条大横梁以及若干中横梁所构成的二级踏步车架主骨架拓扑方案，如图 7.2d 所示。

（2）子骨架拓扑

在确定车架主结构之后继续增加完善以下子结构：

1）地板支撑平面子骨架系统，包括中部地板纵梁、角部地板框、边部地板框，地板支撑子骨架的底部与隧道齐平，顶部与大梁上表面齐平，如图 7.3a 所示。

2）底部子骨架系统，主要包括：侧纵向接口梁、横向小梁，如图 7.3b 所示。

3）一级踏步和侧面子骨架系统，主要包括一级踏步支架、横向小梁和垂直小梁，如图 7.3c 所示。

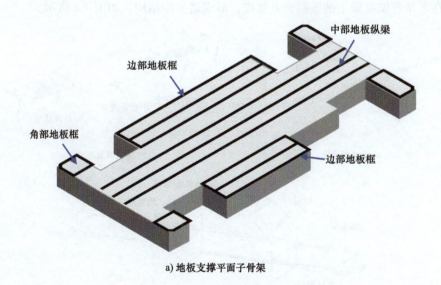

a) 地板支撑平面子骨架

图 7.3 车架子结构

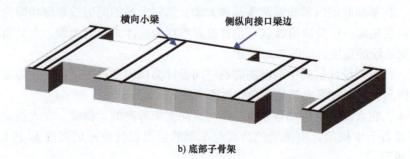

b) 底部子骨架

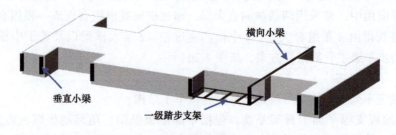

c) 一级踏步和侧面子骨架

图 7.3 车架子结构（续）

2. 腔的拓扑设计

在车架骨架基础上铺设铝合金蒙皮，形成诸多腔结构，如图 7.4 所示。

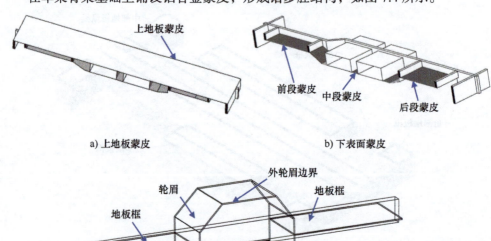

a) 上地板蒙皮　　　　　　　　　　b) 下表面蒙皮

c) 轮眉腔

图 7.4 车架腔结构拓扑

1）铝合金上地板蒙皮如图 7.4a 所示。该地板从前到后为同一平面，人机工程友好。

2）铝合金下表面蒙皮如图 7.4b 所示。由于车架下表面高低不同，因此需要分段蒙皮：前段蒙皮、中段蒙皮和后段蒙皮，三段蒙皮均连接到隧道腔的下表面。

3）轮眉腔。轮眉结构是一个外侧和底部开口的四面腔，采用钣金工艺制造，其内侧面与纵梁外侧面连接，前后表面与轮眉前后地板框的边梁连接，车架与侧片装配以后，外轮眉边界与侧片结构连接，如图 7.4c 所示。

至此，车架骨架、上下蒙皮、横向隧道腔、轮眉腔等一起构成了复杂的、完整的二级踏步小巴客车的 TMBB 隧道腔梁车架结构，如图 7.5 所示。

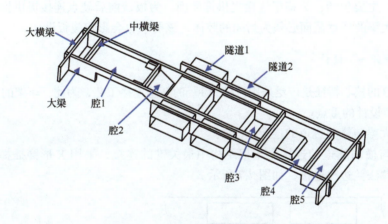

图 7.5　TMBB 隧道腔梁车架结构

由于该车架中有横向隧道腔，所以又称之为隧道腔梁车架结构。隧道腔梁车架结构是一种全新的车架结构，是由车架骨架和蒙皮构成的复杂腔梁结构，既拥有腔结构的性能优势和轻量化优势，内部的骨架又有良好的局部性能。

7.1.3　型材化、榫卯化及一体化设计

1. 型材设计

型材化的任务是设计型材，但是，型材设计不是孤立进行的，而需要与其他结构、模块、接口、硬点等开展一体化设计，以确保其力学性能、榫卯结构装配性能以及轻量化。

车架型材主要包括大梁型材（纵 / 横梁合用）、中横梁型材、地板支架型材（与地板框型材共用）、小横梁型材，如图 7.6 所示。

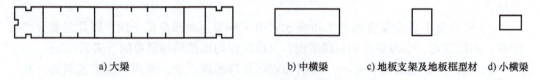

a) 大梁   b) 中横梁 c) 地板支架及地板框型材 d) 小横梁

图 7.6 车架主要型材

其中大梁型材最为重要和复杂，该型材为 I 形多腔截面，截面整体的高宽比很大，由第二章型材轻量化原理，以及 6.1 节多腔力学基础可知，这种大高宽比和多腔型材具有出色的纵向截面惯性矩和扭转惯性矩。大梁截面内的腹板和外部凹槽通过一体化设计确定，主要包括：为横梁连接提供榫卯面，为板簧前后硬点连接提供榫卯面，另外，要求大梁的任意截面必须为封闭的腔体，该要求也会影响腹板设计。

2."榫卯＋"设计

TMBB 的核心特征是广泛采用"榫卯＋"的新型连接工艺，为此，车架的"榫卯＋"设计是车架设计的重点。

（1）大梁与横向隧道的连接

大梁与横向隧道的连接是车架结构中最关键的连接，采用 X 形穿插榫卯结构＋"焊接"＋"法兰边"连接，如图 7.7 所示。

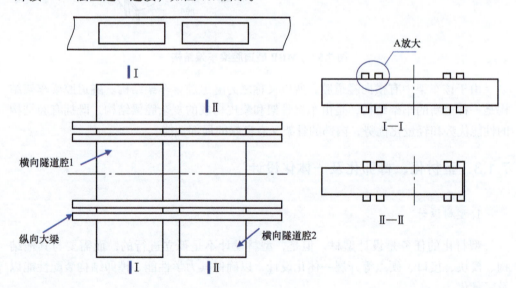

a) 闭口 X 形榫卯结构

图 7.7 大梁与横向隧道的连接

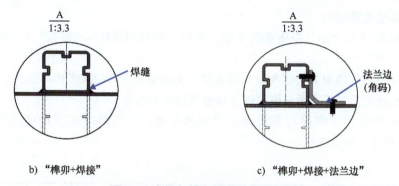

b)"榫卯+焊接"　　　　　　　　　　c)"榫卯+焊接+法兰边"

图 7.7　大梁与横向隧道的连接（续）

图 7.7a 中有 4 根大梁、2 个隧道腔，隧道腔 1 穿透 4 根大梁，隧道腔 2 穿透 3 根大梁，最后一根大梁只穿进一个侧面，通过穿插形成"X 形穿插榫卯结构"。

大梁与横向隧道形成穿插配合后，可直接在矩形相贯线部位实施焊接固定，如图 7.7b 所示，焊接后还可以进一步采用 L 形角码边（或称法兰边）进行胶铆连接，如图 7.7c 所示。

（2）大梁与横梁的连接

大梁与横梁采用相同的型材，连接时采用开口 X 形榫卯结构 +"焊接"连接工艺，在此基础上可进一步加"角码"以提高连接性能，如图 7.8 所示。

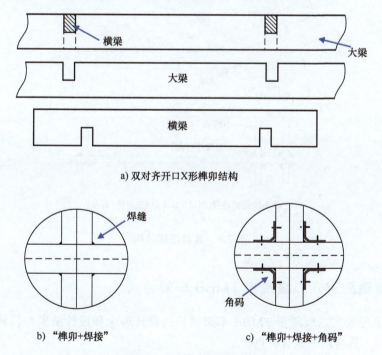

a) 双对齐开口X形榫卯结构

b)"榫卯+焊接"　　　　　　　　　　c)"榫卯+焊接+角码"

图 7.8　大梁与横梁的连接

（3）其他连接结构

图 7.9a 所示为大梁与中横梁的连接，采用 T 形榫卯结构 +"焊接"+"角码"的连接方式。

图 7.9b 所示为地板支架梁与横梁的连接，采用单对齐开口 X 形榫卯结构 +"焊接"，同时，在地板支架梁的底面与横向隧道接触部位施加焊接。

图 7.9c 所示为小横梁与车架大梁之间的连接，采用闭口 X 形榫卯结构 + "焊接" + "三角片"组合连接。

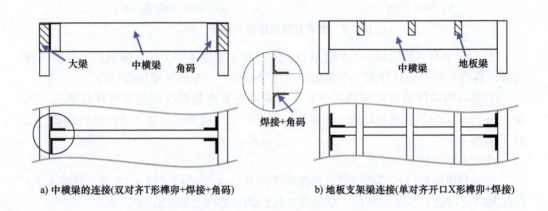

a) 中横梁的连接(双对齐T形榫卯+焊接+角码)　　　　　　b) 地板支架梁连接(单对齐开口X形榫卯+焊接)

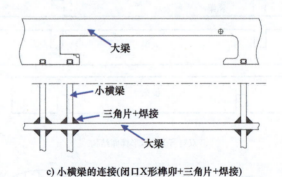

c) 小横梁的连接(闭口X形榫卯+三角片+焊接)

图 7.9　其他连接结构

7.1.4　隧道腔梁式二级踏步 TMBB 车架特点

该隧道腔梁式二级踏步 TMBB 车架结构的设计理念和设计结果与传统钢结构车架完全不同，具有以下显著特点：

1）车架整体不是纯骨架结构，而是腔梁复合结构，它既有核心骨架，同时骨架又与腔结构复合，由 6.3 节的研究可知，"腔 + 骨架"复合结构是良好的轻量化结构，在等重条件下，它的性能远高于单纯的骨架结构。

2）基础大梁提供了纵向主结构，基础大梁的高宽比大且为多腔型材结构，截面性能好于传统钢大梁且有很高的轻量化效益系数，同时拥有良好的局部强度与刚度，可以为硬点型材提供可靠的基础。

3）大尺度的隧道腔结构提供了横向主结构，由于隧道腔的尺度大、壁厚较大（通常为 4mm），其力学性能出色，轻量化效果好，同时还可以充分利用宽敞的内部空间布置更多的电池。

4）车架结构的连接普遍采用"榫卯 +"连接技术：隧道腔横贯纵梁形成 X 形榫卯结构，在相贯线部位实施焊接，形成"榫卯 + 焊接"连接，还可在 4 条相贯线的位置进一步增加"法兰边"加强连接；大横梁和纵梁采用"开口 X 形榫卯 + 焊接"组合连接，由第 4 章的研究可知，"榫卯 +"组合连接与单一的焊接相比拥有明显的优势。

5）该车架可匹配前后板簧悬架底盘系统，详见第 9 章。

6）该车架电池舱可布置多箱标准客车电池包，电量为 75 ~ 100kWh。

7.2　一级踏步 6m 小巴 TMBB 铝合金车架

7.2.1　车架设计空间分析

一级踏步车架主要是指一种客车车架，通过一级踏步进入到车厢地板表面，通常在车辆内部还有一级或多级台阶，有关客车的国标对客车地板的高度、一级踏步台阶和车内的台阶高度有明确的规定。在一级踏步车架的地板以下的空间中，同样要布置所有的底盘系统：前桥及板簧悬架、动力后桥及板簧悬架、转向系统以及车轮，但是由于一级踏步的空间限制，在车架中用于电池的布置空间被大大地"压缩"，甚至无法布置。

一级踏步车架的设计空间分析方法与 7.1 节相同，结果如图 7.10 所示，此时车架中段空间的厚度减少，因此在前后出现了内部台阶，如图 7.10a 所示。车架的宽度和纵向长度设计空间与二级踏步车架相同，如图 7.10b 所示。一级踏步车架的三维设计空间如图 7.10c 所示。

由于车架中段空间的厚度减少，为了充分利用低地板的空间厚度，只能创造纵向空间布置"刀片"电池系统，为了布置更多的电池，可继续在后排地板的上表面布置电池，如图 7.10d 所示。

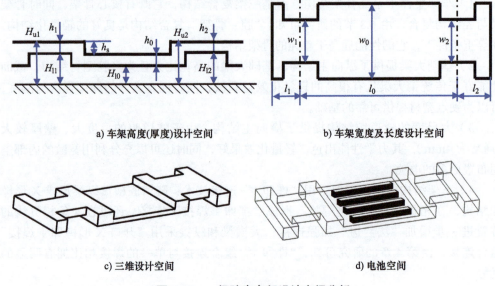

a) 车架高度(厚度)设计空间   b) 车架宽度及长度设计空间

c) 三维设计空间   d) 电池空间

图 7.10   一级踏步车架设计空间分析

7.2.2   车架的腔梁拓扑设计

1.骨架拓扑设计

该一级踏步车架的主骨架由 "4 纵 6 横" 型材结构构成，其中 2 条组合纵向大梁，4 条台阶横梁，2 条端横梁。纵梁的横向投影如图 7.11a 所示，主骨架拓扑如图 7.11b 中黑色实线所示。在此基础上增加中纵梁和边纵梁（见图 7.11b 中灰色实线），既加强了结构的纵向性能，同时又创造了电池布置空间（见图 7.11b 中灰色双点划线）。

进一步对子骨架进行拓扑设计：在车架的前后段增加若干中横梁，如图 7.11c 所示，同时增加前后地板梁和前后地板框，如图 7.11d 所示。

最后得到如图 7.11e 所示的一级踏步车架的三维模型。

2.腔的拓扑设计

在车架结构的上表面的前段、中段和后段分别铺设安装铝合金地板，如图 7.12a 所示，在车架下表面的前段、中段和后段分别铺设安装铝合金蒙皮，如图 7.12b 所示，这样，车架骨架和上下蒙皮一起构成了复合多腔结构。

由于该车架的腔型空间沿纵向平行排列，类似于竹排结构，故又称之为竹排腔梁式车架。竹排结构本身是一种优秀的轻量化结构，常见于游筏、快艇等水上交通工具。

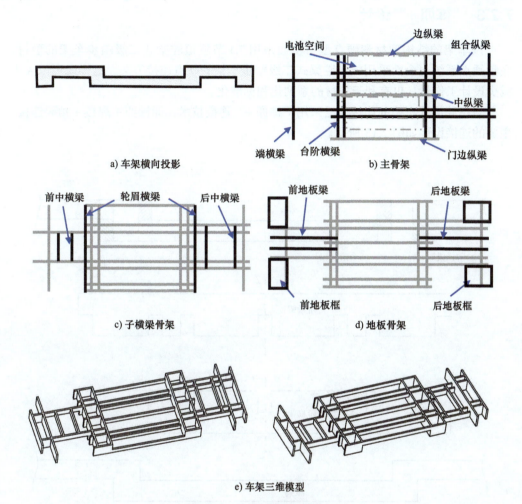

a) 车架横向投影

b) 主骨架

c) 子横梁骨架

d) 地板骨架

e) 车架三维模型

图 7.11　一级踏步骨架拓扑

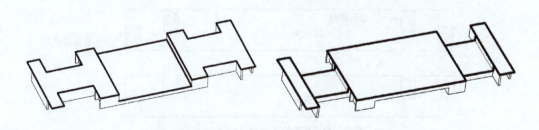

a) 上表面(地板)蒙皮

b) 下表面蒙皮

图 7.12　多腔结构拓扑

7.2.3 "榫卯+"设计

该车架的结构型材和硬点型材全面采用 7.1 节隧道腔梁式二级踏步车架的型材，底盘硬点系统也全面采用隧道腔梁式二级踏步车架的硬点连接方案，这样既可以大大减少设计工作量，也有利于型材的系列化和标准化。

竹排腔梁式车架的连接广泛采用"榫卯+"连接技术，即榫卯+焊接+角码连接。主要的连接设计如图 7.13 所示。

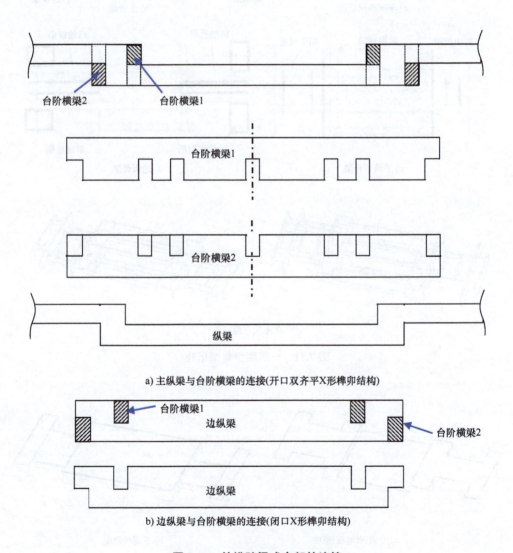

a) 主纵梁与台阶横梁的连接(开口双齐平X形榫卯结构)

b) 边纵梁与台阶横梁的连接(闭口X形榫卯结构)

图 7.13　竹排腔梁式车架的连接

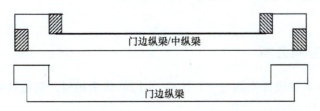

c) 门边纵梁与台阶横梁的连接(开口双对齐X形榫卯结构)

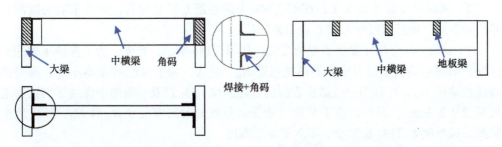

d) 主纵梁与中横梁连接(双对齐T形榫卯)　　　　　　e) 地板支架与中横梁连接(开口单对齐X形榫卯)

图 7.13　竹排腔梁式车架的连接（续）

7.2.4　竹排腔梁式一级踏步 TMBB 车架特点

竹排腔梁式一级踏步 TMBB 车架结构的设计理念和设计结果与传统钢结构车架完全不同，具有以下显著特点：

1）1 对组合大梁 + 若干纵梁提供了纵向主结构，6 条横梁提供了横向主结构，与蒙皮合成后形成竹排式腔结构，该竹排腔梁式车架兼具腔结构的优秀的力学性能和良好的轻量化性能。

2）车架结构的连接普遍采用"榫卯 + 焊接 + 角码"组合连接技术，"榫卯 +"组合连接与单一的焊接相比拥有明显的优势。

3）一级踏步车架的型材与二级踏步车架相同，既简化了开发工作量，又有利于型材及制造工艺的系列化和标准化。

4）该车架可以匹配前后板簧悬架底盘系统。

虽然通过降低中段地板高度实现了一级踏步地板设计，便于上下车辆，但是竹排腔梁式一级踏步车架的力学性能不如隧道腔梁式二级踏步车架，其原因是它的中段车架结构高度大幅减小，从而损失了车架的几何性能。另外，如果在中段地板下方布置刀片电池系统，要合理设计电池安装结构和维修结构，尽量避免影响地板蒙皮的力学性能。

7.3 二级踏步 8m 中巴 TMBB 铝合金车架

7.3.1 车架设计空间分析

二级踏步中巴车架的设计空间与 7.1 节 6m 小巴的非常相似,但是具体尺寸发生了较大变化,如图 7.14 所示。

1)车身宽了,即图 7.14b 中的 w 系列尺寸均加大了。

2)纵向尺寸显著加大了,即图 7.14b 中的轴距 l_0 明显加长,如果车辆采取前后开门的方式,前后悬尺寸 l_1 和 l_2 会明显加长。

3)高度/厚度尺寸发生了复杂变化,如图 7.14a 所示,首先,为了保持车辆的通过性,必须抬高前后段及中段的离地高度 H_{l0},其次,为了保证 h_0 基本不变,需要抬高地板高度 H_{u0},可利用一级踏步表面的合理斜度 <5% 以及一级踏步深度适当抬高地板高度(2~3cm),最后,由于车轮尺寸变大导致加大高度尺寸 H_{l1} 和 H_{l2},相应地车架前后段厚度 h_1 和 h_2 会减小,不利于车架强度。

与 7.1 节小巴一样,电池仍布置在车架中段,但是采用 3 个横向隧道空间,进一步预留前后门的一级踏步空间,最终得到中巴的设计空间,如图 7.14c 所示。

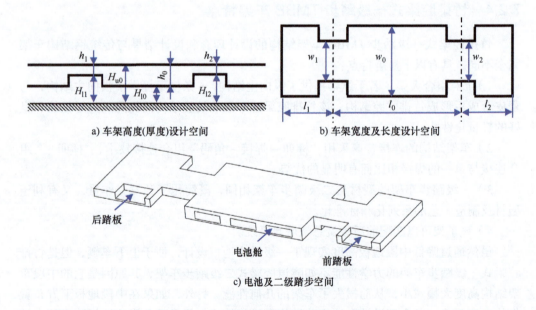

a) 车架高度(厚度)设计空间

b) 车架宽度及长度设计空间

c) 电池及二级踏步空间

图 7.14 二级踏步中巴车架设计空间分析

7.3.2　车架的腔梁拓扑设计

1.骨架拓扑设计

二级踏步中巴车架的骨架拓扑与二级踏步小巴的原理相同，但是有以下主要区别：①前后板簧系统的左右板簧距采用相同的宽度，因此只需要两条纵贯前后的平行大梁就可以适配前后板簧系统，但此时大梁的截面与小巴完全不同；②在车架中段布置 3 个横向隧道电池舱，每个舱中可储放两个标准客车电池包；③为了避免板簧载荷造成大梁扭转，将板簧布置在大梁正下方（即板簧中心与大梁中心重合），同时为了实现板簧硬点载荷分散且大面积传递到大梁，采用宽大梁以及嵌入式硬点设计；④为了避免大梁与前后板簧悬架系统干涉，需要在大梁的相应位置切除部分材料，导致大梁无法满足力学要求，因此，需要对大梁型材进行局部加强。车架主结构如图 7.15 所示。

在此基础上，分别增加上层地板支撑、下层横向加强、踏板等子结构，如图 7.15c 所示。

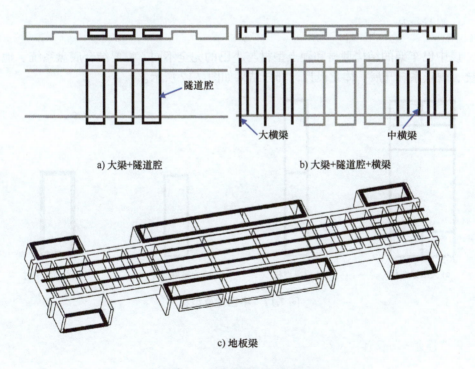

a) 大梁+隧道腔　　　　　　　　　b) 大梁+隧道腔+横梁

c) 地板梁

图 7.15　三隧道腔梁中巴骨架拓扑

2. 腔的拓扑设计

中巴腔的拓扑也与小巴类似，在车架结构的上表面全部铺设安装铝合金平地板，如图 7.16a 所示，在车架下表面的前段、中段和后段分别铺设安装铝合金蒙皮，如图 7.16b 所示，这样，车架骨架和上下蒙皮一起构成了复合多腔结构，形成三隧道腔梁车架结构。

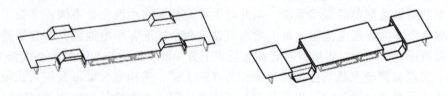

a) 上表面(地板)蒙皮   b) 下表面蒙皮

图 7.16　多腔结构拓扑

7.3.3　型材化及"榫卯 +"设计

1. 型材设计

该中巴车架的结构型材和硬点型材与小巴的完全不同，需要结合底盘系统、地板系统、硬点系统开展一体化设计，部分结果如图 7.17 所示。

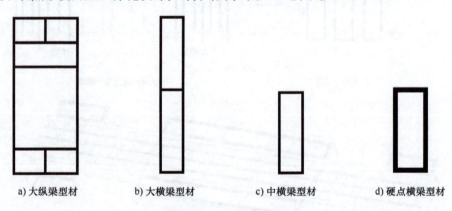

a) 大纵梁型材   b) 大横梁型材   c) 中横梁型材   d) 硬点横梁型材

图 7.17　中巴主要型材

2. "榫卯 +"设计

中巴车架大量采用"榫卯 +"连接设计。

大梁与横向隧道腔的连接采用 X 形榫卯连接 + 焊接 + 法兰边，如图 7.18 所示。

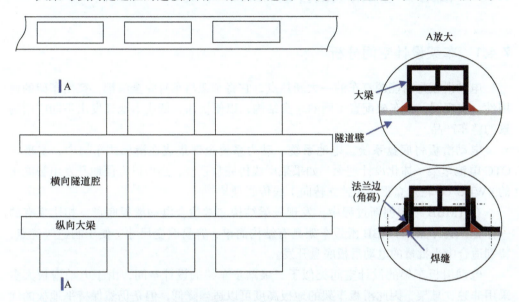

图 7.18　大梁与横向隧道腔的连接——X 形榫卯 + 焊接 + 法兰边

大梁与横梁的连接如图 7.19 所示。

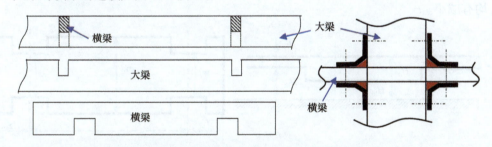

a) 开口双对齐X形榫卯结构(大纵梁与大横梁的连接+焊接+法兰边)

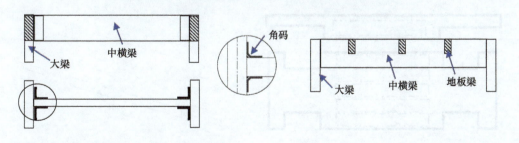

b) 双对齐T形榫卯结构(大梁与中横梁的连接)　　　　c) 开口单对齐X形榫卯结构(地板梁与横梁连接)

图 7.19　大梁与横梁的连接

7.4 一级踏步电动滑板铝合金 TMBB 车架

7.4.1 车架设计空间分析

电动滑板是新能源汽车的一大新热点，它将车架与车身完全解耦，突出车架的通用性，实现同一个车架配置不同的车身结构，以便快速、低成本地开发出不同应用场景的整车产品。

电动滑板将底盘系统、电池系统、动力系统全部集成在滑板式车架中，实现了CTC 电池车架一体化设计理念，如果采用线传底盘系统，还可以方便地开发出智能化的 4WDS（4 轮独立驱动和独立转向）线传底盘[37-40]。

在 TMBB 结构创新过程中，发现腔梁结构非常适合电动滑板底盘，相比现有的一体化压铸车架，TMBB 滑板车架具有结构简单、容易改变尺寸、便于制造等优点，特别适合中小批量的电动滑板底盘开发。

电动滑板车架的设计空间类似于二级踏步车架的设计空间，由于电动滑板大多采用非独立悬架，因此滑板车架的地板高度可以适当降低，但是仍然保持平地板的优点，同时，电池可以直接布置在滑板车架的内部空间。

图 7.20a 中除了尺寸 H_{10} 基本不变以外，其他尺寸比二级踏步车架空间中的尺寸均有减小。

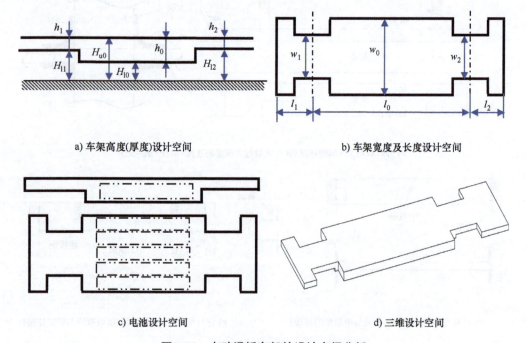

a) 车架高度(厚度)设计空间　　　　　　　　b) 车架宽度及长度设计空间

c) 电池设计空间　　　　　　　　d) 三维设计空间

图 7.20　电动滑板车架的设计空间分析

图 7.20b 中的宽度尺寸和长度尺寸随不同的车型可以方便地变化。图 7.20c 中的电池空间与二级踏步车架的电池空间差别较大，电池空间植入车架内部，形成 CTC 结构，电池模组沿车架水平面方向阵列布置，并沿垂向进行装拆。三维设计空间如图 7.20d 所示。

7.4.2　车架的腔梁拓扑设计

1. 骨架拓扑设计

该电动滑板车架的主骨架由"1 圈 2 纵 8 横"型材结构构成，如图 7.21a 所示，其中，1 圈是指周边裙梁（含边裙梁、轮眉、横裙梁），2 纵是指 2 条组合式纵向大梁，8 横是指 5 条中段横梁和 3 条端横梁。

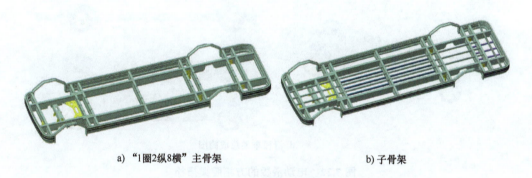

a)"1圈2纵8横"主骨架　　　　　　　　b) 子骨架

图 7.21　电动滑板骨架拓扑

在大梁的前后段布置若干中型横梁，在中段布置若干上 / 下地板支架型材，形成地板支撑骨架，如图 7.21b 所示。

2. 腔的拓扑设计

在车架结构上表面的前段和后段分别铺设安装铝合金地板，车架中段上表面铺设可拆卸的电池舱盖板，如图 7.22a 所示；在车架中段的下表面铺设安装固定的铝合金蒙皮，如图 7.22b 所示，这样，车架骨架和上下蒙皮一起构成了复合多腔结构。

由于该车架的腔型空间沿纵向和横向平行布置，类似于"方格"，又称该电动滑板车架为方格腔梁车架。方格腔梁结构类似于蜂窝结构，是一种优秀的轻量化结构，同时，在方格中可以布置电池或其他电气设备，如图 7.22c 所示。

滑板车架总成简图如图 7.22d 所示。

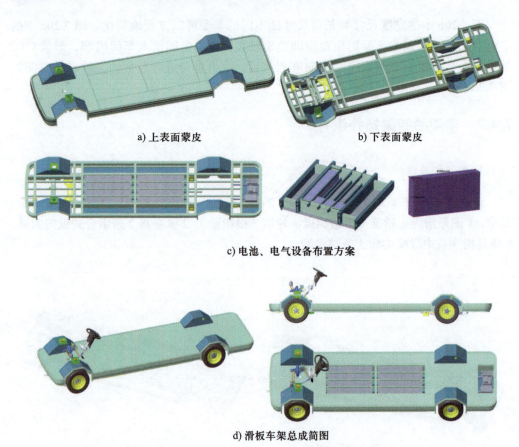

a) 上表面蒙皮　　　　　　　　　　　　b) 下表面蒙皮

c) 电池、电气设备布置方案

d) 滑板车架总成简图

图 7.22　电动滑板的方格腔梁拓扑

7.4.3　结构详细设计

1. 车架型材设计

该车架的主要结构型材和硬点型材需要全新设计，如图 7.23 所示。这些型材与前述章节的小巴和中巴不同，但是在滑板类底盘中可以通用。

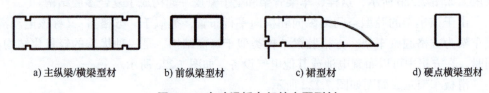

a) 主纵梁/横梁型材　　b) 前纵梁型材　　c) 裙型材　　d) 硬点横梁型材

图 7.23　电动滑板车架的主要型材

2. "榫卯 +" 设计

方格腔梁车架的连接广泛采用"榫卯 +"连接，主要的连接设计如图 7.24 所示。

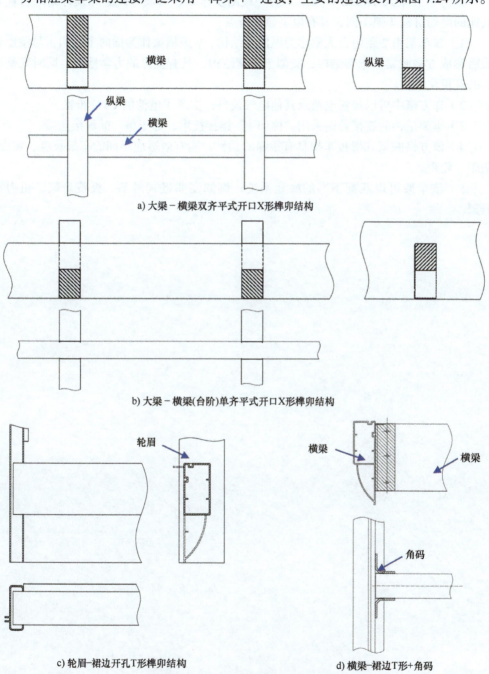

a) 大梁－横梁双齐平式开口X形榫卯结构

b) 大梁－横梁(台阶)单齐平式开口X形榫卯结构

c) 轮眉-裙边开孔T形榫卯结构

d) 横梁-裙边T形+角码

图 7.24　方格腔梁车架结构的连接

7.4.4 方格腔梁式 TMBB 车架特点

该方格腔梁式 TMBB 车架结构为一级踏步车架，其设计理念和设计结果与现有其他的电动滑板车架不同，具有以下显著特点：

1）该车架由 2 条组合大梁作为纵向主结构，9 条横梁作为横向主结构，与蒙皮合成后形成方格腔梁式车架结构，类似于蜂窝结构，具有优秀的力学性能，同时又是良好的轻量化结构。

2）在方格中可以布置电池及其他电气设备，实现了电池的 CTC 布置。

3）车架结构的连接普遍采用"榫卯 +"连接技术，好于单一的焊接连接。

4）该方格腔梁式滑板车架具有很强的柔性，能有效适应不同的车架长度、宽度、轴距、轮距。

5）该车架可以匹配不同的底盘系统，例如麦弗逊式悬架、板簧悬架、扭力杆悬架。

第8章　TMBB 铝合金车身结构

除了车架之外的其他结构都属于车身结构，但是不同类型车的车身构成、形状和几何尺寸均有很大差异。车身结构的主要作用是提供乘坐或载货空间，同时还可以参与车辆承载，但是不同类型的车身结构的载荷空间和承载能力差异很大，因此，车身结构是典型的非标系统，车身结构的设计具有个性化、多样化和复杂化等特点。

走量的商用车或小巴车型（例如考斯特、依维柯）大多采用钣金冲压车身结构，而大部分产量低的客车和商用车大多采用骨架蒙皮车身结构。铝合金最早用于制造商用车的车身结构，有代表性的铝合金车身技术和解决方案为欧洲丹尼斯客车[41-42]，但是，由于铝合金车身成本过高并且轻量化效果有限，铝合金在商用车上并未获得广泛应用。

本章采用 TMBB 结构原理和"五化"设计方法，对几类不同的车身结构开展全新设计，包括车身拓扑设计和模块结构设计两大部分。

（1）车身拓扑设计

车身拓扑设计主要解决三类问题：

1）车身空间定义：不同类型的车身有不同的用途和特点，车身空间定义的目的就是深入理解车身空间的特点及功能要求，并充分挖掘空间与结构之间的关系，尽可能将车身设计成空间腔梁结构，由第6章可知，腔梁结构是一种优秀的轻量化力学结构。

2）车身模块分解：车身模块分解的目的是梳理车身的结构构成关系，并进行合理的、逐级的模块化分解，直至获得一系列简单易造的模块。

3）模块接口定义：在进行模块分解的同时要确定模块的装配方案，即确定模块间的装配接口形式和连接方式，因此，接口设计与模块分解高度关联。

（2）模块结构设计

模块结构设计主要包括三部分内容：

1）模块结构拓扑设计：合理确定模块内部的材料布置方式、材料之间的连接方式。

2）模块结构详细设计：开展模块装配设计、型材设计、内部连接设计。

3）装配接口详细设计：对各个模块的接口结构、连接工艺和密封等开展详细设计。

上述两个层次、多个方面的设计内容互相约束、交叉影响，因此需要采用一体化设计技术，逐步深入和迭代设计。

8.1 非承载式 TMBB 铝合金厢货

8.1.1 厢货拓扑设计

1. 厢货空间定义

厢货空间是一个简单规则的六面长方体腔型空间，空间内部全部用于装载货物，为了便于货物装卸，需要一扇平开的侧门和两扇对开的后门，如图 8.1a 所示，在符合法规要求的前提下，厢货的内部空间应尽量大，以便装载更多的货物，门的尺寸也要尽量大，以便于货物进出。

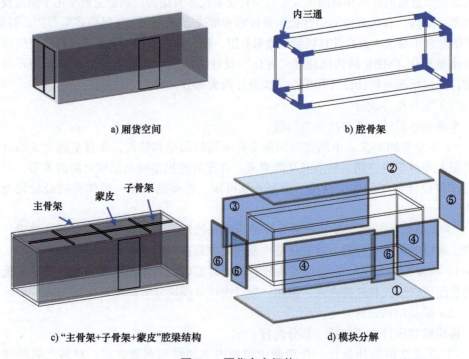

a) 厢货空间　　　　　　　　　　　　　　b) 腔骨架

c) "主骨架+子骨架+蒙皮"腔梁结构　　　　　　　d) 模块分解

图 8.1　厢货车身拓扑

2. "骨架 + 蒙皮"腔梁拓扑

六面长方体腔型空间有 12 条边和 8 个顶点，将 12 条边设计成铝合金骨架型材，并在 8 个交点处用内三通接头进行连接，可得到一个腔骨架结构，如图 8.1b 所示。由第 6 章可知，单纯的腔骨架的力学性能很差，为此，在 6 个表面上增加蒙皮，形成"骨架＋蒙皮"复合腔结构，如图 8.1c 所示，为了进一步提高该复合腔结构的性能，可在各个框内继续增加内部加强骨架，最终形成"主骨架＋子骨架＋蒙皮"的腔梁结构。由第 6 章的分析可知，该类腔梁结构的力学性能高于独立的薄壁腔和独立的腔骨架的性能叠加，但是不如等重的厚壁腔结构，不过，由于厢货尺寸大，如采用厚壁腔将显著提升厢货的重量，不利于轻量化，而"主骨架＋子骨架＋蒙皮"的腔梁结构在性能和轻量化两方面均有优势，是一种均衡优化的结构方案。

3. 厢货模块分解

为了保证厢货的结构强度，又便于制造，可将每个面内的子骨架和蒙皮组合成一个独立的框结构，为此增加一个模块外框，形成完整的"外框＋内骨架＋蒙皮"的面框模块，各个面框模块均通过 4 条边框与主骨架连接。显然，所有的面框模块可独立制造、独立装配，非常方便，同时，面框模块嵌入主骨架以后，共同形成稳固的整体厢货结构。

据此，可将厢货结构分解出 3 类面框模块：地板面框模块①；普通面框模块：顶模块②，左侧模块③，右侧模块④，前端模块⑤；门模块⑥，如图 8.1d 所示。

8.1.2　TMBB 车身结构设计

1. 主骨架结构设计

对主骨架型材、三通连接型材和面框边型材进行一体化设计。主骨架型材如图 8.2a 所示，外形尺寸为 120mm×50mm，型材壁厚均为 3mm。三通型材如图 8.2b 所示，该型材加工出的三通如图 8.2c 所示，三通分别插入 3 条主型材的内腔并通过螺栓或铆钉连接固定。主骨架与框模块的接口设计如图 8.2d 所示，地板模块的框边和主骨架之间采用 L 形接口面，其他模块与主骨架之间采用双 L 形接口面，在接口面上采用"胶＋铆"连接固定。

2. 面框模块设计

（1）模块拓扑

厢货的左侧、右侧、车顶、前端 4 个模块采用相同的几何拓扑原理，即四边形边框＋纵向骨架＋水平骨架＋外单面蒙皮，其中右侧模块被侧门分开成两个独立模块，如图 8.3a ~ c 所示。

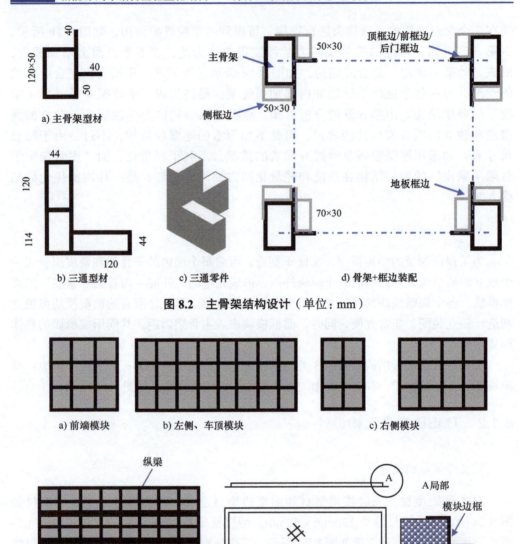

图 8.2　主骨架结构设计（单位：mm）

d) 地板模块　　　　　　　　　　e) 蜂窝一体化模块

图 8.3　模块拓扑设计

　　因为厢货的地板模块需要承担货物重量，并固定到车架上，因此它的几何拓扑和型材均有所不同，其拓扑结构是，四边形框 + 内部两条纵梁 + 横向加强骨架 + 纵向加强骨架 + 地板蒙皮，骨架密度有所增加，如图 8.3d 所示。

　　考虑到轻量化，TMBB 模块仅采用了单面蒙皮，由第 5 章可知，单面蒙皮框模块的性能远低于双面蒙皮框模块。为了获得更好的模块性能，同时有效控制重量，除地板模块之外的其他模块（包括门模块）可采用蜂窝一体化的模块结构，如图 8.3e 所示。

（2）型材及"榫卯 +"连接设计

如图 8.4 所示，各模块的边框型材和内部骨架型材的主体结构和尺寸相同，但是边框型材多一条飘边，用于配合接口面。图中型材尺寸仅供参考。

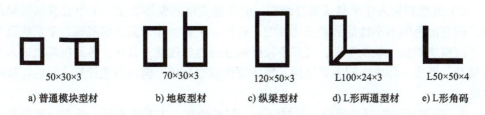

50×30×3　　　70×30×3　　　120×50×3　　　L100×24×3　　　L50×50×4

a) 普通模块型材　　b) 地板型材　　c) 纵梁型材　　d) L形两通型材　　e) L形角码

图 8.4　模块型材拓扑设计（单位：mm）

在模块外框的 4 个角位置采用 L 形两通榫卯连接，如图 8.5a 所示；模块内部的骨架之间采用开口双齐平 X 形榫卯连接，如图 8.5b 所示；骨架与边框采用开缝双齐平 T 形榫卯连接，如图 8.5c ~ e 所示；根据需要，可在 X 和 T 形连接处进一步增加角码，角码采用胶接工艺，如图 8.5f 所示；在骨架外表面通过"胶 + 铆"固定连接蒙皮。

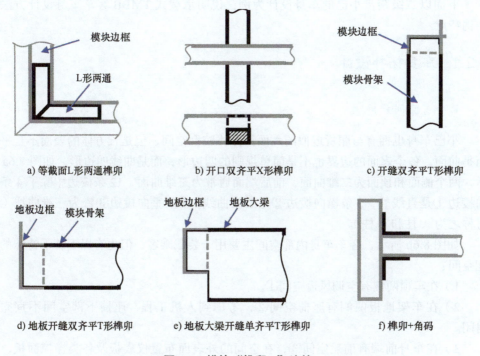

a) 等截面L形两通榫卯　　b) 开口双齐平X形榫卯　　c) 开缝双齐平T形榫卯

d) 地板开缝双齐平T形榫卯　　e) 地板大梁开缝单齐平T形榫卯　　f) 榫卯+角码

图 8.5　模块"榫卯 +"连接

8.1.3　厢货结构特点

1）该厢货通过骑马螺栓将地板模块的纵梁与车架大梁对齐装配，由于装配点少，厢货对车架承载几乎没有帮助，因此是非承载车身。

2）虽然厢货为非承载式车身结构，但是厢货结构整体上是一个组合空间腔梁结构，拥有出色的力学性能和轻量化性能。首先，主骨架作为独立的基础力学系统既为各个面模块提供了装配基础，又具备较好的基础力学性能；其次，各面框模块嵌入主骨架后，形成一体式空间腔梁结构，整体结构形态合理，模块与主骨架之间的连接刚度高。

3）该厢货结构原理简单、型材统一、制造性好、工艺成本低。首先，厢货的主骨架和三通接头都实现了型材化设计；其次，所有的面框模块结构的型材统一，各个面框模块的制造和装配工艺完全相同。

4）该组合腔梁结构体系不局限于铝合金材料，主骨架可采用钢结构，面框模块可采用蜂窝框模块，其性能和轻量化水平同样非常出色。

8.2　承载式 TMBB 铝合金客车车身

下面以二级踏步小巴的车身设计为例，说明承载式 TMBB 客车车身设计方法及结构特点。

8.2.1　车身拓扑设计

1. 车身空间分析

小巴车身也拥有与厢货近似的六面长方体腔型空间，但是长方体的表面不是平面而是曲面，各个表面的边界也不是简单规则的四边形，而是曲线四边形，如图 8.6a 所示，两个侧面和顶面为二维曲面，前后端面通常为三维曲面，12 条棱边中除了 4 条纵向棱边①是直线外，2 条横向棱边②是二维曲线，4 条垂向棱边③皆为三维曲线（也可称之为 A 柱和 C 柱）。

如图 8.6b 所示，客车车身内部空间主要用于装载乘客，但也有以下若干特殊的功能空间：

1）在车顶两侧有空调风道空间①。

2）在车架地板两侧有座椅空间②，考虑到人机工程，座椅下部空间不宜完全封闭。

3）在车身前端有前舱空间③，在空间的外表面布置仪表板及各类操控面板，在空间内部布置方向管柱系统、制动系统，以及各类电气盒和线束等。

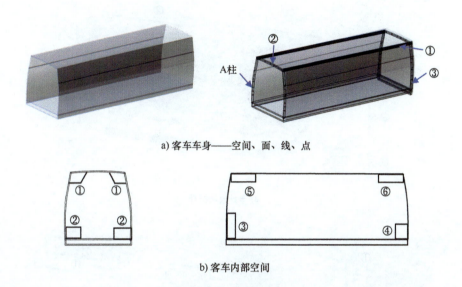

a) 客车车身——空间、面、线、点

b) 客车内部空间

图 8.6　车身空间分析

4）在车身后端有后舱空间④，在该空间的上表面可布置后排座椅，内部可布置各类系统。当系统较多时，后舱空间的高度及体积可以加大，但此时不宜布置座椅。

5）在车身前后端的顶部有顶舱空间⑤、⑥，内部可安装空调、显示屏、扬声器等，大小取决于内部布置系统的多少。

车身结构设计时要高度重视这些内部功能空间，并尽量发掘其潜在的结构功能。

2. 车身模块拓扑

由于该车身空间的棱边大多为曲线，故难于构造准确的主骨架结构，因此，直接按车身曲面的自然状态对车身进行模块分解，得到以下车身结构模块：车架模块①，车顶模块②，左侧模块③，右侧模块④，前脸模块⑤，后脸模块⑥，如图 8.7a 所示。

其中，车架模块采用第 7 章的隧道腔梁式二级踏步车架，它是一个复杂的腔梁结构，侧片模块和车顶模块采用面框腔梁结构，但是面框的整体形态为二维曲面框，侧片模块的前后框边（即 A 柱、C 柱）为三维曲线。

对前 / 后脸模块⑤和⑥进一步分解。以前脸模块为例，该模块可分解为前舱结构⑤ -1，顶舱结构⑤ -2，下脸覆盖件⑤ -3，上顶覆盖件⑤ -4，前风窗玻璃⑤ -5。

前舱、后舱和顶舱子模块均为三维空间结构，可采用"框化"原理进一步分解为简单的面框结构，如图 8.7b ~ d 所示。

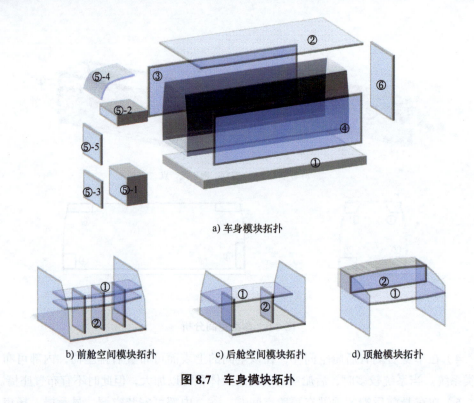

a) 车身模块拓扑

b) 前舱空间模块拓扑　　　c) 后舱空间模块拓扑　　　d) 顶舱模块拓扑

图 8.7　车身模块拓扑

3. 车身模块接口拓扑

　　此阶段的模块接口拓扑设计的任务是明确模块间的接口位置和接口类型，暂时不涉及具体的接口结构的详细设计。主要模块之间的接口拓扑设计如图 8.8 所示。

　　1）侧片与车架的接口：侧片通过两根接口梁与车架上的连接边或面进行装配连接，配合部位分布于车架的整个侧面范围，接口类型采用 L 形、I 形接口，如图 8.8a 所示。

　　2）车顶与侧片的接口：将车顶的边框装配到侧片的顶部边框上，采用 L 形或 U 形接口，L 形接口便于安装，但是力学约束能力较差，U 形结构正好相反，如图 8.8b 所示。

　　3）前 / 后舱接口：与车架的接口为垂直框模块②的底边，与侧片的接口为水平框模块①的两端框侧边，与前 / 后脸覆盖件的接口为水平框模块①的弧线边。所有接口优先采用 L 形接口结构，如图 8.8c 所示。

　　4）前 / 后顶舱接口：与车顶的接口为垂直框②的顶弧形边，与前顶覆盖件的接口为水平模块①的前弧形边，与侧片模块的接口为水平模块①的框侧边，优先采用 L 形接口结构，如图 8.8d 所示。

　　5）前 / 后脸覆盖件接口：所有覆盖件的边界均为接口边，优先采用 L 形接口结构。

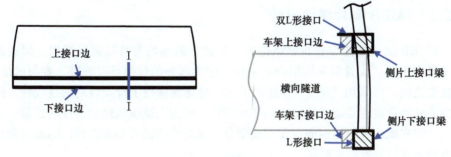

a) 侧片与车架接口

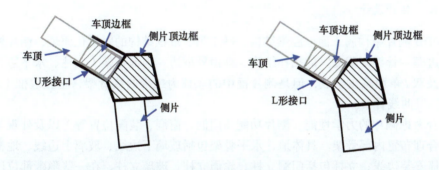

b) 侧片与车顶接口

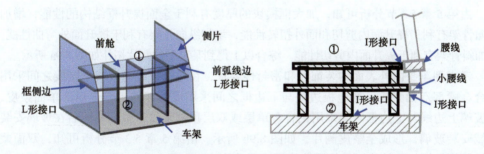

c) 前/后舱与车架、侧片、前/后脸覆盖件接口

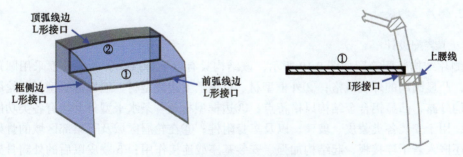

d) 顶舱与侧片、车顶接口

图 8.8　车身模块之间的接口拓扑设计

8.2.2 TMBB 侧片模块设计

TMBB 侧片结构与普通钢结构客车的侧片虽然均为骨架蒙皮结构，但还是有以下明显的不同：①骨架采用铝合金型材；②大部分的骨架可以外露，参与风格造型；③骨架之间广泛采用"榫卯 +"连接工艺，这样既保持了骨架材料的连续性，还大大减少了骨架数量；④通过型材的一体化设计，可大大减少辅助结构件的数量；⑤所有的内外蒙皮既是模块结构的重要组成部分，又是重要的外观装饰件，因此对蒙皮的表面效果和收口质量要求很高。

1. 侧片拓扑设计

TMBB 侧片结构属于面框腔梁结构，基于第 5 章框结构的轻量化原理，侧片模块采用"边框 + 骨架 + 蒙皮"的拓扑结构，即由外框边、内部骨架（立柱、水平边、斜边）以及双 / 单面蒙皮组成，但是侧片框中的立柱为二维曲线骨架，垂直边框（A/C柱）为三维曲线骨架。

综合考虑侧片的力学性能、侧片功能（门洞、窗洞、装配位置等）以及外观等诸多因素合理布置内部骨架。具体地，水平骨架包括玻璃下边线、玻璃上边线、地板边线、座椅安装边线；立柱包括门洞立柱、轮眉立柱、玻璃立柱，在一些隐蔽部位还可以布置斜边骨架。

由第 5 章 5.3 节分析可知，加大框模块的厚度有利于全面提升框结构的性能，增加横向骨架有利于提升面内剪切和面外扭转性能，增加纵向骨架有利于提升面外弯曲性能，增加斜骨架有利于提升面内剪切性能。综合以上得到某车型的侧片拓扑如图 8.9a 所示。

考虑到车身内外表面的装饰性和密封性要求，在地板边线与玻璃下腰线之间采用铝合金腰部双面蒙皮，在地板边线与下边框之间采用可拆卸的铝合金裙部单面蒙皮，在玻璃上边线与上边框之间采用铝合金单层或双层顶部蒙皮，整车装配后在玻璃安装区域安装玻璃，形成全蒙皮侧片，如图 8.9b 所示。由第 5 章 5.3 节分析可知，双面蒙皮是最好的框加强结构，且轻量化表现也最为突出。

2. 侧片结构设计

（1）装配设计

侧片结构装配简图如图 8.10 所示，该结构具有以下特点：①4 条外框采用圆角过渡，凸显圆润的外观风格；②外框型材、玻璃上下边线型材、地板边线型材、轮眉型材均外露，凸显铝合金结构风格特点；③边框型材及各条水平型材上均有各类功能翻边，用于安装各类蒙皮、玻璃，以及车身附件；④在轮眉区域及下裙部区域的骨架之间还嵌入若干连接板，起结构加强、安装基座或连接作用；⑤蒙皮以后的外露骨架均不需要覆盖件，既降低了成本，又实现了减重。

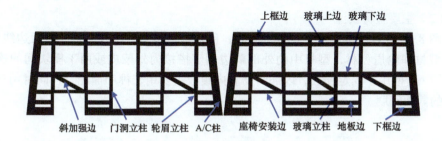

a) 左、右侧片骨架

b) 左、右侧片蒙皮

图 8.9　TMBB 侧片框常规结构拓扑

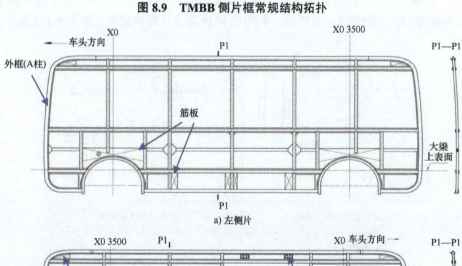

a) 左侧片

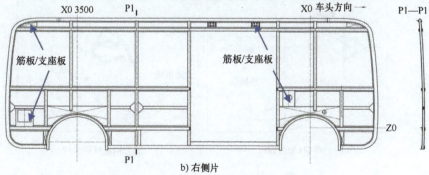

b) 右侧片

图 8.10　某车型左右侧片结构装配简图

（2）主要型材设计

图 8.11 为侧片模块的主要型材截面，包括边框型材、腰线型材、地板边线型材、立柱型材和轮眉型材，型材中的外部飘边用于搭接内外蒙皮或用于模块间的连接接口，凹／凸槽用于固定筋板，内部凸筋和内腹板主要用于榫卯面配合，同时用于加强型材的截面刚度。

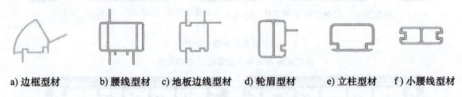

a) 边框型材   b) 腰线型材   c) 地板边线型材   d) 轮眉型材   e) 立柱型材   f) 小腰线型材

图 8.11   侧片模块主要型材截面

（3）"榫卯 +"连接设计

侧片骨架型材的连接采用多种"榫卯 +"连接结构，主要的榫卯结构类型包括：X 形穿插榫卯结构、T 形榫卯结构和 T 形榫边结构、I 形两通榫卯结构，如图 8.12a~d 所示；"榫卯 +"的主要方式包括：在相贯线处加焊接固定，进一步焊接三角片或矩形片加强榫卯结构，如图 8.12e 所示，采用 U 形榫套消除榫卯间隙，如图 8.12f 所示。

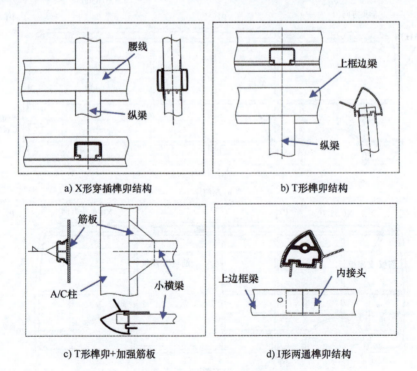

a) X形穿插榫卯结构   b) T形榫卯结构

c) T形榫卯+加强筋板   d) I形两通榫卯结构

图 8.12   "榫卯 +"连接结构

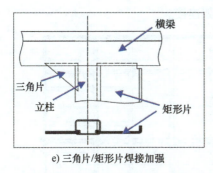
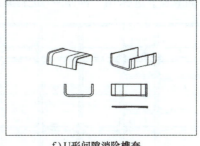

e) 三角片/矩形片焊接加强　　　　f) U 形间隙消除榫套

图 8.12　"榫卯 +"连接结构（续）

8.2.3　TMBB 车顶结构设计

1. 车顶拓扑设计

TMBB 车顶结构模块是一个二维曲面腔梁模块：由外框边、内部纵向骨架、内部横向骨架以及双面蒙皮组成，其中横向边框和横向骨架均为二维拱形曲线，骨架之间采用"榫卯 +"连接，在蒙皮之间的空腔内填充发泡，既可以隔热，又可以起到加强结构的作用。

综合考虑车顶的力学性能、车顶功能（空调安装、逃生窗等）等诸多因素，获得车顶结构拓扑，如图 8.13 所示。参见第 5 章图 5.5 "面外弯曲刚度的轻量化效益系数"和图 5.6 "面外扭转刚度的轻量化效益系数"，在框的外形尺寸确定的情况下，加大车顶模块的厚度对模块的面外扭转和面外弯曲性能提升效果最好，且轻量化效果最好，因此，车顶模块设计时应尽量加厚车顶。

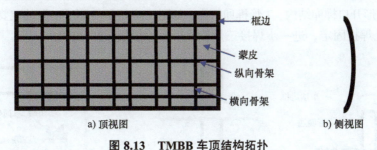

a) 顶视图　　　　　　　　　　　　　b) 侧视图

图 8.13　TMBB 车顶结构拓扑

2. 车顶结构设计

（1）装配设计

图 8.14 是某中巴的 TMBB 车顶结构装配简图。该车顶结构具有以下特点：①直角四边形框结构；②骨架 + 双面蒙皮加强框结构；③框内纵向、横向型材与边框型材等高，

以利于双面蒙皮；④采用"榫卯+"进行骨架连接。

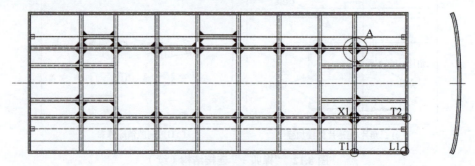

图 8.14　某车顶结构装配简图

（2）主要型材设计

车顶结构型材主要包括：纵向边框型材、横向边框型材、纵向骨架型材和横向骨架型材，如图 8.15 所示。型材截面均为矩形，外飘边用于搭接内外蒙皮，凹/凸槽用于固定筋板，内腹板主要用于榫卯面配合，同时用于加强型材的截面刚度。

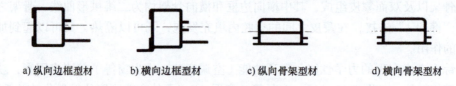

a) 纵向边框型材　　b) 横向边框型材　　c) 纵向骨架型材　　d) 横向骨架型材

图 8.15　车顶主要型材截面

（3）"榫卯+"连接设计

车顶骨架型材的连接采用多种"榫卯+"连接结构，榫卯类型包括：L形两通榫卯结构，X形开口榫卯结构、T形榫卯结构，如图 8.16 所示。"榫卯+"的主要方式包括：在相贯线处焊接固定，进一步焊接三角片或矩形片加强榫卯结构。

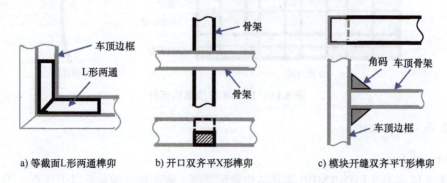

a) 等截面L形两通榫卯　　b) 开口双齐平X形榫卯　　c) 模块开缝双齐平T形榫卯

图 8.16　车顶"榫卯+"连接结构

8.2.4　TMBB 前舱结构设计

1. 前舱拓扑设计

TMBB 前舱是一个三维空间结构，为了便于制造，将其分解为 2 个水平桌面框和 3 个垂直框，如图 8.17a 所示。进一步根据各个框的结构功能和框之间的连接方式，对每个框进行拓扑设计，如图 8.17b、c 所示。

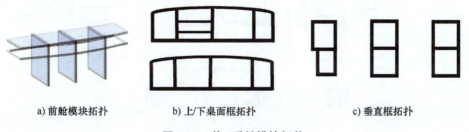

a) 前舱模块拓扑　　　　b) 上/下桌面框拓扑　　　　c) 垂直框拓扑

图 8.17　前 / 后舱模块拓扑

2. 前舱结构设计

（1）主要型材设计

前舱型材主要包括：桌面框型材、立腿框型材，如图 8.18 所示。

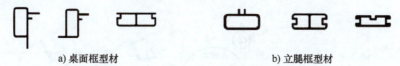

a) 桌面框型材　　　　　　　　　　b) 立腿框型材

图 8.18　前舱主要型材截面

（2）"榫卯 +" 连接设计

前舱结构的连接设计包括：框模块之间的连接，框内型材的连接。采用了多种"榫卯 +" 连接结构，榫卯类型包括：X 形开口榫卯结构、T 形榫卯结构、L 形两通榫卯结构，如图 8.19 所示。

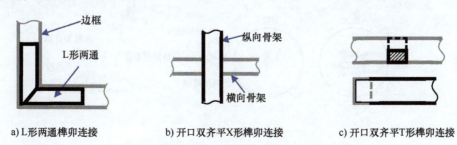

a)L形两通榫卯连接　　　b) 开口双齐平X形榫卯连接　　　c) 开口双齐平T形榫卯连接

图 8.19　前舱 "榫卯 +" 连接结构

8.2.5 模块装配设计

在 8.2.1 节的车身结构拓扑中确定了模块之间的接口位置及接口类型，在此进行接口的结构设计。部分典型接口位置如图 8.20a 所示，各位置的接口结构如图 8.20b 所示。

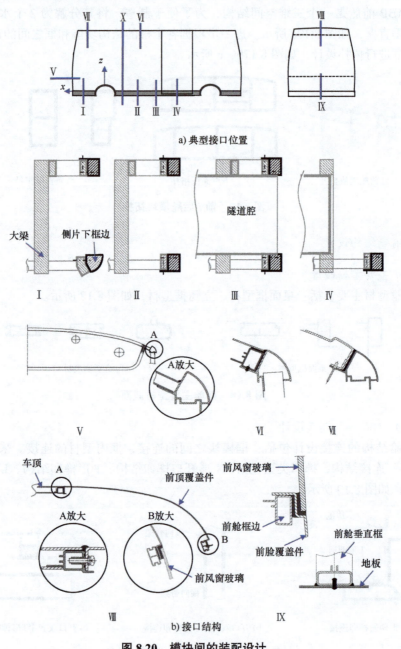

a) 典型接口位置

b) 接口结构

图 8.20　模块间的装配设计

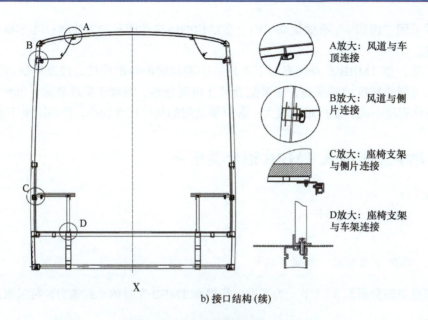

A放大：风道与车
顶连接

B放大：风道与侧
片连接

C放大：座椅支架
与侧片连接

D放大：座椅支架
与车架连接

b) 接口结构(续)

图 8.20　模块间的装配设计（续）

位置Ⅰ：前后悬裙部的车架与侧片连接部位。

位置Ⅱ：中段裙部电池腔段的车架与侧片连接部位。

位置Ⅲ：中段裙部无电池腔段的车架与侧片连接部位。

位置Ⅳ：中段裙部一级踏步段的车架与侧片连接部位。

位置Ⅴ：A/B 柱与前 / 后舱的连接部位。

位置Ⅵ：车顶与侧片的连接部位。

位置Ⅶ：前脸顶部与侧片的连接部位。

位置Ⅷ：车顶与前 / 后脸的连接部位。

位置Ⅸ：前舱与地板的连接部位。

位置Ⅹ：风道、座椅与侧片和车顶的连接部位。

8.2.6　承载式 TMBB 客车车身结构特点

全面采用"五化"技术对车身结构进行设计，主要包括：①采用"腔化"技术将整车设计成多尺度的空间腔梁结构；②采用"框化"技术开展模块化分解，直至最简单的面框模块，进一步以框结构原理为基础设计各个框模块结构；③采用"型材化""榫卯化"技术开展各个模块的结构设计、型材设计和连接设计；④采用"一体化"技术综合协调车身、模块、型材、接口的设计。

基于此设计的 TMBB 车身具有以下优点：①模块化程度较高；②车身整体为空间腔梁结构、模块为平面腔梁结构，有效提升了车身的整体力学性能和模块的力学性能；③采用"榫卯+"有效提高了铝合金结构的连接性能和制造效率；④车身直接参与承载。

但是，该 TMBB 车身仍有以下不足：①模块间的装配连接，以及模块内部的榫卯连接对制造精度的要求高，如果配合尺寸出现超差，将难于实现装配；②前/后脸的模块化程度不高，装配难度较大；③模块之间的接口尺寸较小，接口刚度不足。

8.3 增强型承载式 TMBB 铝合金车身

8.3.1 车身拓扑设计

1."车架+主骨架+模块"拓扑

车身空间分析同 8.2.1 节。为了进一步提高 TMBB 车身的承载能力，可采取以下两类措施：

1）增加车身各个模块的刚度。按第 5 章的框结构原理，通过增加面框的厚度、采用双面蒙皮、内部加强骨架等措施可有效提高框模块的力学性能。

2）增加模块之间的连接刚度。连接刚度与接口形式、接口尺寸密切相关，通过采用更合理的接口形式、加大接口覆盖范围和接口结构的尺寸，均可有效提升模块间的连接刚度。

8.1 节的厢货结构车身拓扑在上述两方面均有较好的表现，结合 8.2 节车身结构的特点，将两者进行综合，即将其中的地板模块用 TMBB 车架模块替代，各个面模块按车身形状定义，如图 8.21 所示。该车身的主骨架由车架、4 条 A/C 柱、2 条顶纵梁和 2 条顶横梁组成，其中，A/C 柱和顶横梁组成前/后脸主骨架框，如图 8.21a 所示，顶纵梁与 A/C 柱通过 T 形"榫卯+"连接，A/C 柱的底端通过三通接头连接到车架上，如图 8.21b 所示。

结合该车身主骨架拓扑，可进行车身模块的拓扑分解，如图 8.21c 所示。该车身模块包括：二维曲面车顶模块②，二维曲面左、右侧片模块③和④，前脸模块⑤，后脸模块⑥，所有车身模块均可独立制造，并装配到主骨架上。

2.车身接口设计

1）前/后脸框和侧片的底边框均为车架上的结构，已事先装配在车架上。

2）前/后脸框的侧边通过下三通固定到车架上，顶部纵梁通过上 T 形接头连接到前/后脸框上，如图 8.22a 所示。

3）侧片模块、车顶模块、前/后脸内部模块与主骨架的连接接口均采用 Z 形接口进行连接，如图 8.22b ~ d 所示。

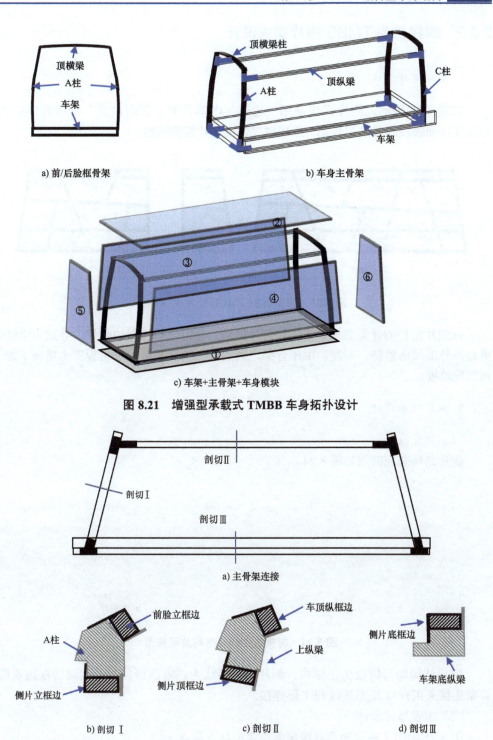

a) 前/后脸框骨架

b) 车身主骨架

c) 车架+主骨架+车身模块

图 8.21　增强型承载式 TMBB 车身拓扑设计

a) 主骨架连接

b) 剖切 Ⅰ

c) 剖切 Ⅱ

d) 剖切Ⅲ

图 8.22　模块与主骨架的接口

8.3.2 树杈仿生 TMBB 侧片模块设计

1. 侧片拓扑设计

如图 8.23 所示，侧片模块采用"边框 + 内部骨架 + 双面蒙皮"的组合框结构，并将立柱和腰线改成倾斜骨架，形成树杈仿生侧片腔梁结构。

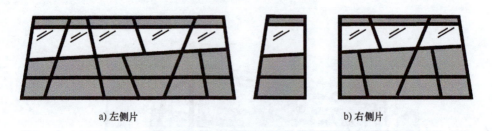

a) 左侧片　　　　　　　　　　　　　　　　b) 右侧片

图 8.23　树杈仿生 TMBB 侧片模块拓扑

该侧片拓扑的骨架数量少于常规侧片模块，且由于采用斜边骨架，导致力学性能更好，外形风格独特，不过，由于骨架之间成倾斜相交关系，一定程度上增加了加工和装配难度。

2. 侧片结构设计

（1）装配设计

侧片结构装配简图如图 8.24 所示。

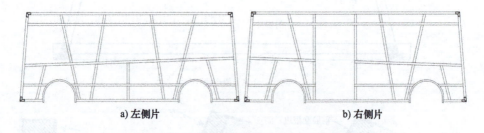

a) 左侧片　　　　　　　　　　　　　　　　b) 右侧片

图 8.24　树杈仿生侧片结构装配简图

侧片结构均为树杈仿生结构，侧片整体形状为二维曲面，侧片四周的框边规则，骨架连接采用开口 X 形连接和 T 形连接。

（2）主要型材设计

图 8.25 给出了主骨架及各模块的主要型材方案。

a) 主骨架型材　　b) 下纵梁型材　　c) 框边型材　　d) 腰线型材　　e) 骨架型材　　　f) 两通型材

图 8.25　树杈仿生侧片主要型材截面

（3）主要"榫卯 +"连接设计

主要连接如图 8.26 所示。

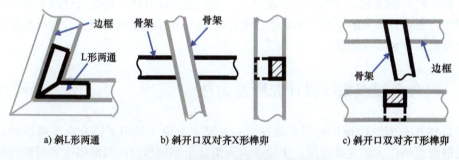

a) 斜L形两通　　　　　　　b) 斜开口双对齐X形榫卯　　　　c) 斜开口双对齐T形榫卯

图 8.26　树杈仿生侧片结构主要连接

8.3.3　增强型 TMBB 客车车身结构特点

该增强型 TMBB 车身结构具有以下显著优点：

1. 力学性能更好

1）继承了厢货结构拓扑的优点，即通过引入主骨架增加了主骨架的基础性能，并明显提高了各个模块之间的连接刚度，同时，各个模块继承了 TMBB 面框腔梁结构的良好性能，因此结构的整体力学性能更好。

2）前 / 后脸主骨架框为独立的平面框，增加了车身横向剪切刚度。

3）树杈仿生侧片模块的性能显著提升。

2. 更便于制造

1）A/C 柱、左右侧片模块的边界均由三维曲线变成平面二维曲线，更便于制造。

2）前 / 后脸模块完整，便于模块化制造。

3）侧片模块和车顶模块均为二维曲面模块，且边界更为规则，便于制造。

第 9 章　TMBB 铝合金硬点系统

由于材料的变化，导致铝合金硬点设计无论是设计方法、还是设计结果都与传统的钢结构硬点有很大的差别。本章结合铝合金 TMBB 车辆结构特点，针对典型的底盘系统开展铝合金硬点创新。

9.1　铝合金硬点系统设计原则及方法

TMBB 车辆结构设计的四大难点之一是硬点，由于采用了铝合金车身结构，常规的钢硬点结构无法直接使用，主要是因为铝合金车架型材的局部强度和局部刚度较差，无法匹配钢硬点载荷，另外，钢 – 铝异种材料直接接触容易引发电化学反应，影响车架结构及硬点寿命。

硬点结构（或称硬点系统、硬点支座）不仅与底盘系统有关，而且与车架结构也密切相关，因为硬点是底盘和车架之间的连接结构，正是通过硬点将底盘系统装配到车辆结构上，并通过硬点传递车辆结构与底盘系统相互之间的作用力。

商用车的底盘系统非常成熟，常用的悬架系统有：板簧悬架、扭力杆悬架、麦弗逊式悬架、气弹悬架，转向系统有：摆臂式转向、齿轮齿条式转向、循环球式转向。另一方面，不同的车型可以采用不同的 TMBB 车架，而不同的 TMBB 车架结构差异很大，即使相同类型的底盘系统，如果装配在不同的车架上，所对应的硬点系统也往往不同，因此，底盘和车架之间的组合很多，导致硬点系统的结构类型多样、差异很大、难于形成标准化设计。因此，本章以典型底盘系统为例，结合典型 TMBB 车架结构，介绍若干常用车型的铝合金硬点系统。

由于底盘系统的载荷大、载荷复杂且多变，因此硬点支座的载荷也具有受力大且变化大、受力点集中等特点，在设计铝合金硬点结构时，要对底盘、硬点和车架进行一体化设计。由于硬点支座及车架均为铝合金材料，因此，提出以下铝合金硬点结构设计原则：

1）各个硬点系统中与底盘相关的功能结构的强度和刚度与钢结构支座相当或更高，但是功能结构的原理可以不同，甚至必须改变，否则难于达到该目的。例如耳片，一般情况下不能简单地增加铝合金耳片的厚度，而需要改变耳片结构的拓扑以弥补铝合金材料的劣势。

2）支座与底盘系统之间的运动副仍然需要采用钢材（例如钢套与轴），并满足底盘系统的设计标准。

3）硬点载荷尽量直接传递给大梁型材，并保证大梁处于纯弯剪工作状态，避免大梁扭曲。

4）避免支座与车架结构之间单点集中受力，应该设计多条传力路径并尽量分散传力路径。

5）增加支座与车架的接触面积，降低支座与车架之间的局部接触应力，支座在车架上的连接固定可采用多种连接及其组合，例如粘接、铆接、螺接，但是少用或慎用焊接。

6）不采用铝合金铸造硬点，可采用铝合金锻造硬点，优先采用由铝合金挤压型材加工的硬点，简称型材化硬点。

"五化"设计理念和技术在铝合金硬点设计中发挥了重要作用。首先，需要对硬点开展一体化设计，包括两个层次：①将车架结构、硬点结构和底盘系统作为整体进行分析，确保三者互不冲突，有效实现各自功能；②尽量增加硬点结构与车架结构的融合程度，以便于将硬点承受的载荷全面分散传递到车架结构上。其次，对硬点开展型材化和腔化设计，即硬点的基础结构可实现挤压成型，同时，硬点的主体结构尽量设计成封闭腔。最后，硬点与车架之间尽量采用"榫卯 +"的装配结构。

9.2　板簧悬架铝合金硬点系统

板簧悬架因其承载能力强、系统成熟可靠、使用寿命长和成本低，在物流车、面包车、小巴、中巴等商用车上获得广泛应用。

钢车架上的板簧悬架硬点为锻造的钢支座，通过热铆工艺装配在钢大梁的侧面，这种支座的结构和装配方式均不适用于 TMBB 车架。根据 TMBB 车架大梁的宽窄不同，以下设计包裹式和嵌入式两类铝合金板簧硬点。

9.2.1　包裹式板簧硬点系统

小巴及以下尺寸车型的 TMBB 车架中采用了宽度较窄的 I 形多腔大梁型材，这类截面的垂向弯曲惯性矩很大，但是扭转惯性矩不足，因此，宜将板簧布置在大梁的正下方，以避免大梁承受扭转载荷，但是，这将导致板簧与大梁之间在高度空间上形成部分重叠，为了避免几何干涉，传统钢大梁可采用向上弯曲以增加板簧上部空间的办法来实现避让干涉，但是铝合金型材大梁的截面高度尺寸大，很难向上弯曲，为此在悬架段需要切除大梁的部分下层空间材料以实现避让干涉，但是这样会严重削弱大梁悬架段的力学性能。

为此，需要对大梁、硬点和板簧悬架进行一体化设计，在确保悬架工作空间的同时，保证大梁悬架段的断面仍保留足够的高度。

　　图 9.1a 是板簧前硬点支座的型材，该型材由四部分几何结构特征构成：中心腔、腔壁上的厚台阶、上 U 形结构和下 U 形结构，在此型材基础上进行简单机械加工，再

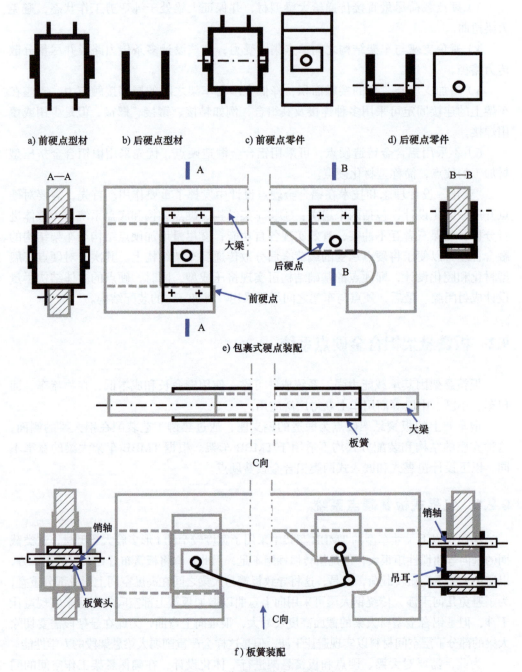

a) 前硬点型材　　　b) 后硬点型材　　　c) 前硬点零件　　　d) 后硬点零件

e) 包裹式硬点装配

f) 板簧装配

图 9.1　包裹式板簧硬点系统

在支座孔中压入钢衬套，即可获得板簧前硬点支座零件，如图 9.1c 所示，将该支座零件通过上下 U 形面"包裹"到大梁结构上，并采用"胶＋螺栓"进行固定，即形成一体化的板簧前硬点，如图 9.1e 的 A—A 剖面所示，图中可见在大梁上切除了部分材料以供硬点装配。该硬点支座与车架有上下两条分散的传力路径，同时，通过加大支座型材的长度可以增加支座与大梁的接触面积，该硬点中部为封闭腔形，保证了左右侧壁的刚度。

图 9.1b 是板簧后硬点支座的型材，该型材为一简单的 U 形开口厚壁型材，在此型材基础上做简单的机械加工即可获得板簧后硬点支座结构，如图 9.1d 所示，将该零件的 U 形面"包裹"到大梁结构上，并采用"胶＋螺栓"进行固定，再压入长的钢套，即形成一体化的板簧后硬点，如图 9.1e 的 B—B 剖面所示，该后硬点支座的壁厚、U 形面高度、长度均较大，实现了硬点与大梁的大面积接触和小接触应力，同时，该支座包裹在大梁上，装配后成了封闭结构，保证了左右侧壁的刚度。

图 9.1f 为板簧悬架装配简图，前板簧头通过销轴装配到前硬点销孔中，后吊耳通过销轴装配到后硬点销孔中。板簧位于大梁正下方，为了避免大梁与板簧干涉，在板簧上方的大梁上切除了部分材料，但是切除后的剩余截面仍然是封闭腔。

9.2.2　嵌入式板簧硬点系统

中巴车型的 TMBB 车架中采用了宽的 I 形多腔大梁型材，壁厚也比小巴大梁型材厚，但是，总体上，型材的局部强度和刚度还是无法承受集中硬点力。根据铝合金硬点系统设计原则，同样将板簧系统布置在大梁的正下方，以避免大梁承受扭转载荷，但是，这种布置同样会造成板簧与大梁之间的几何干涉，为此，同样在大梁的板簧段切除了部分材料以实现避让干涉，但是切除后的剩余截面仍然是封闭腔，为了弥补切除材料后所带来的结构损失，可在大梁上表面补充局部加强结构。

图 9.2a 是大梁型材，图 9.2b 是板簧硬点型材，板簧硬点型材的外宽度 w 与大梁型材的内宽度 W 相等。图 9.2c 和 d 是嵌入式前硬点及后硬点零件，均采用相同的型材、按不同的要求进行加工。图 9.2e 是硬点装配简图，硬点结构均嵌入大梁内腔中，被大梁型材包裹，为了创造良好的板簧装配空间和工作空间，硬点型材以倾斜姿态嵌入大梁型材，并分别在倾斜面和侧面开出避让缺口，在侧面厚壁上加工销孔。嵌入的硬点以胶接、铆接、螺接工艺进行固定，这样硬点受力通过所有配合表面传递给大梁，实现多路径、全方位分散传力。

图 9.2f 是板簧装配简图，其中板簧头通过销轴装配到前硬点销轴孔中，参见图中 A—A 剖面，吊耳通过销轴装配到后硬点销轴孔中，参见图中 B—B 剖面。由于大梁型材宽度比板簧宽，装配后的板簧"隐藏"在大梁中，可以有效减少板簧与周边结构的横向干涉。

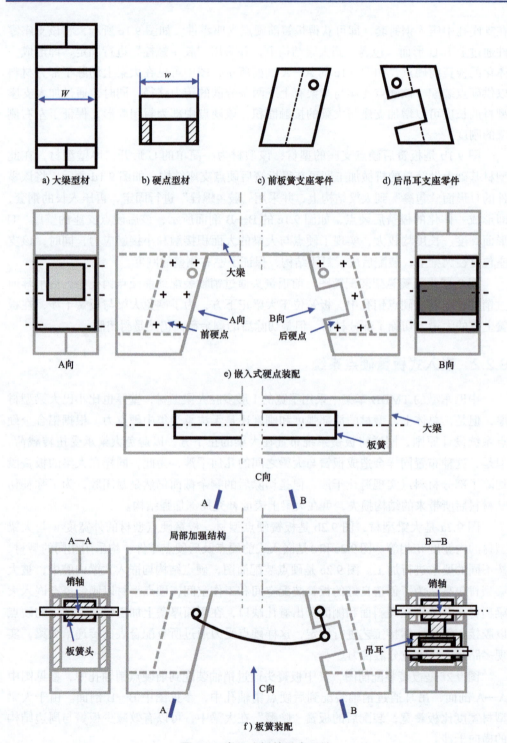

a) 大梁型材 b) 硬点型材 c) 前板簧支座零件 d) 后吊耳支座零件

e) 嵌入式硬点装配

f) 板簧装配

图 9.2　嵌入式板簧硬点系统

　　无论是包裹式板簧硬点系统，还是嵌入式板簧硬点系统，与传统的钢板簧硬点系统完全不同，它们具有以下特点：

　　1）全部实现了型材化，且型材的通用性强，包裹式板簧硬点的前后板簧采用相同的两套型材，嵌入式板簧系统全部采用一套型材。

　　2）全面实现了结构一体化：通过"包裹"或"嵌入"设计，实现了硬点结构与车架大梁的高度融合，从而实现了多路径、大面积、分散传力，大大改善了铝合金硬点和车架的受力状态。

　　3）所有受力的结构均为封闭结构，保持了更高的结构刚度和更好的疲劳强度。

9.3　避震铝合金硬点系统

　　如图 9.3 所示，该硬点系统由内支座筒和外支座组成，其中内支座筒固定在轮眉内侧面和轮眉顶下表面，外支座固定在大梁表面和轮眉外侧面，如图 9.3d 所示。

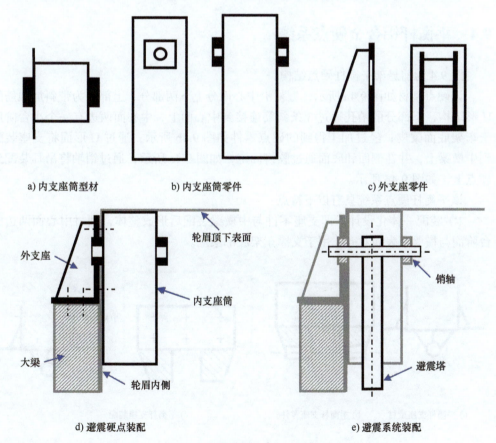

a) 内支座筒型材　　　　b) 内支座筒零件　　　　　c) 外支座零件

d) 避震硬点装配　　　　　　　　e) 避震系统装配

图 9.3　避震铝合金硬点系统

内支座筒型材如图 9.3a 所示，该型材截面为一封闭腔，两侧面有厚壁台阶用于销孔，一侧面向外延伸出两个飘边用于支座连接；对内支座筒型材进行加工，保留部分凸台并开销孔，得到图 9.3b 所示的内支座筒零件；外支座零件如图 9.3c 所示，其中方孔用于与内支座筒侧面的销孔凸台配合；通过胶接、铆接和焊接等不同连接方式将内支座筒和外支座装配到车架结构上，如图 9.3d 所示；通过销轴将避震塔端头装配到硬点上，如图 9.3e 所示。

该避震硬点系统具有以下特点：

1）装配一体化设计，即内支座筒、外支座和轮眉及大梁装配成一体，互相依靠和加强，保证硬点系统有很好的刚度。

2）销轴两端简支受力，受力状态好，作用到销轴的载荷从两端简支点分散传递到轮眉侧、轮眉顶，实现了力的大面积分散传递。

3）内支座筒实现了型材化，且销孔壁位于封闭腔的两侧，结构刚度好，同轴度精度高。

9.4 平衡杆铝合金硬点系统

图 9.4 为前悬架平衡杆硬点结构。

该硬点型材如图 9.4a 所示，型材沿中心面分上下两部分，上部分为带斜加强筋的 U 形结构，下部分的销孔通过 3 条斜筋连接到中心面上，中心面两边有一个小台阶用于车架底面蒙皮；经过加工得到的硬点零件如图 9.4b 所示；通过 U 形面将支座装配到中横梁上，并在侧面和底面通过胶铆固定，如图 9.4c 所示；通过销轴将吊耳装配到硬点上，如图 9.4d 所示。

该平衡杆硬点系统具有以下特点：

1）装配一体化设计，即支座零件与中横梁装配后形成整体，型材中心面两边的台阶面与横梁下表面对齐，用于支撑车架底部蒙皮。

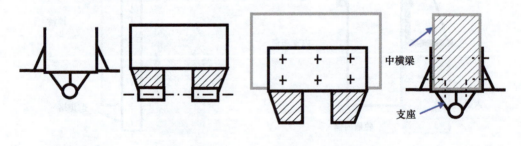

a) 平衡杆支座型材　　b) 平衡杆支座零件　　c) 平衡杆支座装配

图 9.4 平衡杆硬点系统

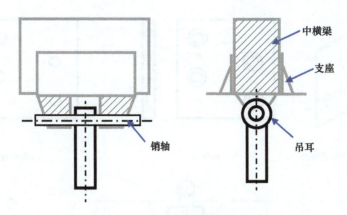

d) 平衡杆系统装配

图 9.4　平衡杆硬点系统（续）

2）作用到销轴的载荷从两端销孔传递到硬点结构上，并通过 U 形配合面传递到中横梁上，实现力的大面积分散传递。

3）硬点实现了型材化，质量好、易加工。

9.5　方向机铝合金硬点系统

9.5.1　包裹式方向机硬点系统

包裹式方向机硬点系统如图 9.5 所示。该硬点系统由外垫板、内垫板、钢套组成。

摆臂式方向机的安装面为大梁侧面，工作过程中拉杆对摆臂头的纵向拉力等效到安装面上产生纵向剪切力 F_x、面外弯矩 M_z 和面内扭矩 T_y，如图 9.5a 所示。方向机硬点支座设计的核心就是有效地将这 3 种载荷传递到车架上，并实现载荷的分散传递。

图 9.5b 是外垫板零件图，垫板上有 4 个带沉台的通孔，沉台深度与方向机安装面上的 4 个凸台对应，图 9.5c 是内垫板零件图，除了 4 个不带沉台的通孔之外，其他与外垫板相同。图 9.5d 是硬点系统装配图，先通过结构胶将内外垫板粘接固定到大梁的内外侧表面上，再在通孔中嵌入钢套，与大梁形成一体化的装配结构基础。方向机的装配如图 9.5e 所示，通过 4 条螺栓将方向机连接固定到大梁上，为了避免在螺栓的拉力下导致大梁压缩变形，需要合理确定钢套长度尺寸，保证螺栓拉紧后，内部钢套和两侧垫板一起处于受压状态。

该方向机硬点系统具有以下特点：

1）包裹式设计实现了硬点与大梁之间的大面积分散传力。

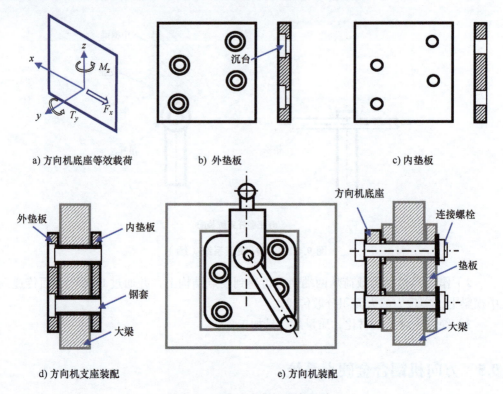

a) 方向机底座等效载荷　　　　b) 外垫板　　　　c) 内垫板

d) 方向机支座装配　　　　　　e) 方向机装配

图 9.5　包裹式方向机硬点系统

2）方向机安装面上的凸台与外垫板上的沉台配合，通过侧面配合面传递 F_x 载荷，而不是通过安装面和垫板之间的摩擦力传递该载荷，传力可靠稳定。

3）通过控制钢套长度可以有效避免大梁受压变形。

9.5.2　嵌入式方向机硬点系统

当 TMBB 车架中的大梁采用宽大梁时（例如图 9.2 中的中巴大梁），方向机硬点系统采用嵌入式结构，如图 9.6 所示，该系统由 2 根大型材硬点和 2 根小型材硬点组成。

图 9.6a 为 2 款硬点型材，其中大型材与图 9.2 中的硬点型材是同款，可嵌入大梁的中部大腔，小腔型材为实心矩形型材，可插入大梁最下面的两个小腔。

图 9.6b 为硬点零件，分别在大型材上加工一个安装孔，在小型材上加工两个安装孔。

图 9.6c 为硬点装配图，大型材硬点零件从大梁端部嵌入到大腔中的预定位置，并通过铆钉和螺钉固定，小型材硬点零件也从大梁端部嵌入到小腔中的预定位置，并通过螺钉固定。

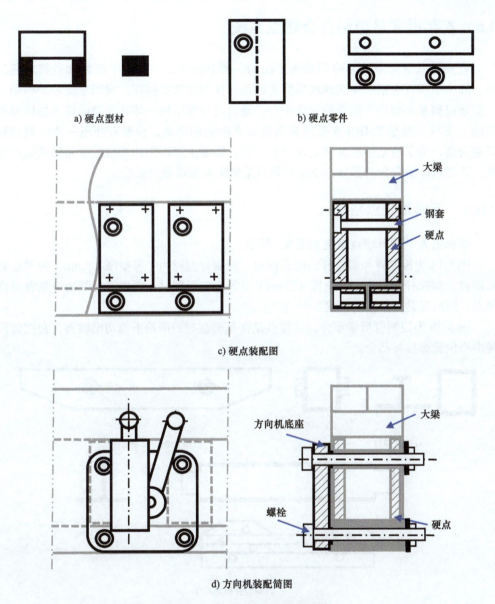

a) 硬点型材　　　　　　　　　　　b) 硬点零件

c) 硬点装配图

d) 方向机装配简图

图 9.6　嵌入式方向机硬点系统

图 9.6d 为方向机装配简图，通过螺栓将方向机底座装配到硬点系统的销孔中。

该嵌入式方向机硬点系统具有嵌入硬点的全部优势，通过控制内钢套的长度，可以确保钢套和大梁共同承受螺栓压力，避免大梁压缩变形。

如果方向机布置方案的 4 个固定孔都位于大型材硬点区域，则该硬点系统只需要大型材硬点，结构和工艺将大大简化。

9.6 麦弗逊式悬架铝合金硬点系统

麦弗逊式悬架系统是应用最为广泛的一种悬架系统，它由下摆臂和避震塔所组成，其中下摆臂包括一体式的或装配式的横向控制臂和斜拉杆。乘用车或轻型商用车一般通过副车架提供下摆臂的回转中心，通过与轮眉结构一体化的避震塔来提供避震塔的上支点。但是 TMBB 车架通常既没有复杂的副车架，也没有冲压一体成型的轮眉避震塔，为了有效装配麦弗逊式悬架系统，需要采用新拓扑类型的麦弗逊式硬点体系。该硬点体系分为两部分：下摆臂硬点系统和避震塔硬点系统。

9.6.1 下摆臂硬点系统

麦弗逊式下摆臂硬点系统如图 9.7 所示。

图 9.7a 为控制臂和斜拉杆的硬点型材，控制臂型材为中等壁厚（5mm）的单腔矩形型材，斜拉杆型材为中等壁厚（5mm）不等边工形型材，两根型材既为下摆臂提供硬点，同时又是车架上的横梁。

图 9.7b 为控制臂横梁零件，其特点是在基础型材的两端下部切出斜面，在摆臂回转中心位置焊接外凸台。

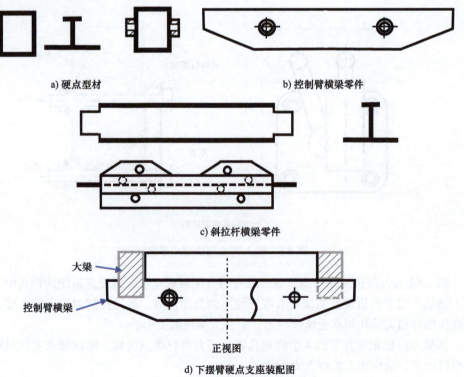

a) 硬点型材　　　　　　　　　b) 控制臂横梁零件

c) 斜拉杆横梁零件

d) 下摆臂硬点支座装配图

图 9.7　麦弗逊式下摆臂硬点系统

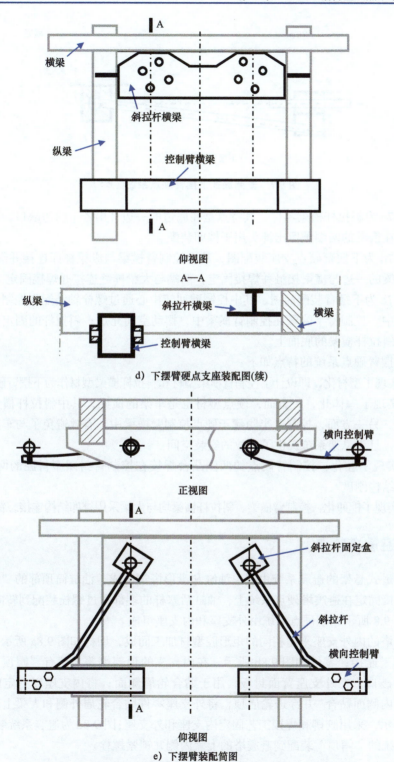

d) 下摆臂硬点支座装配图(续)

e) 下摆臂装配简图

图 9.7　麦弗逊式下摆臂硬点系统（续）

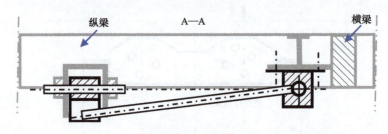

e) 下摆臂装配简图 (续)

图 9.7　麦弗逊式下摆臂硬点系统（续）

图 9.7c 为斜拉杆横梁零件，其特点是在底边的一边开出若干斜边缺口，以便于螺栓装配，在横梁的两端预留出榫头用于榫卯装配。

图 9.7d 为下摆臂硬点支座装配图，其中控制臂横梁与纵梁榫卯连接并焊接固定，斜拉杆横梁的一边与横梁接触并焊接固定，两端与大梁榫缝连接并焊接固定。

图 9.7e 为下摆臂装配简图，其中控制臂回转中心通过螺栓轴装配到控制臂横梁上的销孔座中，控制臂半隐藏在控制臂横梁中，摆动空间充足；斜拉杆的固定盒通过螺栓装配到斜拉杆横梁的底面上。

该下摆臂硬点系统的特点如下：

1）实现了型材化，即设计了控制臂横梁型材和斜拉杆横梁型材作为下摆臂硬点结构。

2）实现了一体化，一方面，硬点型材也是车架的横梁，其中斜拉杆横梁还可以承托地板，另一方面，控制臂半隐藏于硬点控制臂横梁中，有效避免了与车架大梁结构的干涉，且为悬架系统提供了开放的安装空间。

3）实现了腔化，控制臂硬点的两侧凸台焊接在控制臂封闭型材腔的两个侧面，有良好的结构刚度。

4）实现了榫卯化，控制臂横梁、斜拉杆横梁均与大梁采用榫卯结构连接，精密可靠。

9.6.2　避震塔硬点

麦弗逊式悬架的避震系统由阻尼油缸和盘形塔簧组成，油缸筒顶部的"帽顶"通过螺栓连接固定在避震塔硬点系统上，油缸活塞杆的端部通过螺栓装配到转向节上。

如图 9.8 所示，该硬点系统由外支座和内支座组成。

避震塔的内外支座采用相同的矩形腔型材加工而成，型材如图 9.8a 所示，侧面的外飘边用于连接；零件如图 9.8b 所示，在内支座的顶部端盖上留有"帽顶"孔，外侧面开斜破口，在外支座背面封板，用于贴合轮眉侧面；将内支座以一定的倾斜角度与轮眉内侧面贴合，并穿透轮眉顶，将外支座零件贴合轮眉外侧和大梁上表面，如图 9.8c 所示，采用胶铆和焊接工艺固定内支座和外支座；图 9.8d 为避震系统装配简图，将避震系统的"帽顶"装配到避震塔的上盖内侧并锁紧螺栓。

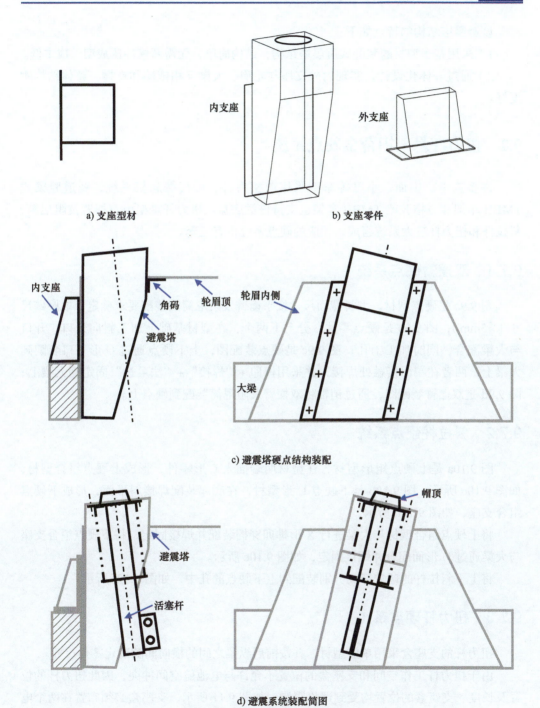

a) 支座型材　　　　　　　　　　　　　b) 支座零件

c) 避震塔硬点结构装配

d) 避震系统装配简图

图 9.8　麦弗逊式避震塔硬点系统

该避震塔结构的特点如下：

1）采用基于型材的装配式避震塔结构，结构简单，无需开模冲压成型，成本低。

2）通过一体化设计，实现内外支座与轮眉、大梁互相依赖和支撑，整体结构刚度好。

9.7　扭力杆悬架铝合金硬点系统

许多皮卡、中面、小巴等车型采用前扭力杆、后板簧悬架系统，隧道腔梁式TMBB车架和方格腔梁TMBB车架也支持该类底盘。扭力杆悬架由双摆臂及阻尼筒、斜拉杆和扭力杆三大系统组成，相应的硬点系统也有三套。

9.7.1　双摆臂硬点系统

图9.9a是硬点型材，型材截面尺寸按平衡臂及阻尼筒的装配要求确定，取厚壁尺寸（>5mm）；图9.9b是硬点零件，分上下两个，在型材基础上加工斜向开口，开口与大梁配合，同时加工销孔；图9.9c是硬点装配图，上下硬点通过U形开口装配到大梁上，两者在端面接触处焊接，并采用榫卯＋"焊接"＋"法兰边"固定到大梁上；图9.9d是双摆臂装配图，通过销轴将双摆臂及阻尼筒装配到硬点上。

9.7.2　斜拉杆硬点系统

图9.10a是上硬点矩形型材，在型材两端插入L形零件，形成上硬点组合型材，如图9.10c所示；图9.10b是下硬点U形型材，在底部装配焊接斜平面，形成下硬点组合支座，如图9.10d所示。

将上硬点组合型材与大梁进行X形榫卯穿插装配并焊接固定，将下硬点组合支座与大梁通过U形面配合并螺接固定，如图9.10e所示。

将上下斜拉杆的球铰杆头分别装配到上下硬点的孔中，如图9.10f所示。

9.7.3　扭力杆硬点系统

扭力杆的支座盒采用单腔型材，并按前后纵梁之间的横向间隙确定零件尺寸。

由于扭力杆工作空间和支座盒的位置不允许与电池舱空间冲突，因此扭力杆的位置及长度、支座盒的位置均受到严格限制，如图9.11所示，支座盒必须布置在两个电池舱之间的位置，扭力杆布置在电池舱的上面，且必须满足图中尺寸 L 和 H 的要求，这种布置无法避免支座盒的上表面会高于地板表面，形成凸包。

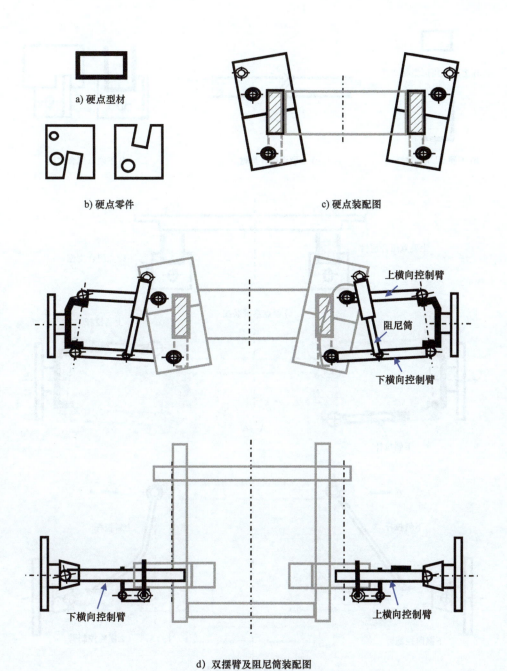

a) 硬点型材

b) 硬点零件

c) 硬点装配图

上横向控制臂

阻尼筒

下横向控制臂

下横向控制臂

上横向控制臂

d) 双摆臂及阻尼筒装配图

图 9.9　双摆臂硬点系统

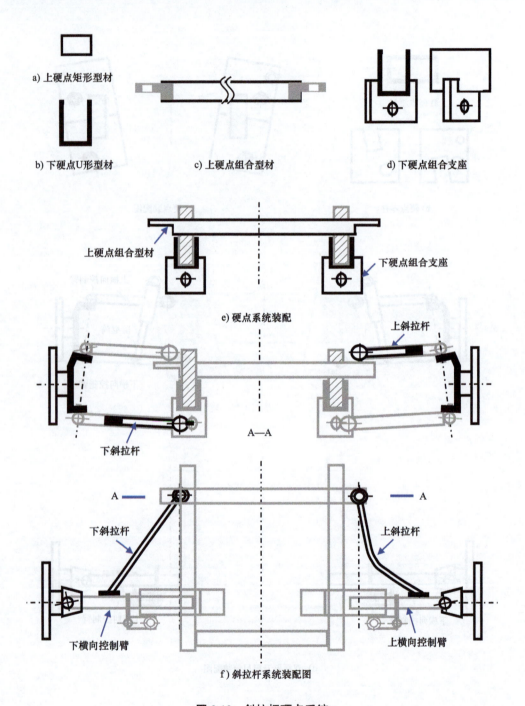

a) 上硬点矩形型材

b) 下硬点U形型材

c) 上硬点组合型材

d) 下硬点组合支座

上硬点组合型材

下硬点组合支座

e) 硬点系统装配

上斜拉杆

下斜拉杆

A—A

A

下斜拉杆

上斜拉杆

下横向控制臂

上横向控制臂

f) 斜拉杆系统装配图

图 9.10 斜拉杆硬点系统

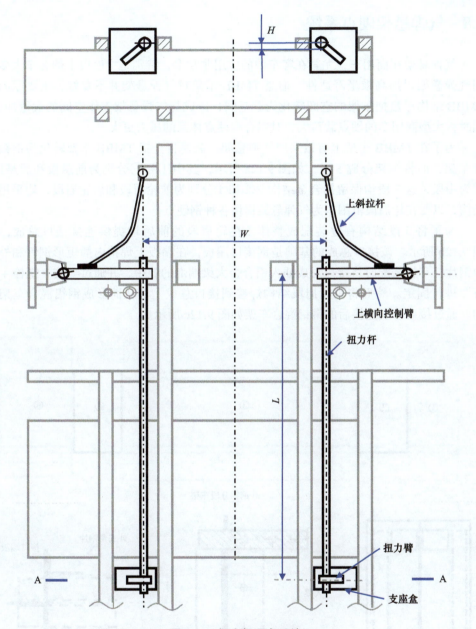

图 9.11　扭力杆硬点系统

　　总之，扭力杆硬点系统比较复杂，由于横向电池隧道的存在，导致扭力杆的布置非常困难，需要全面考虑地板高度、电池舱尺寸、车轮直径、大梁间距等多种约束，其中扭力杆的高度位置是最重要的设计约束尺寸，它几乎决定了前悬系统的其他所有尺寸。

9.8　气弹悬架硬点系统

气弹悬架在商用车，尤其在客车中的应用非常多，特别是中巴以上的客车大多采用气弹悬架以提高乘坐舒适性，但是 TMBB 车架对气弹悬架并不友好，主要原因是 TMBB 结构尽量把车架的空间转化为腔空间，造成与气弹悬架工作空间的大量冲突，同时，大型商用车的硬点载荷大，对铝合金硬点体系的压力更大。

为了在 TMBB 车架上有效采用气弹悬架，需要将全铝 TMBB 车架转化为钢铝混合车架，即将车架分成 5 段，如图 9.12a 所示，其中①和⑤分别为前悬段和后悬段，③为中段，这 3 段均保留铝合金结构，②和④分别为前轮眉段和后轮眉段，均采用钢结构，以便在轮眉段范围内为气弹悬架提供各种钢硬点。

为了将 5 段结构有效装配成整体，在轮眉段的前后均提供连接接口总成，如图 9.12b 所示。该接口总成的基础是钢接口端板，在端板上焊接内插矩形钢管和外夹角钢片，车架装配时将接口总成插入铝合金大梁端部的腔中，并通过"胶 + 螺栓 + 铆钉"进行固定。然后将钢轮眉段结构焊接到接口总成上，从而形成钢铝混合车架结构。通过接口总成连接后的钢铝混合车架如图 9.12c 所示。

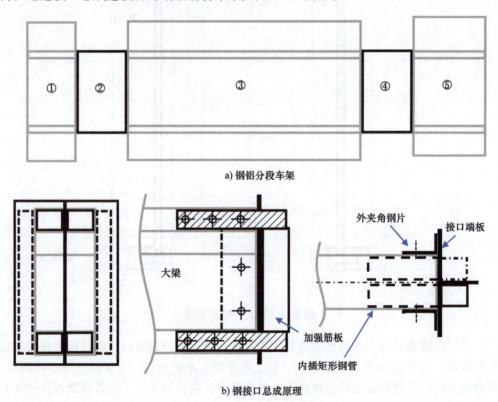

a) 钢铝分段车架

b) 钢接口总成原理

图 9.12　钢铝混合车架原理

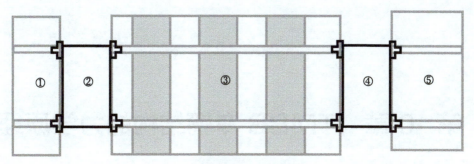

c) 钢铝混合TMBB车架

图 9.12　钢铝混合车架原理（续）

第 10 章　TMBB 车辆结构的力学原理

车辆结构是一个复杂的力学系统，因此，在车辆结构设计过程中要开展各种力学计算。本章以二级踏步小巴为例，对 TMBB 车辆结构进行了系统的力学分析，包括 3 个维度：①多学科：载荷工况分析、内力分布规律分析、静力学（应力）分析、动力学（模态）分析；②多模块层次：模块力学分析、整车结构力学分析；③多结构状态：骨架结构、骨架 + 铝合金蒙皮、全蒙皮结构。分析手段包括：理论建模、原理阐述、有限元计算、归纳总结。据此全面深入地认识 TMBB 车辆的结构特点、力学原理和轻量化规律，及时发现结构缺陷，支持轻量化结构创新。

10.1　TMBB 车架静力学

车架是车辆结构的承载基础，是最重要的车辆结构模块。隧道腔梁式二级踏步车架是一个复杂的腔梁结构，主要承受纵向弯曲载荷 M_y 和纵向扭转载荷 M_x，如图 10.1 所示。其中，纵向弯矩是由车身自重、负载重量等垂直载荷及其惯性所产生的载荷，导致车架产生纵向弯曲变形；纵向扭矩是当一个车轮悬空或车辆转弯和摇摆时产生的载荷，导致车架产生沿纵轴的扭转变形。

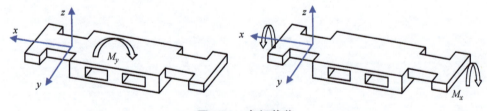

图 10.1　车架载荷

10.1.1　车架纵向弯曲性能分析

1. 车架纵向弯矩分布

为了便于分析做以下假设：①车架纵向和横向结构均对称；②车架自重及负载重

量等基本负载为纵向均布载荷；③车架采用前后板簧悬架支撑，前后板簧长度相等且对称布置。

　　车架尺寸及基本载荷如图 10.2a 所示，设车架总长为 $4l$，板簧前后支点的跨距为 l_0，板簧将车架分成三部分：前后悬段、板簧段和中段。

　　车架除了承受基本负载外，还承受一些特别的集中载荷以及悬架硬点的支撑反力，各类载荷在车架上均产生弯矩，最终形成合成弯矩。车架合成弯矩是由板簧布置的位置和载荷分布的位置共同决定的，以下分析不同的板簧布置和载荷分布对纵向弯矩分布的影响规律。

　　1）零前后悬板簧布置：当板簧的前硬点位于车架的端点极限位置时（此例 $x = 2l - l_0/2$），弯矩分布如图 10.2b 所示，此时，车架两端上翘、中间下沉，整体呈"山谷"形态，上表面受压，下表面受拉，且越靠近车架中心，弯矩越大，在中心位置的截面弯矩最大，车架两端的弯矩相对较小。显然，该布置方式对车架中段的结构要求很高，对板簧段的结构要求较低。

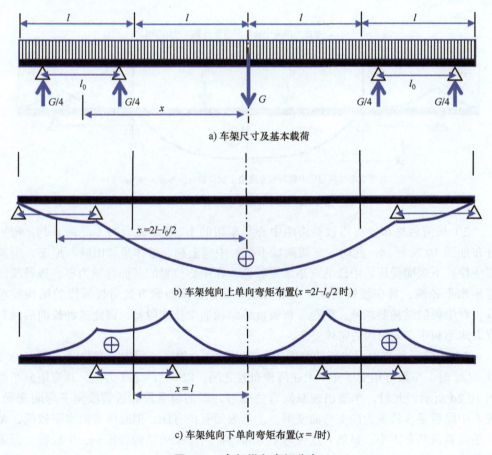

a) 车架尺寸及基本载荷

b) 车架纯向上单向弯矩布置($x = 2l - l_0/2$ 时)

c) 车架纯向下单向弯矩布置($x = l$ 时)

图 10.2　车架纵向弯矩分布

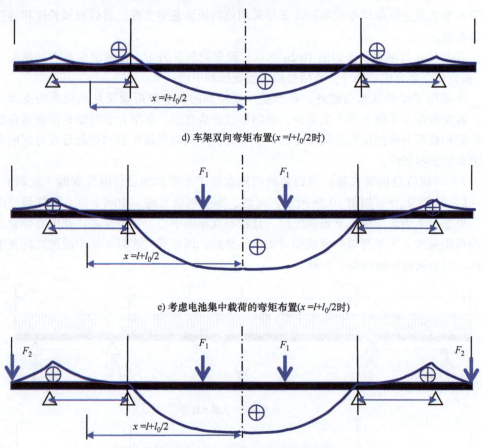

d) 车架双向弯矩布置($x = l + l_0/2$时)

e) 考虑电池集中载荷的弯矩布置($x = l + l_0/2$时)

f) 考虑车架两端集中载荷和电池集中载荷的弯矩布置($x = l + l_0/2$时)

图 10.2　车架纵向弯矩分布（续）

2）长前后悬布置：当板簧跨距中心与车架的 1/2 质心重合时（此例 x=l），弯矩分布如图 10.2c 所示，此时，车架两端下沉，中间上翘，整体呈"山峰"形态，上表面受拉，下表面受压，中段的弯矩水平较低，在中心位置的截面弯矩为零，板簧段的弯矩水平较高，且在板簧支点处出现峰值。显然，该布置方式对板簧段的结构要求高，对中段的结构要求低，但是，板簧段的结构通常比中段差，因此这种长前后悬布置方式不利于车架结构的整体安全。

3）中前后悬布置：当板簧跨距中心在上述两个极限跨距中间变化时，即 $l < x < 2l - l_0/2$ 时，车架弯矩变形介于上述两种布置之间，以 $x = l + l_0/2$ 为例，其弯矩分布如图 10.2d 所示，此时，车架出现双向弯曲变形，即前后悬段和板簧段向下弯曲变形，进入中段后逐步转变为向上弯曲变形，上下表面有拉有压，但总体弯矩水平较低，尤其是板簧段的弯矩小，显然，这种弯矩分布特征与车架的结构特征——中段强、板簧段弱基本一致，是一种良好的悬架纵向布置方式。

以下分析不同的外载作用位置对车架纵向弯矩分布的影响规律。

1）在图 10.2d 的基础上，进一步考虑电池重量负载 F_1。电池包作为车架上的重要外载荷通常对称布置在中段区域，F_1 导致板簧支反力的显著增加，从而引起弯矩分布曲线在图 10.2d 的基础上加速下沉，至载荷作用点时转为平缓下沉，如图 10.2e 所示。此时，板簧段弯矩进一步降低并可能出现正负反向，使得板簧段结构的载荷状态进一步得到改善，但是中段弯矩明显增加。该弯矩分布形态对板簧段结构比较有利，对中段结构的要求更高。

2）在图 10.2e 的基础上，进一步考虑前后两端的集中载荷 F_2，如图 10.2f 所示，一方面，F_2 增加了车架整体向下弯曲变形的趋势，从而导致弯矩曲线整体上升，另一方面，F_2 增加了硬点支反力，从而增加了板簧段及中段向上弯曲变形的趋势，进而导致弯矩曲线整体下移，与前者部分抵消，最终，前后悬段的弯矩明显增加，板簧段的弯矩有所抬高，中段的弯矩有所降低，对此例，中点截面的弯矩降低了 $F_2(l - l_0/2)$。该弯矩分布形态对板簧段结构也比较有利，对中段结构的要求有所降低。

结论：

1）随着悬架位置由两端往中间移动，车架弯矩分布曲线由下往上移动，中段的弯矩不断减小，板簧段的弯矩先是由大变小，出现反向后再由小变大。

2）位于车架中段的外载荷导致车架弯矩分布曲线向下移动，总体弯矩水平随之增加，但是板簧段的弯矩水平明显降低，甚至出现正负弯曲变化。

3）车架两端的外载荷导致车架弯矩分布曲线向上移动，前后悬弯矩水平增加，中段弯矩水平趋于减小。

以上规律和结论是在一定的假设基础上获得的，在设计具体的车架时，要首先明确各类载荷及其作用位置，再采用上述方法，尝试不同的板簧布置位置，分析弯矩曲线的分布规律，最终寻找到一种合理的悬架布置，即弯矩曲线在板簧段的水平较低（最好出现正负变化），在中段的弯矩水平也要尽量减小。

2. 车架纵向弯曲应力分析

获得了车架弯矩曲线的分布规律之后，可在车架上选择若干典型截面，分析截面内的弯曲应力特点。以下分析的车架弯矩分布参考图 10.2f。

典型截面的选择原则是，弯矩大的部位、结构薄弱的部位、结构重要的部位。

如图 10.3 所示，以下选择 6 个典型截面：

前轴截面Ⅰ：位于前轮中心位置，即前板簧跨距中心位置，此处结构薄弱。

前隧道截面Ⅱ：位于第一个隧道腔区域，此处结构重要，弯矩较大。

中心截面Ⅲ：位于两个隧道之间的位置，此区域弯矩大。

隧道边沿截面Ⅳ：位于隧道边沿临界位置，此处材料状态变化剧烈，且弯矩较大。

后隧道截面Ⅴ：位于第二个隧道腔区域，此处结构重要，弯矩较大。

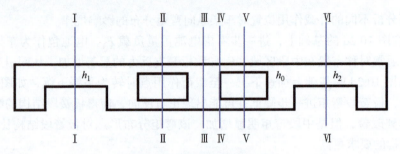

图 10.3　车架典型截面位置

后轴截面Ⅵ：位于后轮中心位置，即后板簧跨距中心位置，此处结构薄弱，且通常后轴载荷较大，对应的弯矩较大。

（1）前轴截面Ⅰ

图 10.4a 所示截面Ⅰ是一个由上层结构、下层结构、左侧结构、右侧结构所组成的封闭四边形结构，其中：

上层结构：地板蒙皮②、3 条地板支架③；

下层结构：下蒙皮⑤；

左侧结构：左大梁的部分腔体①；

右侧结构：右大梁的部分腔体④。

由于上层结构的材料多于下层结构的材料，因此，该截面的几何中心偏向上层表面，参见几何中心坐标系 Oyz，坐标系原点到上地板的距离 $e<h_1/2$。

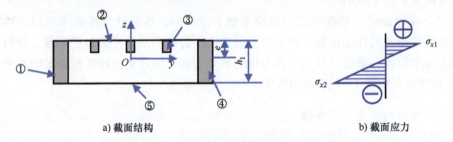

a) 截面结构　　　　　　　　　　　　　　　　b) 截面应力

图 10.4　前轴截面Ⅰ结构及弯曲应力

该截面的应力分布如图 10.4b 所示，上表面受拉应力，下表面受压应力，可由下式计算

$$\sigma_{x1}=\frac{M_1 e}{I_{y1}},\quad \sigma_{x2}=\frac{M_1(h_1-e)}{I_{y1}}$$

$$I_{y1}=\sum I_{yi}$$

（10.1）

式中，M_1 为截面Ⅰ的弯矩；I_{yi} 为该截面各部分材料对形心坐标系的惯性矩，按平移公式计算。该截面惯性矩 I_{y1} 均较小，但是弯矩 M_1 也较小，因此应力水平不高，由于截

面形心偏向上表面，导致下表面的最大压应力大于上表面的最大拉应力，理论上，下表面的蒙皮不耐压，因此要防止压溃失稳失效。

（2）前隧道截面 Ⅱ

图 10.5a 所示的前隧道截面 Ⅱ 是一个由上层结构、下层结构、右侧结构所组成的开口三边结构，其中：

上层结构：隧道上表面①、4 个大梁的上腔②、4 条上地板支架③以及地板蒙皮④；

下层结构：隧道下表面⑥、4 个大梁的下腔⑦、2 条下支架⑤；

右侧结构：1 个大梁外侧面⑨。

由于上层结构的材料多于下层结构的材料，因此，该截面的几何中心偏向上层表面，参见图中几何中心坐标系 Oyz，坐标系原点到上地板的距离 $e < h_0/2$。

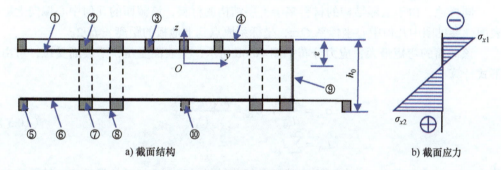

a) 截面结构　　　　　　　　　　　　　　　　　b) 截面应力

图 10.5　前隧道截面 Ⅱ 结构及弯曲应力

该截面的弯矩较大，应力分布如图 10.5b 所示，上表面受压，下表面受拉，可由下式计算

$$\sigma_{x1} = \frac{M_2 e}{I_{y2}}, \quad \sigma_{x2} = \frac{M_2(h_0 - e)}{I_{y2}} \qquad (10.2)$$

$$I_{y2} = \sum I_{yi}$$

式中，M_2 为截面 Ⅱ 的惯性矩；I_{yi} 为该截面各部分材料对形心坐标系的惯性矩，按平移公式计算。该截面的弯矩 M_2 和截面惯性矩 I_{y2} 均较大，因此，应力水平有增加但变化不大，由于截面形心偏向上表面，因此下表面的最大拉应力大于上表面的最大压应力。为了进一步提高下表面的性能，可增加局部下蒙皮⑧及若干支架梁⑩。

（3）中心截面 Ⅲ

图 10.6a 所示的中心截面 Ⅲ 是一个由上层结构、下层结构、左侧结构、右侧结构所组成的封闭四边形结构，其中：

上层结构：5 条地板支架①和地板蒙皮②；

下层结构：2 条小纵梁⑥和下蒙皮⑤；

左侧结构：两根左大梁的完整截面③；

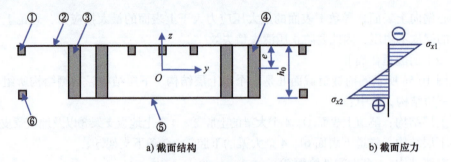

a) 截面结构   b) 截面应力

图 10.6   中心截面Ⅲ结构及弯曲应力

右侧结构：两根右大梁的完整截面④。

同样地，由于上层结构的材料多于下层结构的材料，该截面的几何中心偏向上层表面，参见图中几何中心坐标系 Oxz，坐标系原点到上地板的距离 $e<h_0/2$。

该截面的弯矩最大，应力分布如图 10.6b 所示，上表面受压，下表面受拉，可由下式计算

$$\sigma_{x1} = \frac{M_3 e}{I_{y3}}, \quad \sigma_{x2} = \frac{M_3(h_0 - e)}{I_{y3}} \tag{10.3}$$

$$I_{y3} = \sum I_{yi}$$

式中，M_3 为截面Ⅲ的弯矩；I_{yi} 为该截面各部分材料对形心坐标系的惯性矩，按平移公式计算。虽然该截面的弯矩 M_3 最大，但是截面惯性矩 I_{y3} 也相对较大，因此，应力水平有增加但变化不大。由于截面形心偏向上层表面，所以，下表面的最大拉应力大于上表面的最大压应力。

（4）隧道边沿截面Ⅳ

图 10.7a 所示的隧道边沿截面Ⅳ位于隧道外侧边界位置，与隧道的上下表面没有相交线，为了增加该处截面强度，在隧道侧面与大梁侧面之间增加了连接边④。可见，该截面是一个由上层结构、下层结构、左侧结构、右侧结构所组成的封闭四边形结构，其中：

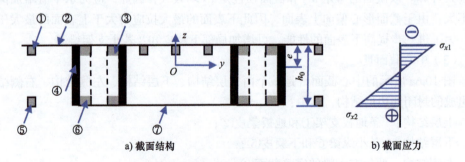

a) 截面结构   b) 截面应力

图 10.7   隧道边沿截面Ⅳ结构及弯曲应力

上层结构：5 条地板支架①、地板蒙皮②和 4 个大梁上腔③；

下层结构：4 个大梁下腔⑥、2 条小纵梁⑤和下蒙皮⑦；

左侧结构：2 条连接边④的粘接面；

右侧结构：2 条连接边④的粘接面。

由于上层结构的材料多于下层结构的材料，该截面的几何中心偏向上层表面，参见图中几何中心坐标系 Oyz，坐标系原点到上地板的距离 $e < h_0/2$。

该截面的弯曲应力公式与式（10.3）相似，只是公式中参数不同。

（5）后隧道截面 V

图 10.8a 所示的后隧道截面 V 是一个由上层结构、下层结构所组成的开口两边结构，其中：

上层结构：隧道上表面①、4 个大梁的上腔②、5 条上地板支架③以及地板蒙皮④；

下层结构：隧道下表面⑥、4 个大梁的下腔⑦、2 条下支架⑤以及 2 块局部下蒙皮⑧。

电池隧道舱的左右两端开口，因此无左右结构。

由于上层结构的材料多于下层结构的材料，因此，该截面的几何中心偏向上层表面，参见图中几何中心坐标系 Oyz，坐标系原点到上地板的距离 $e < h_0/2$。

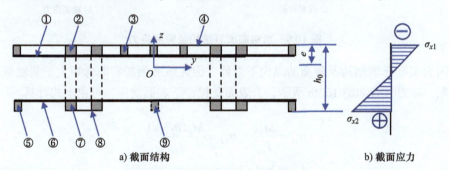

a) 截面结构　　　　　　　　　　b) 截面应力

图 10.8　后隧道截面 V 结构及弯曲应力

该截面的弯矩较大，应力分布如图 10.8b 所示，上表面受压，下表面受拉，可由下式计算

$$\sigma_{x1} = \frac{M_5 e}{I_{y5}}, \quad \sigma_{x2} = \frac{M_5(h_0 - e)}{I_{y5}}$$
$$I_{y5} = \sum I_{yi}$$

（10.4）

式中，M_5 为截面 V 的惯性矩；I_{yi} 为该截面各部分材料对形心坐标系的惯性矩，按平移公式计算。该截面的弯矩 M_5 和截面惯性矩 I_{y5} 均较大，因此，应力水平有增加但变化不大，由于截面形心偏向上表面，因此下表面的最大拉应力大于上表面的最大压应力。为了进一步提高下表面的性能，可增加若干支架梁⑨。

（6）后轴截面Ⅵ

图 10.9a 所示的后轴截面Ⅵ是一个由上层结构、左侧结构、右侧结构所组成的开口三边形结构，该截面的宽度比前轴截面Ⅰ大（$w_2 > w_1$），截面高度与前轴截面Ⅰ相同（$h_2 = h_1$）。由于集成式后桥的桥包和电机需要较大的高度空间和宽度空间，因此仅保留了外边两条大梁，并直接在地板支撑型材的下表面蒙皮。其中：

上层结构：5 条地板支架②，地板蒙皮③，下蒙皮⑤；

左侧结构：左大梁的部分截面①；

右侧结构：右大梁的部分截面④。

显然，该截面的几何中心更加偏向上层表面，$e < h_2/2$。

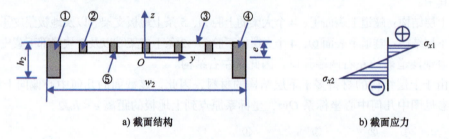

a) 截面结构   b) 截面应力

图 10.9　后轴截面Ⅵ结构及弯曲应力

因为实际车辆结构及载荷的纵向不对称，因此该截面的实际弯矩大于前轴截面Ⅰ的弯矩。应力分布如图 10.9b 所示，上表面受拉，下表面受压，可由下式计算

$$\sigma_{x1} = \frac{M_6 e}{I_{y6}}, \quad \sigma_{x2} = \frac{M_6 (h_2 - e)}{I_{y6}}$$

$$I_{y6} = \sum I_{yi}$$

（10.5）

式中，M_6 为截面Ⅵ的弯矩；I_{yi} 为该截面各部分材料对形心坐标系的惯性矩，按平移公式计算。该截面的弯矩 M_{y6} 较大，但是截面惯性矩 I_{y6} 较小（纵向高度尺寸偏小），因此应力水平较高，由于截面形心偏向上层表面，所以，大梁下部的最大压应力大于上表面的最大拉应力。

综合以上分析，该 TMBB 车架结构在弯曲工况下有以下规律：

1）相较于传统的双纵梁车架或桁架式车架，TMBB 车架截面的材料分布丰富，截面几何尺寸大，截面惯性矩大，可以显著降低截面应力水平。

2）车架结构在不同截面的结构构成差别较大，尤其是后板簧段的截面Ⅵ处的高度尺寸小、材料较少，是该车架结构中最薄弱的环节。

3）车架底层结构的材料普遍比上层少，导致底层结构的应力水平普遍高于上层结构，因此，要重点校核车架底层结构，并根据需要进一步加强车架底层结构。

10.1.2　车架横向弯曲性能分析

　　车架的横向尺寸远小于纵向尺寸，因此横向弯曲刚度远高于纵向弯曲刚度，在此不专门进行分析。但是，板簧硬点在车架上的横向布置方案，即左右硬点的位置及跨距对整车的性能影响很大，一方面，如果左右硬点的横向跨距太小，将影响整车的横向稳定性，另一方面，如果板簧硬点与车架大梁的相对位置不合理，会导致大梁的载荷状态不合理，严重影响大梁的结构安全。

　　由第 2 章 2.1 节的分析可知，理想的情况是通过硬点传递给大梁的垂向载荷要通过大梁的剪切中心，此时大梁承受纯弯剪而不会出现扭转，这种工况对大梁最为有利。具体地，对图 10.10a 所示的矩形纵向多腔截面大梁，截面的剪切中心 SM 位于型材对称线上，因此硬点中心也要布置在大梁的中心对称线上，对图 10.10b 所示的 C 形非大梁，截面的剪切中心 SM 位于大梁外侧，此时硬点中心也应该布置在大梁截面外侧的剪切中心 SM 的垂线上。

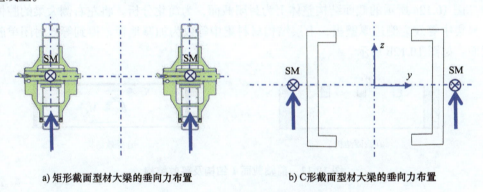

　　　a) 矩形截面型材大梁的垂向力布置　　　　　　　　b) C形截面型材大梁的垂向力布置

图 10.10　车架垂向载荷传力路径

10.1.3　车架扭转性能分析

1. 车架几何形态

　　TMBB 车架总体上是腔梁结构，与传统的骨架结构有很大不同。以二级踏步车架结构为例，该车架的几何形态沿纵向呈竹节拓扑形态，如图 10.11 所示。

2. 典型车架截面扭转性能分析

　　当车辆的一轮悬空、其他三轮着地时，车架承受沿纵向轴线的扭矩，设扭矩为 M_x，此时车架沿纵向各个位置的扭矩载荷均为 M_x。在扭矩 M_x 作用下，车架发生扭转变形，扭转应力及变形大小取决于车架各个截面的扭矩及截面几何性能，但是该车架沿纵向不同位置的截面构成不同，截面几何性能差别较大，因此有必要选择典型截面，尤其是危险截面进行截面扭转性能分析。

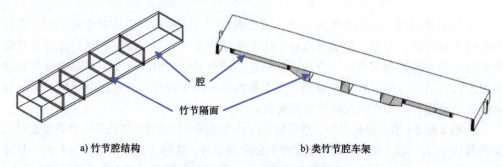

a) 竹节腔结构   b) 类竹节腔车架

图 10.11   车架竹节腔梁结构形态

仍参考图 10.3，选择典型截面 I ~ Ⅵ对车架的扭转性能进行分析。

（1）前轴截面 I

图 10.12a 所示的截面结构整体上为封闭截面，为简化分析，将左右侧大梁的腔体材料集中等效为侧边厚壁板，上层结构材料集中等效为加厚地板，得到等效封闭单腔截面，如图 10.12b 所示。

a) 截面结构   b) 等效结构

图 10.12   前轴截面 I 结构及等效结构

在该截面的四边产生相等的剪切力流 q，4 条边上的力流形成力矩与截面扭矩载荷平衡，由表 6.1 中式（1）有

$$q = \frac{M_x}{2\dot{A}}, \tau_{\max} = \frac{q}{t_d}$$

$$\phi' = \frac{M_x}{I_t G} \qquad\qquad (10.6)$$

$$I_t = \frac{4\dot{A}^2}{\oint \dfrac{\mathrm{d}s}{t(s)}} = \frac{4h_1^2 w_1^2}{\dfrac{w_1}{t_u} + \dfrac{w_1}{t_d} + \dfrac{2h_1}{t_h}}$$

式中，t_u、t_d、t_h 分别为上层、下层和侧壁等效结构的厚度；ϕ' 为扭转变形率。

由于该区域的大梁高度 h_1 在整个大梁上最小（为了避免与前桥干涉），大梁之间的宽度 w_1 也最小（为了避免前轮转向时出现干涉），因此该封闭截面的面积及扭转惯性矩都比较小，导致剪切力流和扭转变形率均较大。由于下蒙皮最薄，因此最大剪应力出现在下蒙皮上。为了保证安全，可适当增加下蒙皮厚度，或在下蒙皮表面喷涂发泡，以提高其局部刚度，防止失稳失效。如果在整个空腔内填充蜂窝发泡，则可大大提高该腔段的扭转刚度。

（2）前隧道截面Ⅱ

图 10.13a 所示为截面结构，为简化分析，可等效为图 10.13b 所示的三边开口腔结构。

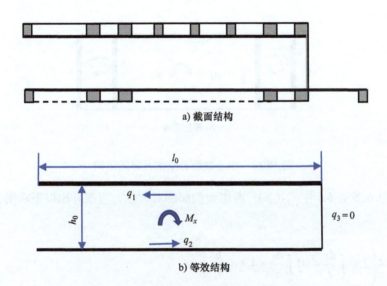

a) 截面结构

b) 等效结构

图 10.13　前隧道截面Ⅱ结构及等效结构

列写该截面平衡方程，得出该等效截面的扭转计算公式

$$q_3 = 0, \ q_1 = q_2 = \frac{M_x}{l_0 h_0}$$

$$\tau_1 = \frac{q_1}{t_u}, \tau_2 = \frac{q_2}{t_d}$$

（10.7）

式中，h_0 为上层等效结构和下层等效结构之间的距离；l_0 为上下层受剪切结构长度；$l_0 h_0$ 为截面积，与式（10.6）相比，$l_0 h_0 > 2w_1 h_1$，该面积明显大于前轴截面Ⅰ截面积的 2 倍，因此该截面的力流小于前轴截面Ⅰ；t_u、t_d 分别为上层和下层等效结构的厚度且 $t_d < t_u$，最大剪应力出现在下层结构上，为了保证安全，可适当加厚下蒙皮结构，如图 10.13a 中的水平虚线所示。

（3）中心截面Ⅲ、隧道边沿截面Ⅳ

图 10.14a 所示为中心截面Ⅲ的结构（隧道边沿截面Ⅳ类似），该截面为封闭结构。为了进行力学分析，可将该截面等效为图 10.14b 的三腔截面结构。

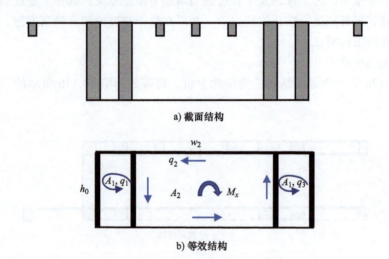

a) 截面结构

b) 等效结构

图 10.14　中心截面Ⅲ结构及等效结构

参考第 6 章表 6.1 中式（2），考虑到截面的对称性，可推导出以下求解公式

$$I_t = \frac{4\left(2A_1^2\oint_{A_2}\dfrac{\mathrm{d}s}{t} + A_2^2\oint_{A_1}\dfrac{\mathrm{d}s}{t} + 4A_1A_2\dfrac{h_0}{t_h}\right)}{\oint_{A_1}\dfrac{\mathrm{d}s}{t}\oint_{A_2}\dfrac{\mathrm{d}s}{t} - 2\left(\dfrac{h_0}{t_h}\right)^2}$$

$$\tag{10.8}$$

$$q_1 = q_3 = \frac{A_1\oint_{A_2}\dfrac{\mathrm{d}s}{t} + 2A_2\dfrac{h_0}{t_h}}{\oint_{A_1}\dfrac{\mathrm{d}s}{t}\oint_{A_2}\dfrac{\mathrm{d}s}{t} - 2\left(\dfrac{h_0}{t_h}\right)^2}\cdot\frac{M_x}{I_t}, \quad q_2 = \frac{A_2\oint_{A_1}\dfrac{\mathrm{d}s}{t} + 2A_1\dfrac{h_0}{t_h}}{\oint_{A_1}\dfrac{\mathrm{d}s}{t}\oint_{A_2}\dfrac{\mathrm{d}s}{t} - 2\left(\dfrac{h_0}{t_h}\right)^2}\cdot\frac{M_x}{I_t}, \quad \phi' = \frac{M_x}{I_t}$$

式中，h_0 为等效截面高度；t_h 为等效侧壁和腹板的厚度；A_1 和 A_2 分别为等效截面中左/右边腔和中心腔的面积。

该多腔截面的扭转惯性矩大，相应的力流和扭转变形率均小于前轴截面Ⅰ和前隧道截面Ⅱ。

（4）后隧道截面Ⅴ

图 10.15a 所示为后隧道截面Ⅴ的结构，该截面为两边开口结构。为了进行力学分析，可将该截面等效为图 10.15b 的两边截面结构。

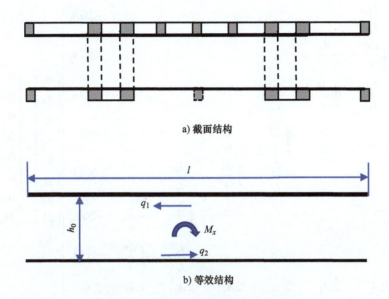

a) 截面结构

b) 等效结构

图 10.15　后隧道截面 V 结构及等效结构

由该截面的平衡条件可得出以下公式

$$q_1 = q_2 = \frac{M_x}{lh_0}$$

（10.9）

$$\tau_1 = \frac{q_1}{t_u}, \tau_1 = \tau_{max} = \frac{q_2}{t_d}$$

式中，h_0 为等效截面高度；l 为电池舱的长度；t_u、t_d 分别为上、下等效边的厚度。该截面的力流与截面 II 相似，并且截面积 $lh_0 > l_0 h_0$，力流比前隧道截面 II 更小。

（5）后轴截面 VI

图 10.16a 为截面结构。为了进行力学分析，可将该截面等效为图 10.16b 所示的 7 腔截面结构，并同样采用第 6 章表 6.1 中式（2）推导计算截面剪切力流。由于腔的数目多，难以推导各个力流的解析表达式。

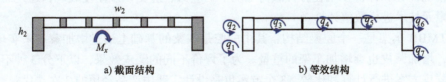

a) 截面结构　　　　　　　　　　　b) 等效结构

图 10.16　后轴截面 VI 结构及等效结构

$$
\begin{bmatrix}
\oint_1 \dfrac{\mathrm{d}s}{t} & -\dfrac{l_2}{t_2} & & & & & & -2G\dot{A_1} \\[6pt]
-\dfrac{l_1}{t_1} & \oint_2 \dfrac{\mathrm{d}s}{t} & -\dfrac{l_3}{t_3} & & & & & -2G\dot{A_2} \\[6pt]
& -\dfrac{l_2}{t_2} & \oint_3 \dfrac{\mathrm{d}s}{t} & -\dfrac{l_4}{t_4} & & & & -2G\dot{A_3} \\[6pt]
& & -\dfrac{l_3}{t_3} & \oint_4 \dfrac{\mathrm{d}s}{t} & -\dfrac{l_5}{t_5} & & & -2G\dot{A_4} \\[6pt]
& & & -\dfrac{l_4}{t_4} & \oint_5 \dfrac{\mathrm{d}s}{t} & -\dfrac{l_6}{t_9} & & -2G\dot{A_5} \\[6pt]
& & & & -\dfrac{l_5}{t_5} & \oint_6 \dfrac{\mathrm{d}s}{t} & -\dfrac{l_7}{t_7} & -2G\dot{A_6} \\[6pt]
& & & & & -\dfrac{l_6}{t_6} & \oint_7 \dfrac{\mathrm{d}s}{t} & -2G\dot{A_7} \\[6pt]
2\dot{A_1} & 2\dot{A_2} & 2\dot{A_3} & 2\dot{A_4} & 2\dot{A_5} & 2\dot{A_6} & 2\dot{A_7} & 0
\end{bmatrix}
\begin{pmatrix}
q_1 \\ q_2 \\ q_3 \\ q_4 \\ q_5 \\ q_6 \\ q_7 \\ \phi'
\end{pmatrix}
=
\begin{pmatrix}
0 \\ 0 \\ 0 \\ 0 \\ 0 \\ 0 \\ 0 \\ M_x
\end{pmatrix}
\tag{10.10}
$$

式中，l_i、t_i 为相邻腔之间的相邻边的长度及壁厚。获得了各个腔的力流后，可进一步根据壁厚计算各个壁的剪切应力。

由于该截面各个腔的面积很小，必然导致各个腔的力流增加，这样，各个腔的扭矩之和才可能平衡外载荷。

由上述典型截面分析得出以下结论：

1）TMBB 车架的扭转性能取决于各个截面的几何形状，由于腔梁车架结构的截面材料丰富、分布面积较大且大部分呈现为封闭腔截面，因此截面的扭转惯性矩普遍较高，且大大高于钢大梁车架，因此，车架的扭转性能好。

2）后轴截面Ⅵ是扭转工况下最危险的截面，其次是前轴截面Ⅰ，最安全的截面是电池舱之间的截面Ⅲ，因此，要高度关注前后悬架段的扭转强度。

10.1.4　车架扭转刚度的有限元分析

由于实际的车架结构更为复杂，实际的截面比以上6种典型截面还要多，为了全面、精确计算和评价车架在各种载荷工况下的应力、应变以及刚度表现，还是需要采用有限元技术进行数值计算。

TMBB 车架是一个腔梁结构，其中的腔是在梁的基础上通过增加蒙皮来实现的，但是，增加蒙皮也会增加车架的重量。为了评价不同的蒙皮效果，以下分3种不同的结构蒙皮方案进行计算和比较，3个方案也是设计实践中产品经历的3次迭代：

1）V1.0无底层蒙皮：车架底层结构不蒙皮，如图 10.17a 所示。

2）V2.0 中段底层蒙皮：在两个隧道腔之间增加局部蒙皮①，同时，在同侧组合大梁的下表面增加蒙皮②，如图 10.17b 所示。

3）V3.0 完整的底层蒙皮：在底层的前后悬架段、中段加装蒙皮，如图 10.17c 所示。

4）同时，为了比较 TMBB 车架与传统钢骨架车架的力学性能，选择考斯特车架结构进行对比分析。考斯特车架与 TMBB 小巴车架尺度相似，具有可比性，如图 10.17d 所示。

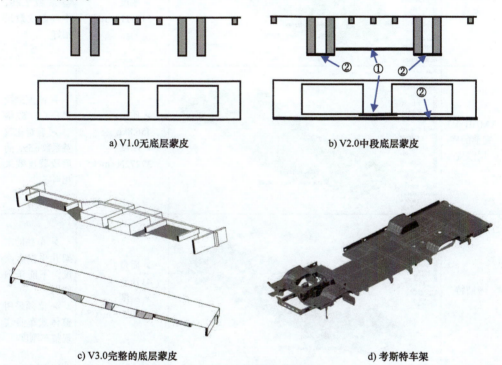

a) V1.0无底层蒙皮　　　　　　　　　　b) V2.0中段底层蒙皮

c) V3.0完整的底层蒙皮　　　　　　　　d) 考斯特车架

图 10.17　车架结构状态

有限元计算结果见表 10.1。

表 10.1　车架腔梁结构迭代及扭转刚度比较

结构	有限元结果	指标	分析
TMBB_V1 无底层 蒙皮		➤ 质量： 387.5kg ➤ 刚度： 17160N·m/(°)	➤ 扭转刚度 基础较好

（续）

结构	有限元结果	指标	分析
TMBB_V2 中段底层 蒙皮	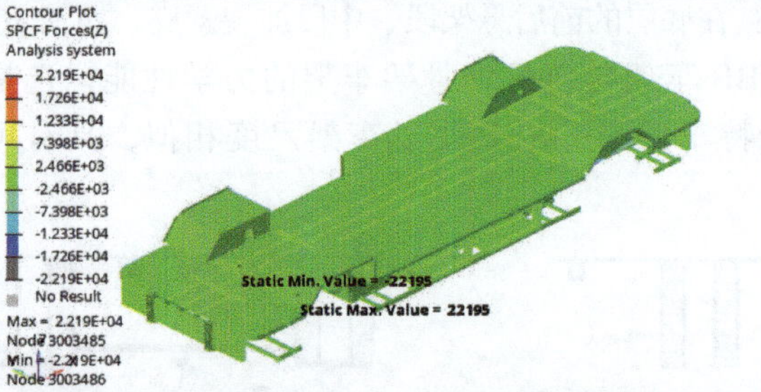	➤ 质量： 419.07kg ➤ 刚度： 21212N·m/（°）	➤ 刚度提升了 1.24 倍 ➤ 轻量化效益系数 2.89，中段蒙皮效果很好
TMBB_V3 完整的底层蒙皮	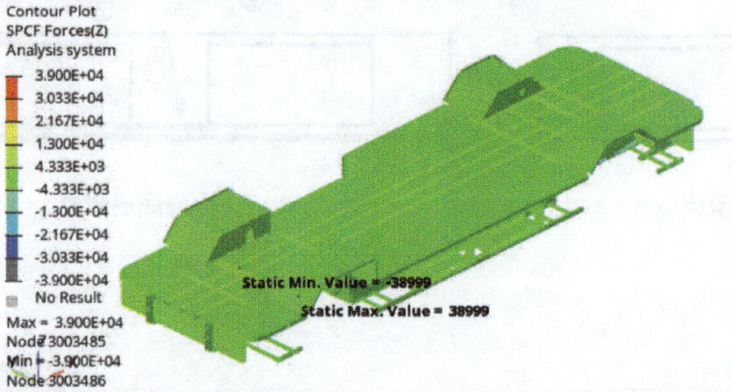	➤ 质量： 456.8kg ➤ 刚度： 37272N·m/（°）	➤ 刚度继续提升了 1.757 倍 ➤ 轻量化效益系数 6.55，前后段蒙皮效果相当好
考斯特		➤ 质量： 417kg ➤ 刚度： 1490N·m/（°）	➤ 单独的车架几乎没有刚度，不能单独使用 ➤ 必须采用整体式车身实现整车刚度

结论：

1）隧道腔梁式 TMBB 车架的扭转刚度是传统钢梁车架的 11~23 倍，而重量只有钢梁车架的 0.93~1.1 倍，充分体现了 TMBB 车架的结构优势。

2）TMBB 车架的性能与腔的形态关系密切，产品设计实践表明，通过蒙皮方案的完善，构造更加合理的腔结构，车架的性能从 V1.0 迭代到 V3.0，仅以增重 18% 的代价获得了扭转刚度 117% 的提升。

10.2 TMBB 车身模块静力学

车辆结构中除了车架之外的其他结构都可划归为车身结构，第 8 章详细讨论了 TMBB 车身结构的设计方法及几何特点，可以看出，无论是承载式车身还是非承载式车身，均可以被分解为多个结构模块。从力学角度看，整车的力学性能不是各个结构模块的力学性能的简单叠加，而是所有结构模块装配后的整体性质，但是，各个结构模块的性能是基础，因此了解模块结构的性能，尤其是侧片模块、车顶模块和前 / 后脸模块等基础模块的性能，也是了解整车性能的基础。

10.2.1　TMBB 侧片结构的力学分析

1. 载荷工况

虽然侧片模块类似于第 5 章的加强组合框结构，但是它仍具有以下特点：尺寸更大，结构更复杂且是二维曲面结构，表面蒙皮分区域、分材料呈现出多样性。因此，很难推导出侧片结构的解析力学模型，设计实践中主要采用有限元技术进行计算分析。

侧片模块在车辆使用过程中承受一系列复杂的载荷，如自身惯性、车顶惯性、外部冲击等，不同的载荷导致侧片产生不同的变形，其中尤其关注以下 3 种典型的载荷工况及其变形，如图 10.18 所示。

1）面内剪切：作用在侧片顶部框边上的纵向力，合力记为 F_x，在该载荷作用下侧片发生面内剪切变形。

2）面外弯曲：作用在侧片顶部框边上的横向力，合力记为 F_y，在该载荷作用下侧片发生面外弯曲变形。

3）面外扭转：作用在侧片顶部框边上的扭矩，记为 M_z，在该载荷作用下侧片发生面外扭转变形。

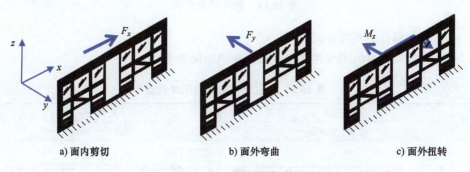

a) 面内剪切　　　　　　　b) 面外弯曲　　　　　　　c) 面外扭转

图 10.18　侧片载荷工况

2. 侧片模块有限元分析

为了理解侧片的力学特性与结构之间的关系，以下分 3 种工况、3 种侧片结构状态分别对左右侧片进行有限元分析。

3 种工况是：①面内剪切，剪切刚度 $K=F_x/\Delta_x$；②面外弯曲，弯曲刚度 $K=F_y/\Delta_y$；③面外扭转，扭转刚度 $K=M_z/\Delta_\theta$。

3 种侧片结构状态是：①骨架侧片：只有骨架结构、没有蒙皮的侧片；②铝合金蒙皮侧片：在骨架的裙部加单层蒙皮（厚度 3mm），中部加双层蒙皮（厚度 2mm），顶部加单层蒙皮（厚度 3mm）；③全蒙皮侧片：在铝合金蒙皮基础上，进一步增加单层玻璃蒙皮。参考第 8 章 8.2 节。

进行有限计算的约束条件如图 10.19 所示。

1）位移约束：约束侧片结构中的底边框和地板边的全部自由度。

2）载荷约束：在侧片上边框分别施加纵向载荷 F_x=100N，横向单点载荷 F_y=100N，横向线载荷 f_y=100/L（N·m），横向扭矩载荷 M_z=100L（N·m），其中 L 为侧片上边框直线段的总长，单位为 m。

采用有限元技术计算结构变形，获得载荷作用点处的位移量，据此计算相应的刚度。

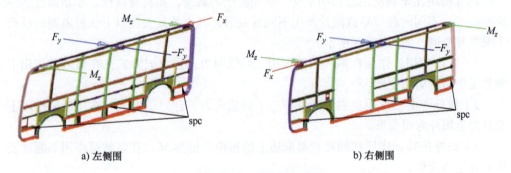

a) 左侧围　　　　　　　　　b) 右侧围

图 10.19　侧片约束方案

（1）骨架侧片的刚度分析

某小巴骨架侧片的刚度性能有限元计算结果见表 10.2。

表 10.2　左右骨架侧片的刚度性能

工况	左侧片 质量：67.97kg	右侧片 质量：59.98kg
面内剪切	$\Delta=0.291$	$\Delta=0.294$
	面内剪切刚度：343N/mm	面内剪切刚度：340N/mm

（续）

工况	左侧片	右侧片
	质量：67.97kg	质量：59.98kg

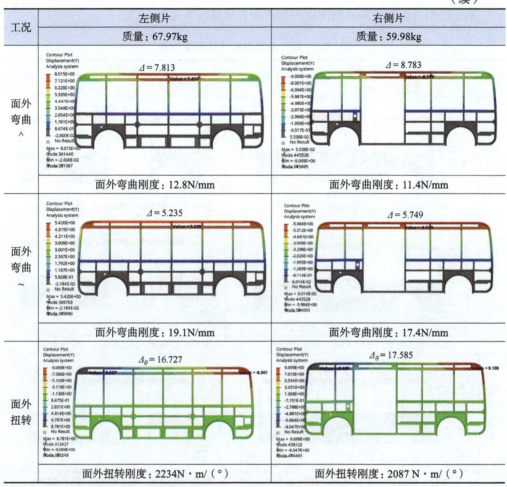

面外弯曲 ^	$\Delta = 7.813$ 面外弯曲刚度：12.8N/mm	$\Delta = 8.783$ 面外弯曲刚度：11.4N/mm
面外弯曲 ~	$\Delta = 5.235$ 面外弯曲刚度：19.1N/mm	$\Delta = 5.749$ 面外弯曲刚度：17.4N/mm
面外扭转	$\Delta_\theta = 16.727$ 面外扭转刚度：2234N·m/（°）	$\Delta_\theta = 17.585$ 面外扭转刚度：2087 N·m/（°）

注：单点载荷记为"^"；线载荷记为"~"，后同。

分析：

1）骨架侧片的力学性能很差，其中弯曲刚度尤其差，这是由于侧片骨架的尺度大，且立柱的截面抗弯曲性能不足所导致的，因此，必须对侧片的骨架采取加强措施，由第 5 章的研究可知，双面蒙皮可以显著提高框结构的性能，同时应加大侧片框的厚度尺寸。

2）由于右侧片多了一个门洞，导致右侧片的面外弯曲刚度和面外扭转刚度均低于左侧片 10% 左右。

3）线载荷作用下的性能好于集中载荷作用下的性能，这是因为分散的线载荷作用时，结构也处于分散承载状态。

（2）铝合金蒙皮侧片的刚度分析

某小巴铝合金蒙皮侧片的刚度性能有限元计算结果见表10.3。

表 10.3　铝合金蒙皮侧片的刚度性能

工况	左侧片	右侧片
	质量：115.4kg，提升170%	质量：98.63kg，提升164%
面内剪切	$\Delta = 0.226$ 面内剪切刚度：442N/mm，提升129%	$\Delta = 0.228$ 面内剪切刚度：439N/mm，提升130%
面外弯曲 ^	$\Delta = 3.462$ 面外弯曲刚度：28.8N/mm，提升225%	$\Delta = 3.970$ 面外弯曲刚度：25.2N/mm，提升220%
面外弯曲 ~	$\Delta = 2.061$ 面外弯曲刚度：48.5N/mm，提升254%	$\Delta = 2.298$ 面外弯曲刚度：43.5N/mm，提升250%
面外扭转	$\Delta_\theta = 7.702$ 面外扭转刚度：4797N·m/(°)，提升215%	$\Delta_\theta = 7.96$ 面外扭转刚度：4729N·m/(°)，提升227%

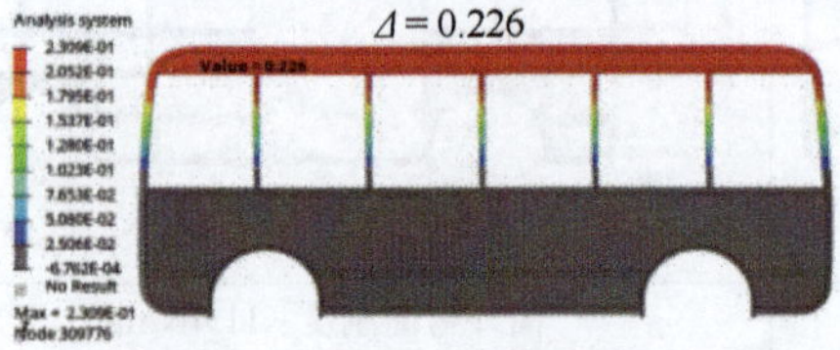

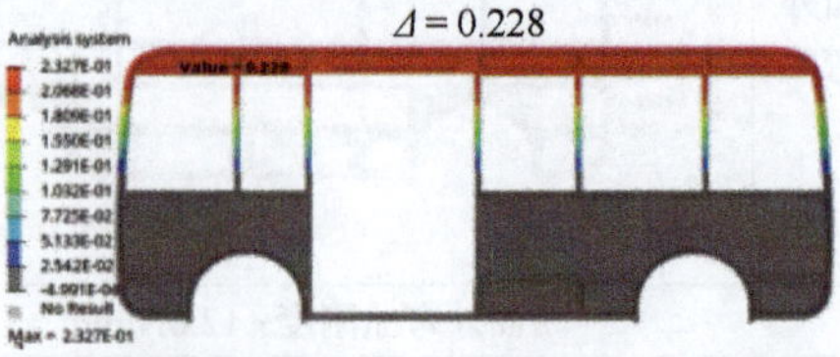

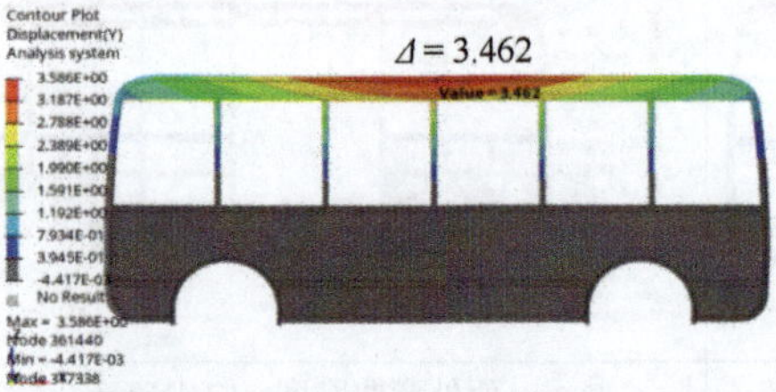

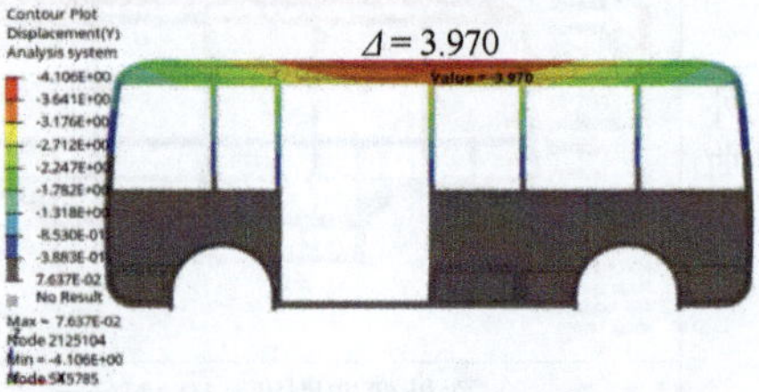

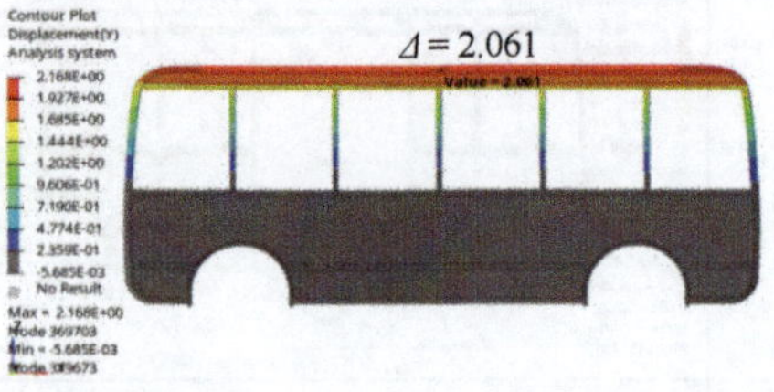

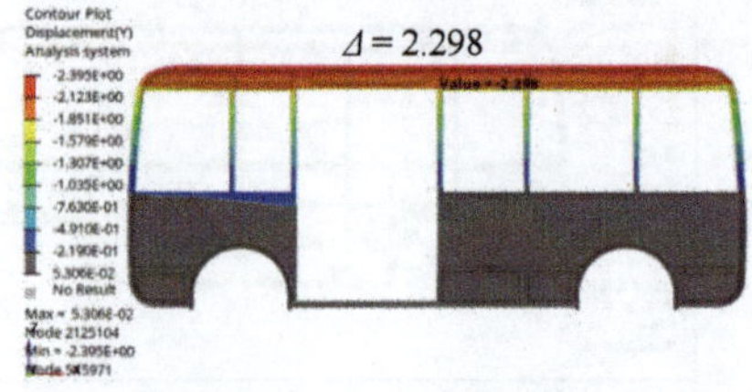

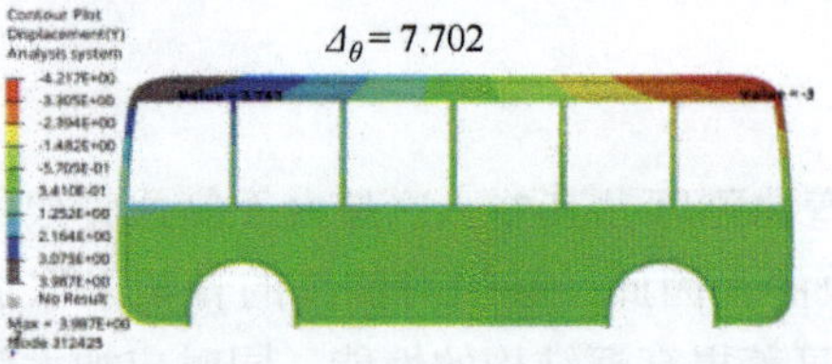

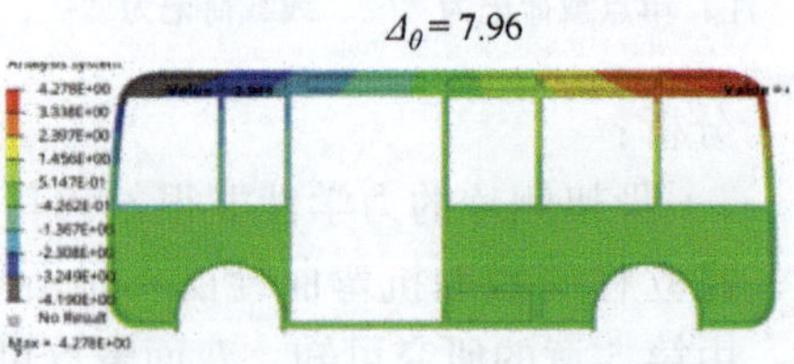

注：变化率以表10.2数据为参考。

分析：

1）铝合金蒙皮明显增加了侧片的性能，尤其是面外弯曲刚度和面外扭转刚度提升了2倍以上，但是绝对性能，尤其是面外弯曲的刚度值还是很低，其原因是仍然存在大面积的未蒙皮区域，导致出现性能"空洞效应"。

　　2）铝合金蒙皮后的左右侧片面外弯曲刚度的差距比例略有增加，其他性能基本相同。

　　3）线载荷下的性能好于集中载荷下的性能。

（3）全蒙皮侧片的刚度分析

某小巴全蒙皮侧片的刚度性能有限元计算结果见表 10.4。

表 10.4　全蒙皮侧片的刚度性能

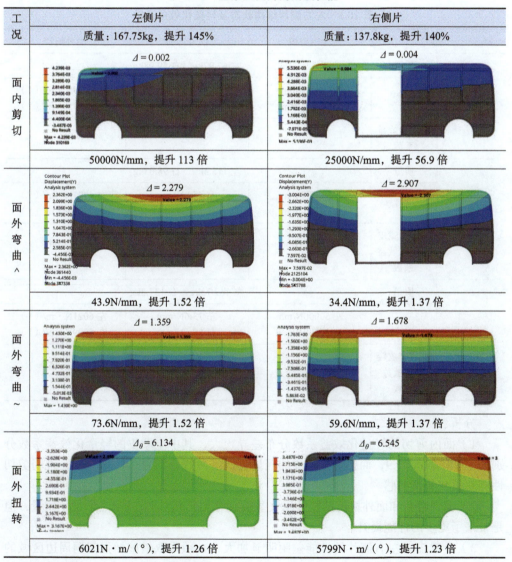

工况	左侧片 质量：167.75kg，提升 145%	右侧片 质量：137.8kg，提升 140%
面内剪切	$\Delta = 0.002$ 50000N/mm，提升 113 倍	$\Delta = 0.004$ 25000N/mm，提升 56.9 倍
面外弯曲 ∧	$\Delta = 2.279$ 43.9N/mm，提升 1.52 倍	$\Delta = 2.907$ 34.4N/mm，提升 1.37 倍
面外弯曲 ~	$\Delta = 1.359$ 73.6N/mm，提升 1.52 倍	$\Delta = 1.678$ 59.6N/mm，提升 1.37 倍
面外扭转	$\Delta_\theta = 6.134$ 6021N·m/（°），提升 1.26 倍	$\Delta_\theta = 6.545$ 5799N·m/（°），提升 1.23 倍

注：变化率均以表 10.3 数据为参考。

分析：

1）面内剪切性能提升高达 100 倍以上。

2）面外弯曲和扭转刚度明显提升，但是面外弯曲刚度的绝对值仍然较低。由于侧片的面外弯曲性能对整车横向剪切刚度的影响很大，需要高度关注该性能的不足现象。

（4）3 种侧片结构状态的轻量化效果分析

对左右侧片 3 种结构状态的轻量化效果进行分析，结果见表 10.5。

表 10.5　左右侧片结构状态及轻量化效益系数

工况		面内剪切	面外弯曲	面外扭转
骨架侧片	质量	左 67.97kg，右 59.98kg		
	刚度	左 343N/mm 右 340N/mm	左 19.1N/mm 右 17.4N/mm	左 2234N·m/（°） 右 2087N·m/（°）
	轻量化效益系数	无	无	无
铝合金蒙皮侧片	质量	左 115.4kg，右 98.63kg		
	刚度	左 442N/mm 右 439N/mm	左 45.8N/mm 右 43.5N/mm	左 4797N·m/（°） 右 4729N·m/（°）
	铝合金蒙皮轻量化效益系数	左 0.41 右 0.45	左 2 右 2.33	左 1.64 右 1.96
全蒙皮侧片	质量	左 167.75kg，右 137.8kg		
	刚度	左 50000N/mm 右 25000N/mm	左 73.6N/mm 右 59.6N/mm	左 6021N·m/（°） 右 5799N·m/（°）
	玻璃蒙皮轻量化效益系数	左 98.62 右 55.9	左 1.94 右 1.87	左 1.15 右 1.37

分析：

1）面内剪切的轻量化效益系数分布差异很大，其中全蒙皮的轻量化效益系数分别高达 98.62 和 55.9，而铝合金蒙皮的轻量化效益系数分别为 0.41 和 0.45，说明剪切性能对蒙皮非常敏感。

2）面外弯曲和面外扭转的轻量化效益系数均大于 1，即蒙皮虽然增加了质量，但是带来了更多的性能提升。

3）全蒙皮时左右侧片的性能差距明显加大，必须采取措施加强门洞周边区域的结构，以抵消门洞的负面影响。

10.2.2　TMBB 车顶模块的力学分析

1. 载荷工况

车顶模块的结构特点和设计方法详见第 8 章 8.2 节。车顶在车辆使用过程中也承受一系列复杂的载荷，主要工况如图 10.20 所示。

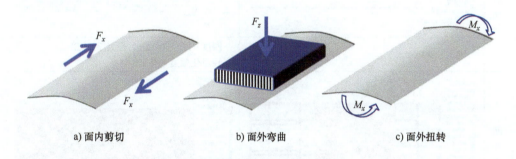

　　　　a) 面内剪切　　　　　　　　b) 面外弯曲　　　　　　　　c) 面外扭转

图 10.20　车顶模块典型工况

1）面内剪切：车辆的两个侧片出现相反方向的纵向变形时，施加在车顶上的力，沿两侧边均布，合力记为 F_x。

2）面外弯曲：车辆的自重及车顶空调施加在车顶上的力，假设车顶的两条纵边固定，车顶自重均布，空调载荷在安装面内均布，合力记为 F_z。

3）面外扭转：车辆的前 / 后脸出现相反方向的扭转变形时施加在车顶上的力矩，作用在两端连接边上，合力矩记为 M_x。

2. 车顶模块有限元计算

为了理解车顶模块的力学性能与结构之间的关系，以下分别对骨架车顶和蒙皮骨架车顶（双面蒙皮，厚度 2mm）两种结构方案，在面内剪切、面外扭转和面外弯曲 3 种工况下的刚度进行有限元分析，载荷及位移约束仍参见图 10.20。

1）面内剪切：约束车顶模块的一条纵边，在另一边的角点处施加 100N 单位力，计算载荷作用点处的变形量 Δ_x，面内剪切刚度 $K=F_x/\Delta_x$。

2）面外弯曲：约束车顶模块的两条纵边，在空调质心位置加载单位力 $F_z=100N$，计算载荷作用点处的变形量 Δ_z，面外弯曲刚度 $K=F_z/\Delta_z$。

3）面外扭转：约束车顶模块的一端横边，在另一边的两个角点施加大小相等、方向相反的 100N 单位力，计算结构的扭转角 Δ_θ，面外扭转刚度 $K=M_x/\Delta_\theta$。

某小巴车顶模块的刚度有限元计算结果见表 10.6。

表 10.6　车顶模块的刚度有限元计算结果

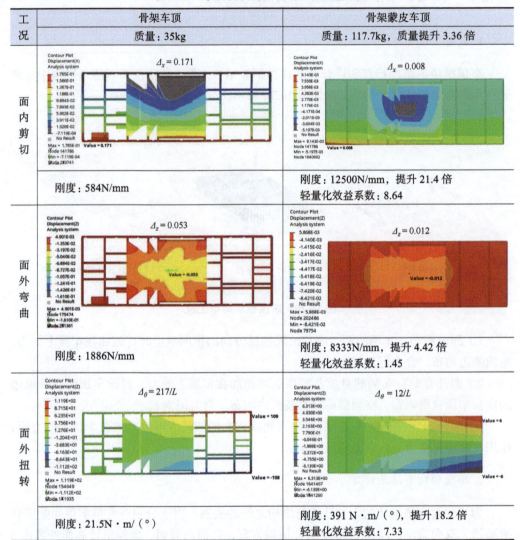

工况	骨架车顶 质量：35kg	骨架蒙皮车顶 质量：117.7kg，质量提升 3.36 倍
面内剪切	$\Delta_x = 0.171$	$\Delta_x = 0.008$
	刚度：584N/mm	刚度：12500N/mm，提升 21.4 倍 轻量化效益系数：8.64
面外弯曲	$\Delta_z = 0.053$	$\Delta_z = 0.012$
	刚度：1886N/mm	刚度：8333N/mm，提升 4.42 倍 轻量化效益系数：1.45
面外扭转	$\Delta_\theta = 217/L$	$\Delta_\theta = 12/L$
	刚度：21.5N·m/(°)	刚度：391 N·m/(°)，提升 18.2 倍 轻量化效益系数：7.33

注：表中 L 为车顶宽度。

讨论：

1）骨架车顶的刚度很差，但是双面蒙皮后的性能显著提升，尤其是面内剪切刚度的提升量和绝对量都很高。

2）双面蒙皮的轻量化效益系数均大于 1，且剪切和扭转工况的轻量化效益系数远大于 1。

3）从计算数据看，该车顶的弯曲刚度达到 8333N/mm，通常空调重 2000~3000N，折算出的车顶变形小于 0.5mm，能够满足要求。

10.3　TMBB 整车静力学

10.3.1　车身载荷分析

车辆在使用过程中的载荷状态非常复杂，为了保证客车等商用车结构的安全性，国家法规制定了一系列测试科目[43-45]，主要有：①侧翻跌落试验，用于测试车身结构的横向剪切刚度，载荷记为 F_y；②三点弯曲试验，用于测试车身结构的纵向弯曲刚度，载荷记为 F_z；③车身扭转试验，用于测试车身结构的纵向扭转刚度，载荷记为 M_x。车身典型测试载荷工况如图 10.21 所示。

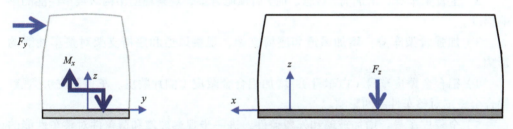

图 10.21　车身典型测试载荷工况

10.3.2　整车横向剪切力学分析

如图 10.22 所示，整车结构为腔梁结构。假设固定车架底部，在车身侧片的上边框区域施加侧向力 F_y，如图 10.22a 所示。在该横向载荷作用下，左右侧片经历面外弯曲、车顶经历面内横向压缩、前 / 后脸经历面内 y 向剪切，忽略车架的变形，可见构成整车结构的各个模块经历不同的力学行为，其综合结果是车辆结构产生横向剪切变形，如图 10.22a 中虚线所示。但是，整车的力学性能不是各个模块力学性能的线性叠加，而是整车腔梁结构的整体力学表现。

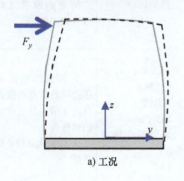

a) 工况

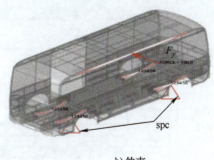

b) 约束

图 10.22　车身横向剪切

作为一个整体腔梁结构，影响其横向剪切力学性能的因素非常复杂，主要包括：

1）各个模块结构的力学性能，即侧片的面外弯曲性能，车顶的面内压缩性能，前/后脸模块的面内剪切性能。

2）模块之间的接口连接刚度，包括侧片与车架的连接、侧片与车顶的连接、侧片和车顶与前/后脸的连接。

为了分析各类车身结构模块与整车性能的关系，以下分五步对整车结构进行有限元计算：

1）核心骨架车身：TMBB-V3.0 车架（即完整蒙皮的隧道腔梁式 TMBB 车架）+ 左右侧片骨架 + 车顶骨架，观察核心车身骨架的基础性能。

2）全骨架车身：增加前/后舱、前/后顶舱骨架，观察辅助结构对整车性能的影响程度。

3）加强骨架车身：增加风道和座椅支架，观察风道和座椅支架对整车性能的影响。

4）铝合金蒙皮车身（白车身）：增加铝合金蒙皮（侧片蒙皮、车顶蒙皮），观察铝合金蒙皮对整车性能的影响。

5）全蒙皮车身：增加玻璃和外覆盖件，进一步观察玻璃和覆盖件对整车性能的影响。

计算中约束所有板簧硬点的全部 6 个自由度（spc123456），如图 10.22b 所示。整车横向剪切刚度计算结果见表 10.7。

表 10.7 TMBB 整车横向剪切刚度

结构	有限元结果	指标	分析
核心骨架车身	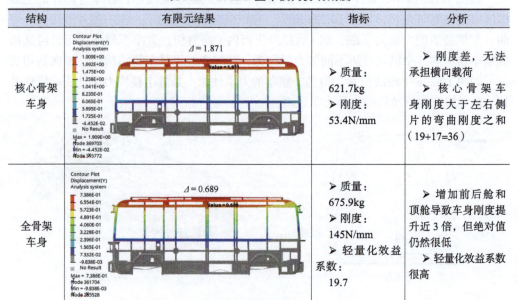	➢ 质量：621.7kg ➢ 刚度：53.4N/mm	➢ 刚度差，无法承担横向载荷 ➢ 核心骨架车身刚度大于左右侧片的弯曲刚度之和（19+17=36）
全骨架车身		➢ 质量：675.9kg ➢ 刚度：145N/mm ➢ 轻量化效益系数：19.7	➢ 增加前后舱和顶舱导致车身刚度提升近 3 倍，但绝对值仍然很低 ➢ 轻量化效益系数很高

（续）

结构	有限元结果	指标	分析
加强骨架车身	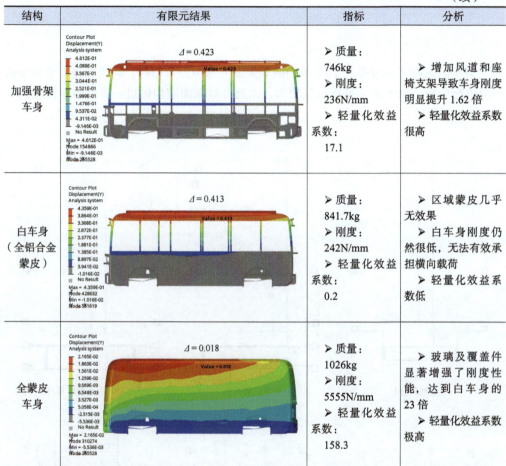	➢ 质量：746kg ➢ 刚度：236N/mm ➢ 轻量化效益系数：17.1	➢ 增加风道和座椅支架导致车身刚度明显提升 1.62 倍 ➢ 轻量化效益系数很高
白车身（全铝合金蒙皮）		➢ 质量：841.7kg ➢ 刚度：242N/mm ➢ 轻量化效益系数：0.2	➢ 区域蒙皮几乎无效果 ➢ 白车身刚度仍然很低，无法有效承担横向载荷 ➢ 轻量化效益系数低
全蒙皮车身		➢ 质量：1026kg ➢ 刚度：5555N/mm ➢ 轻量化效益系数：158.3	➢ 玻璃及覆盖件显著增强了刚度性能，达到白车身的 23 倍 ➢ 轻量化效益系数极高

讨论：

1）白车身的横向剪切刚度是核心骨架的 4.57 倍，说明前后舱骨架、前后顶舱骨架、风道结构、座椅支架及铝合金蒙皮产生了明显的性能提升效果，且轻量化效益系数很高。

2）白车身的横向剪切刚度绝对值仍然很低（仅有 242N/mm），假设中巴侧翻落地的冲击力为 6t，则白车身的横向变形将高达 242mm，车身将严重失效。

3）加装全部玻璃及覆盖件后形成全蒙皮车身，横向剪切刚度提升了 23 倍，高达 5555N/mm，假设同样的侧翻冲击力，此时整个车身的横向变形仅有 10.5mm。

可见白车身与全蒙皮车身的横向剪切刚度完全不同，因此不能用白车身的性能评估完整车身的性能。但是，由于玻璃是脆性易损材料，为了保持全蒙皮车身结构的优异性能，需要采取有效措施保护玻璃，以防玻璃破损导致车身刚度的迅速降低。

10.3.3 整车纵向弯曲力学分析

1. 整车弯曲力学原理

整车的纵向弯矩分布与 10.1 节中的车架纵向弯矩分布相同，同样选择 6 个典型横截面进行分析，由于整车截面尺度更大，因此可对截面结构做进一步的等效简化，如图 10.23 所示。

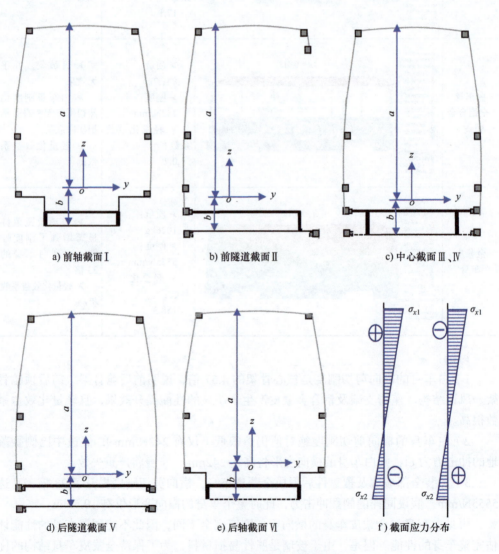

a) 前轴截面Ⅰ   b) 前隧道截面Ⅱ   c) 中心截面Ⅲ、Ⅳ

d) 后隧道截面Ⅴ   e) 后轴截面Ⅵ   f) 截面应力分布

图 10.23　车身纵向弯曲力学原理

TMBB 整车结构的典型截面具有以下三大特点：

1）大尺寸、组合式截面：整车的截面尺寸远大于车架截面，且每个截面均由车架和车身两部分结构组成，但是，车架结构的几何密度（即单位截面积内的材料面积）明显大于车身结构的几何密度。

2）几何不连续：表现在两个方面，首先在截面内可能出现门洞、窗洞、电池舱门等，导致截面轮廓不连续，其次在整车的纵向会出现截面几何构成的突变，例如在侧立柱型材边沿、电池舱边沿、轮眉边沿、门洞和窗洞边沿的截面均存在几何突变。

3）材料多样性：整车的材料比较复杂，有铝合金型材、铝合金蒙皮、玻璃、塑料件、玻璃胶等，导致在不同的截面内的材料构成不同。

理论上，大尺度、组合式截面结构具有更高的截面惯性矩和纵向弯曲性能，但是几何不连续和材料多样性导致经典力学中的基本假设均不成立（材料均匀性、连续性和线性），实际结构的力学行为非常复杂。为了定性说明力学原理，仍假设整车结构和材料均为线性，即将截面内不同的结构元素视为一体式整体结构，材料也简化为单一材料且符合线性变形规律。在此假设基础上，结合截面的几何特征，可初步分析各个截面的弯曲拉压应力沿 z 向的分布规律，如图 10.23f 所示，具体截面上的应力大小和正负性取决于对应截面上的弯矩内力和截面惯性矩，分析方法与 10.1 节的车架弯曲应力分析相同。据此，可得出以下定性结论：

1）TMBB 车身是整车结构的重要组成部分，整车的截面惯性矩相对车架有明显提高，因此，TMBB 车身参与弯曲承载，导致整车弯曲承载能力显著提升。

2）在相同载荷条件下，由于车身参与承载，导致车架的应力分布状态与车架独立承载时有很大的不同，车架的应力水平会明显减小。

3）由于车架结构的几何密度明显大于车身结构，截面的几何形心偏向车架，导致车身，尤其是车顶的应力水平会高于车架的应力水平，由此易导致车身结构上的薄弱环节率先出现失效，但是，由于 TMBB 车架承载能力强，如率先出现车身失效，车架仍可继续承载，或进入新的平衡，或出现车架失效。

2. 整车弯曲有限元分析

对 4 种 TMBB 整车结构状态分别进行弯曲工况的有限元计算，即①无车身；②骨架车身；③白车身（骨架 + 铝合金蒙皮）；④全蒙皮车身（白车身 + 玻璃 + 覆盖件）。

计算条件如下：①加载：在前后轴距中心位置加载 z 向单位力 100N；②约束：约束前板簧 3 个移动自由度，约束后板簧的横向和垂向自由度，此时整车等效于简支梁模型。

有限元分析结果见表 10.8。

表 10.8　TMBB 整车结构弯曲刚度

结构	有限元结果	指标	分析
车架	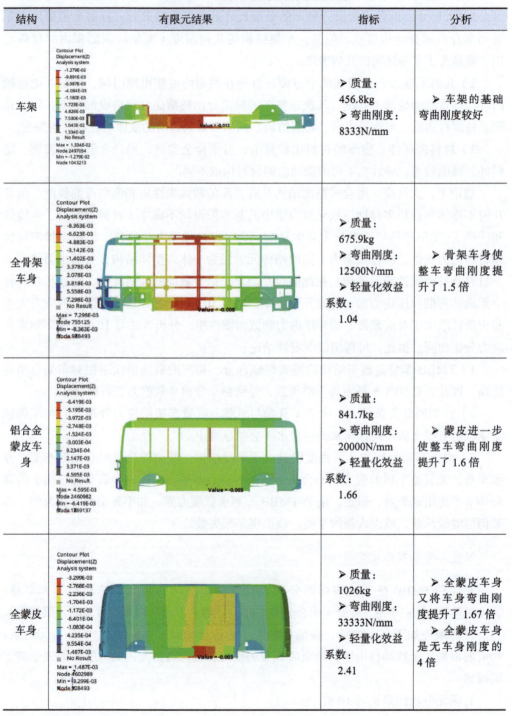	➤ 质量：456.8kg ➤ 弯曲刚度：8333N/mm	➤ 车架的基础弯曲刚度较好
全骨架车身		➤ 质量：675.9kg ➤ 弯曲刚度：12500N/mm ➤ 轻量化效益系数：1.04	➤ 骨架车身使整车弯曲刚度提升了 1.5 倍
铝合金蒙皮车身		➤ 质量：841.7kg ➤ 弯曲刚度：20000N/mm ➤ 轻量化效益系数：1.66	➤ 蒙皮进一步使整车弯曲刚度提升了 1.6 倍
全蒙皮车身		➤ 质量：1026kg ➤ 弯曲刚度：33333N/mm ➤ 轻量化效益系数：2.41	➤ 全蒙皮车身又将车身弯曲刚度提升了 1.67 倍 ➤ 全蒙皮车身是无车身刚度的 4 倍

10.3.4　整车纵向扭转力学分析

1. 整车扭转力学原理

在纵向扭矩 M_x 作用下，车辆各横截面均产生剪切变形，并在截面轮廓上形成复杂的剪切力流。由于整车结构的截面沿纵向有所不同，因此产生的剪切力流也不同。选择与 10.3.3 节相同的 6 个横截面位置进行分析，如图 10.24 所示。整车截面的特点与 10.3.3 节的分析相同，在扭转工况下还具有以下特点：

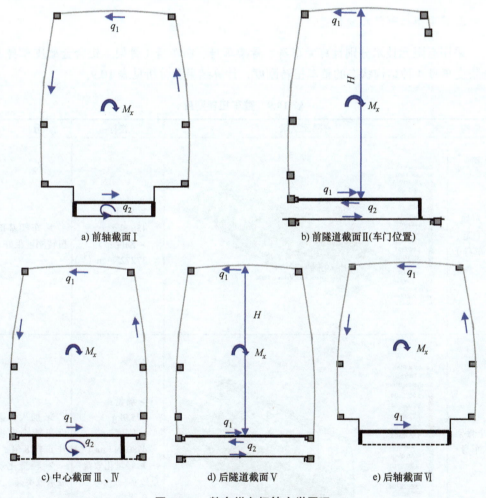

a) 前轴截面 I

b) 前隧道截面 II(车门位置)

c) 中心截面 III、IV

d) 后隧道截面 V

e) 后轴截面 VI

图 10.24　整车纵向扭转力学原理

1）整车截面由车架和车身共同组成，其截面面积远大于车架截面面积，理论上具有更高的扭转惯性矩及扭转性能，其中车身的理论贡献率更大。

2）不同截面的几何构成差异很大，导致截面的扭转性能差异很大。截面 Ⅰ 和 Ⅲ 为双腔截面，截面 Ⅴ 和 Ⅴ 为单腔截面，截面 Ⅱ 位于门洞位置且不封闭。截面的腔越多、腔体面积越大，截面的扭转性能越好，无封闭腔截面的扭转性能最差。

3）由于截面结构的复杂性和材料的多样性，导致同一截面内不同区域结构的刚度不均匀，扭转变形率也不为常数。通常，车身的几何密度及材料性能均不如车架，因此同一截面内车身的刚度更低，扭转变形率更大。

4）不能采用类似于型腔和车架的计算方法来计算整车的扭转性能，工程实践中广泛采用有限元技术进行车身扭转力学性能分析。

2. 整车扭转有限元分析

采用有限元技术分别计算无车身、骨架车身、白车身（骨架 + 铝合金蒙皮车身）、全蒙皮车身 4 种结构状态的整车扭转刚度，计算结果及分析见表 10.9。

表 10.9　整车扭转刚度

结构	有限元结果	指标	分析
车架（无车身）		➢ 质量：456.8kg ➢ 刚度：37272N·m/(°)	➢ 车架基础扭转刚度很好
全骨架车身		➢ 质量：675.9kg ➢ 刚度：47803N·m/(°) ➢ 轻量化效益系数：0.58	➢ 加入骨架后扭转刚度提升了 1.28 倍 ➢ 轻量化效益系数不高

（续）

结构	有限元结果	指标	分析
铝合金蒙皮车身	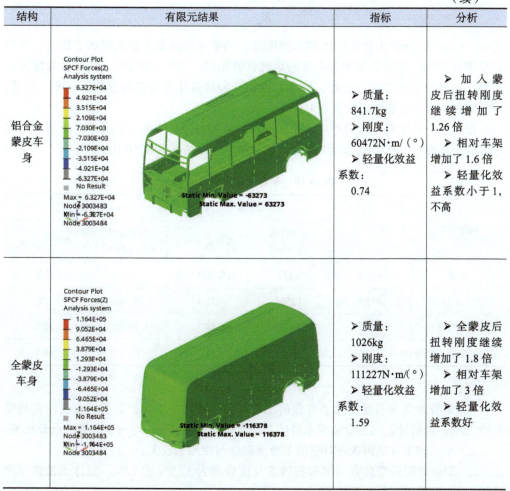	➤ 质量：841.7kg ➤ 刚度：60472N·m/（°） ➤ 轻量化效益系数：0.74	➤ 加入蒙皮后扭转刚度继续增加了1.26 倍 ➤ 相对车架增加了1.6 倍 ➤ 轻量化效益系数小于1，不高
全蒙皮车身		➤ 质量：1026kg ➤ 刚度：111227N·m/（°） ➤ 轻量化效益系数：1.59	➤ 全蒙皮后扭转刚度继续增加了1.8 倍 ➤ 相对车架增加了3 倍 ➤ 轻量化效益系数好

10.3.5　TMBB 车身承载参与度分析

　　由 10.3.4 节整车结构的静力学分析可知，整车的力学性能远高于车架的力学性能，说明 TMBB 车身对整车的承载能力做出了重大贡献。但是不能简单地将两者的差距理解为车身的性能，因为独立的车身与装配后的车身在性能上无法比较，它们是两个不同的力学系统，例如非承载式厢货，其自身有良好的刚度，但是通过骑马螺栓与车架连接在一起后，整车的刚度相比车架的刚度提升并不明显，这只能说明厢货在整车刚度性能中的贡献度不高，并不能说明厢货自身的刚度性能不好。

　　汽车行业中关于车身承载的描述一直是定性的，例如全承载、半承载、非承载。为了对车身承载有一个定量的判断，定义车身承载参与度系数，简称参与度系数 L_b。

$$L_b = \frac{K_a - K_c}{K_a} \times 100\% \qquad (10.11)$$

式中，K_a 和 K_c 分别为整车刚度和车架刚度。当整车刚度是车架刚度的 2 倍时，车身参与度是 50%，表现为车架和车身的承载贡献相同，当 $L_b > 50\%$ 时，车身参与度大于车架，反之则小于车架。因此，该参与度指标能够量化车身参与承载的程度，但是，不能反映车身自己的绝对承载能力。

根据 10.3.4 节整车弯曲刚度和扭转刚度的有限元分析结果，应用式（10.11）可以分析不同车身结构状态在不同工况下的承载参与度，结果见表 10.10。

表 10.10　车身承载参与度分析

车辆结构状态	质量 /kg	弯曲		扭转	
		弯曲刚度 /（N/m）	参与度（%）	扭转刚度 /[N·m/(°)]	参与度（%）
车架	456.8	8333	无车身参与度	37272	无车身参与度
车架 + 车身骨架	675.9	12500	33.3	47803	22
车架 + 白车身	841.7	20000	58.3	60472	38.3
车架 + 全蒙皮车身	1026	33333	75	111227	66.5

讨论：

1）车身承载参与度的大小与载荷工况相关，对弯曲工况，全蒙皮车身的参与度高达 75%，对扭转工况，全蒙皮车身的参与度也高达 66.5%，均高于车架的承载比例。

2）不同的车身结构状态对应的车身承载参与度差别较大：

① 车身骨架的弯曲参与度和扭转参与度分别为 33.3% 和 22%，总体不及整车刚度的 1/3，可理解为非承载车身。

② 白车身的弯曲参与度和扭转参与度分别为 58.3% 和 38.3%，总体上接近于车架承载能力，可理解为半承载车身。

③ 另外，由于考斯特中巴的车架刚度很低，但是它的整车刚度与本 TMBB 白车身相当，因此它的车身承载参与度相当高，可理解为全承载车身。

10.4　TMBB 整车模态分析

模态分析是车辆结构设计的重要内容，结构模态对车辆的力学性能和乘坐舒适性都有较大影响，属于车辆结构的动态性能。以下以承载式 TMBB 小巴结构为例，对全蒙皮车身的自由模态进行分析，结果见表 10.11。

表 10.11　TMBB 整车模态分析结果

阶次	频率	振型	振型特征
1	21.7Hz		左右侧围玻璃、顶盖模块振动
2	25.2Hz		左右侧围玻璃局部振动
3	27.0Hz		左右侧围玻璃、顶盖模块振动
4	29.2Hz		左右侧围玻璃局部振动

（续）

阶次	频率	振型	振型特征
5	31.0Hz		右侧围末端玻璃局部振动
6	24.32Hz		右侧围中后部玻璃及中部封板局部振动
7	29.71Hz		左侧围两端玻璃及中部封板局部振动
8	32.49Hz		左侧围前端玻璃及中部封板局部振动

（续）

阶次	频率	振型	振型特征
9	32.60Hz		左侧围中部封板局部振动
10	32.75Hz		左侧围玻璃及中部封板局部振动

结果分析：

1）所有阶次模态均无整车振动模态，说明带玻璃和覆盖件的整车不会出现整车振动，该结果对整车结构安全非常有利。

2）阶次 1 模态～阶次 4 模态（27.1~29.2Hz）对应车顶、侧片较大范围区域的振动，这种振动对车顶及侧片模块的结构不利，可根据第 5 章框结构加强原理和第 8 章车身结构设计方法加强对应模块的结构设计，提高模态频率，减小模态振动区域。

3）其他阶次模态均为局部区域振动模态（也可称为呼吸模态），频率范围分布在 30Hz 以上，且随着频率增加，振动区域越小越分散。呼吸模态振动的主要表现是车身局部结构抖动，对结构安全性的影响很小，但是容易出现振动异响，影响乘坐舒适性。设计中可采用局部加强结构、内部填充发泡、加大玻璃厚度等措施予以改善。

4）考虑到车轮和悬架对路面激振的吸收效果，车辆实际运行中簧上质量的振动频率大部分小于 15Hz，并且 15Hz 以上的振动幅值很小，因此，实际使用中不易出现模块振动和局部区域振动[46]。

第 11 章　TMBB 整车性能测试

整车结构的性能评价离不开实际的实车测试。因此，为全面评估整车结构性能与可靠性，本章针对 6m 和 8m TMBB 轻量化整车结构开展了四大项试验验证：①白车身力学试验——弯曲试验和扭转试验；②整车侧翻的跌落试验；③结构可靠性试验；④小批运营示范。通过测试与应用，收集真实的实车数据并发现结构缺陷，验证采用新结构的整车性能。

11.1　白车身力学试验

11.1.1　白车身弯曲试验

1. 试验方案设计

（1）弯曲工况标准

根据 GB/T 6792—2009《客车骨架应力和形变测量方法》，弯曲工况测试是在垂直载荷下，对客车四轮着地时的结构强度和刚度进行校核。该工况主要模拟客车在良好路面上匀速直线行驶时的应力分布和变形情况，试验约束条件为四轮在水平地面上同时着地。根据客车车身骨架结构特点，分别在前桥、后桥部分架设固定夹具。本章主要考察 8m 纯电公交车的车身结构强度（见图 11.1）及综合安全性。

图 11.1　带有支座的客车车身

（2）载荷处理

根据 GB/T 12428—2023《客车装载质量计算方法》，空载测试所加载总质量为 4500kg，分别为前桥簧上质量、后桥簧上质量、车架质量、车身附件质量、电池包质量以及人的质量，加载方式为用等量沙包加载到车架上相应位置。满载质量是在整备质量的基础上，加上乘员质量，总质量为 7500kg。超载是在满载的基础上，加上超载的乘员质量，总质量为 9500kg。具体载荷处理方式如图 11.2、图 11.3 和表 11.1 所示。

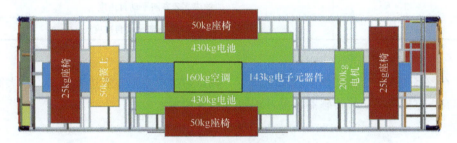

图 11.2　整备质量分布

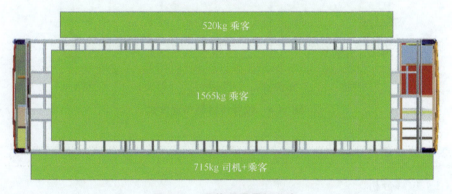

图 11.3　满载质量叠加分布

表 11.1　载荷处理方式

载荷	加载质量	备注
零载	0kg	起始状态
整备	2056kg（车身）+1087kg（簧下）+1357kg（沙包）	4500kg
满载	4700kg（整备质量）+2800kg（沙包）	7500kg
超载	7500kg（满载质量）+2000kg（均布沙包）	9500kg

（3）边界条件处理

车架的主要约束来自悬挂系统，根据车架前后悬挂固定点，统计出需要的约束条件，悬挂点分别为车头前左 1、前右 2、后左 3、后右 4，弯曲工况下的自由度约束见表 11.2。

表 11.2 弯曲工况约束条件

悬挂点编号	约束情况
1	约束 Z 方向平动自由度
2	约束 YZ 方向平动自由度
3	约束 XZ 方向平动自由度
4	约束 XYZ 方向平动自由度

（4）位移传感器布置方案

在整备工况、满载工况和超载工况下，测试左边梁变形、右边梁变形、左大梁变形和右大梁变形。位移传感器布置方式如图 11.4 所示。

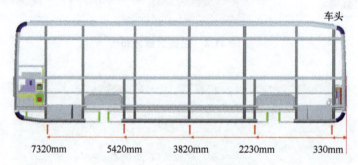

图 11.4 位移传感器布置方式

2. 试验结果与分析

（1）位移分析

在 3 种工况下分别进行两次加载，位移变化示意图如图 11.5 所示。整备工况下，车架平均最大位移量为 -1.75mm，出现在右边梁中部；满载工况下，车架平均最大位移量为 -3.69mm，出现在右边梁中部；超载工况下，车架平均最大位移量为 -5.67mm，发生在左边梁尾部。

（2）弯曲刚度分析

当车身上作用有对称垂直载荷时，结构处于弯曲工况，其整体的弯曲刚度由车身底架的最大垂直挠度来评价。假定车身整体可用一根具有均匀弯曲刚度的简支梁来代替，在简支梁上加一个集中力，就可得到简支梁车架模型的弯曲刚度与垂直挠度的计算公式。将真实车身底架的最大垂直挠度值代入该公式便得到车身结构的整体弯曲刚度 EI 的值。

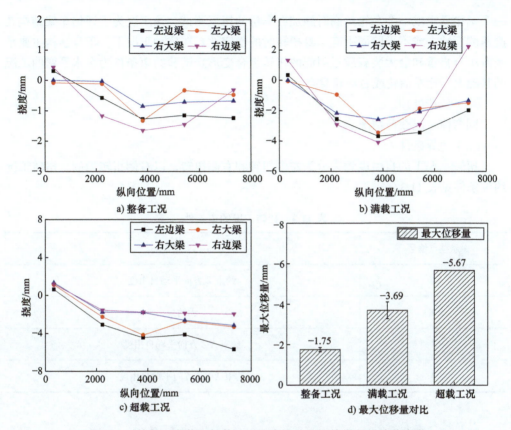

图 11.5　整备、满载和超载工况下大梁和边梁的纵向位移分布图

$$EI = mgax(L^2 - a^2 - x^2) / 6yL$$

式中，mg 是车身所受总重力；a 是支点到加载点的距离；x 是支点到测点的距离；L 是轴距；y 是最大挠度。在满载工况，计算值为 $2.77 \times 10^7 \mathrm{N \cdot m^2}$；在超载工况，计算值为 $3.23 \times 10^7 \mathrm{N \cdot m^2}$，平均值为 $3.00 \times 10^7 \mathrm{N \cdot m^2}$。

我国同类客车弯曲刚度范围为 $2.20 \times 10^6 \sim 4.25 \times 10^7 \mathrm{N \cdot m^2}$，一般客车弯曲变形量不能超过 15mm。弯曲刚度符合标准。

11.1.2　白车身扭转试验

1. 试验方案设计

（1）扭转工况标准

根据 GB/T 6792—2009《客车骨架应力和形变测量方法》，扭转工况测试是进行一个车轮悬空或一个车轮抬高时施加在车桥的扭矩测试。该工况为了评估车架结构在遭遇侧面冲击或不平路面引起车身扭转时的稳定性。在这种工况下，车身结构主要承受由车身自重和最大装载质量引起的扭转组合变形。试验约束条件为在水平弯曲工况的基础上，让左前轮或右前轮悬空。

（2）载荷处理

同弯曲工况载荷情况。

（3）边界条件

扭转工况下的自由度约束分为左侧扭转和右侧扭转，以右侧扭转为例，扭转工况约束条件见表 11.3。

表 11.3　扭转工况约束条件

悬挂点编号	约束情况
1	约束 Z 方向平动自由度
2	无约束
3	约束 XZ 方向平动自由度
4	约束 XYZ 方向平动自由度

2. 试验结果与分析

（1）位移分析

满载工况下在左右两侧分别进行了两次加载。超载工况下在左右两侧分别进行了3 次加载。右侧扭转满载工况下，车架平均最大位移量为 −14.03mm，均出现在右边梁头部；左侧扭转满载工况下，车架平均最大位移量为 −15.58mm，均出现在左边梁头部。右侧扭转超载工况下，车架平均最大相对位移量为 −20.58mm，出现在右边梁头部；左侧扭转超载工况下，车架平均最大位移量为 −22.30mm，出现在左边梁头部。满载和超载工况下位移变化示意图如图 11.6 所示。

（2）开口刚度分析

开口变形是评价车身刚度的一种重要指标，衡量开口变形一般是车身受到弯曲或扭转载荷下通过计算车身开口对角线的变化量。弯曲门窗对角线测量点如图 11.7 所示。

在满载工况下，当车身受到弯曲载荷时，右侧前后车窗最大开口变形量为 2mm。当车身受到扭转载荷时，经测量获得的前窗最大开口变形量为 2mm（前窗对角线之差）；在超载工况下，测得前窗最大开口变形量为 4mm（前窗对角线之差）。

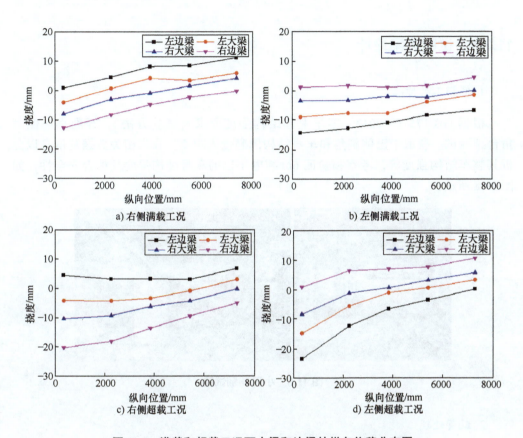

图 11.6　满载和超载工况下大梁和边梁的纵向位移分布图

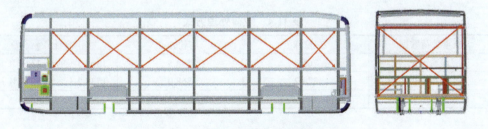

图 11.7　弯曲门窗对角线测量点

11.2 整车侧翻试验

11.2.1 试验方案设计

1. 侧翻工况标准

根据 GB 17578—2013《客车上部结构强度要求及试验方法》，开展小巴侧翻角台架测试。获取中巴侧翻角和车身结构侧翻侵入距离，收集相关数据及信息以分析其整车结构强度等，考察和验证 6m 纯电小巴的车身结构强度及综合安全性，如图 11.8 所示。

图 11.8　小巴侧翻试验

2. 载荷处理

针对 GB 17578—2013《客车上部结构强度要求及试验方法》，小巴上部结构未加强，配重质量为整备质量。前后轮配重载荷质量为 3102.5kg。载荷处理方式见表 11.4。

表 11.4　载荷处理方式

配重载荷数据	左轮 /kg	右轮 /kg	合计 /kg
前轮 /kg	765.8	598.5	1364.3（前轴 43.97%）
后轮 /kg	870.2	868.0	1738.2（后轴 56.03%）
合计 /kg	1636（52.73%）	1466.5（47.27%）	3102.5（100%）

3. 边界条件处理

整车整备质量、质心位置和质量分布符合小巴技术要求规定。试验时将整车放置于可倾斜的侧翻平台，将悬架锁止，提拉悬锁将平台倾斜至车身不稳定位置，车辆超越底部挡板侧翻至地面。其中侧翻试验从车辆不稳定位置开始，角速度初速度为零，围绕车轮 – 侧翻平台接触点作为旋转轴翻转。车辆从侧翻平台翻滚撞击在 800mm 落差的水平；撞击平面侧壁的水平距离 90mm，轴与侧翻平台上表面的距离 95mm，车轮挡板高度为 74mm，宽度为 20mm。边界条件示意如图 11.9 所示。

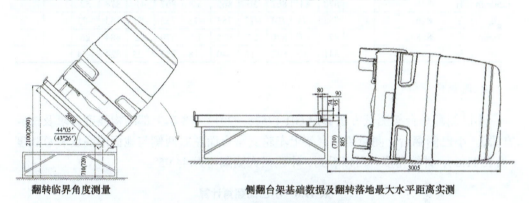

翻转临界角度测量　　　　　　　　　　侧翻台架基础数据及翻转落地最大水平距离实测

图 11.9　小巴侧翻试验边界设置

11.2.2　试验结果分析

1. 位移分析

小巴上部结构侵入距离测试试验方法参照 GB 17578—2013《客车上部结构强度要求及试验方法》。侧翻前，测量小巴上部车架的车顶、距座椅安装底面 1250mm、500mm 处 7 根立柱的初始横向距离；侧翻后，测量小巴车上部车架的车顶、距座椅安装底面 1250mm、500mm 处 7 根立柱变形后的横向距离与生存空间要求的距离值进行比较，如图 11.10 和表 11.5 所示。可以看到，小巴车顶部、1250mm 处、500mm 处侧翻侵入距离远小于生存空间的要求。

图 11.10　小巴侧翻试验位移测量示意图

表 11.5　上部结构测试变形值　　　　　　　　　　　　　（单位：mm）

位置		标准距离	柱1	变形	柱2	变形	柱3	变形	柱4	变形	柱5	变形	柱6	变形	柱7	变形
顶部	右	774	870	96	832	58	823	49	825	51	831	57	843	69	865	91
	左	774	672	-102	681	-93	683	-91	683	-91	684	-90	685	-89	686	-88
1250mm处	右	826			870	44	862	36	865	39	867	41	878	52		
	左	826			755	-71	754	-72	753	-73	753	-73	753	-73		
500mm处	右	858			875	17	880	22	875	17	870	12	884	26		
	左	858			841	-17	842	-16	840	-18	833	-25	824	-34		

2. 侧翻角分析

小巴侧翻角台架测试方法参照 GB 17578—2013《客车上部结构强度要求及试验方法》。小巴侧翻后，测量侧翻台架上车轮支承台面左右两侧与地面的高度和总长度（见表 11.6），计算角度。可以看到，小巴最大侧翻角为 44.05°。

表 11.6　小巴侧翻角计算

台架	右侧高度 h_1/mm	左侧高度 h_2/mm	总长 s/mm	计算角度/(°)
前部	2100	710	2000	44.05
后部	2090	720	2000	43.26

3. 破坏细节分析

小巴侧翻后进行了车身局部破坏细节分析，如图 11.11 所示。侧围前部立柱间隔大，侧翻变形缩进量较大；前/后脸玻璃钢与车身立柱搭接处断裂明显；顶部半圆转角处断裂明显；底盘骨架及部件完整，未发生变形；车内座椅固定，未发生变形。

a) 侧围

b) 前/后脸

c) 顶部

d) 底盘骨架

e) 底盘部件

f) 车内座椅

图 11.11　小巴侧翻试验位移测量示意图

11.3　行驶可靠性试验

11.3.1　试验样车

依据 GB/T 18388—2005《电动汽车　定型试验规程》、GB/T 13043—2022《客车定型试验规程》、GB 7258—2017《机动车运行安全技术条件》、GB/T 18385—2005《电动汽车　动力性能　试验方法》、QC/T 476—2007《客车防雨密封性限值及试验方法》《车辆产品＜公告＞技术审查规范性要求　汽车部分》的规定，确定 6m 和 8m 两款客车的主要技术参数测量、基本性能及 15000km 可靠性行驶试验，两款试验样车如图 11.12 所示。

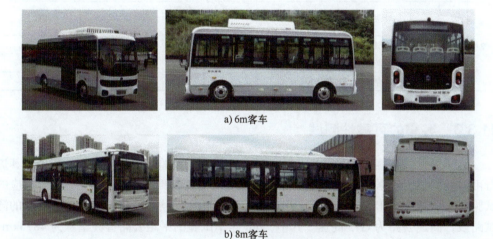

a) 6m客车

b) 8m客车

图 11.12　样车外观

11.3.2　客车的基本性能测试

对客车进行性能试验的道路为重庆西部汽车试验场，路面为沥青铺装，长 2000m，宽 15m，纵向坡度 ≤ 0.1%，路面状况如图 11.13 所示。

图 11.13　性能试验道路路面状况

通过对两款样车进行性能测试，获取了两款客车的整车性能，两款客车的动力性、经济性和舒适性均能满足相关技术要求。两款样车的整车基本性能见表 11.7。

表 11.7　两款样车的整车基本性能

序号	试验项目			技术要求	试验结果（6m 样车）	试验结果（8m 样车）
1	动力性		30min 最高车速 /(km/h)	≤ 69	68.4	68.4
			1km 最高车速（纯电动）/(km/h)	≤ 69	68.7	68.7
			0~30km/h 加速时间 /s	—	8.5	10.4
			30~50km/h 加速时间 /s	—	10.3	13.4
			20% 坡度起步	≥ 20%	20% 坡能起步	20% 坡能起步
2	经济性	等速法	续驶里程 /km	≥ 290（6m 客车）≥ 407（8m 客车）	290	407.5
			续驶时间	—	7h4min	10h5min
			平均车速 /(km/h)	—	41.0	40.4
			能量消耗率 /(Wh/km)	—	210	409.5

11.3.3　客车的可靠性测试

为了评价两款客车的耐久性，委托国家机动车质量监督检验中心（重庆）对其进行可靠性测试，依据《车辆产品＜公告＞技术审查规范要求　汽车部分》确定相应的试验方案。两款样车可靠性试验的平坦公路和强化坏路均为重庆市渝北区礼嘉镇的测试路段，高速公路为 G75 高速。其中，6m 样车试验的平坦公路行驶里程为 4875km，高速公路为 4875km，强化坏路为 5250km；同时，8m 样车试验的平坦公路行驶里程为 3729km，高速公路为 6015km，强化坏路为 5256km，可靠性行驶试验道路如图 11.14 所示。

　　　　a) 平坦公路　　　　　　　　　b) 高速公路　　　　　　　　　c) 强化坏路

图 11.14　可靠性行驶试验道路

经过国家机动车质量监督检验中心（重庆）对两款样车的测试发现，两款样车均出现了轻微故障和一般故障，未出现严重故障和致命故障，两款样车的可靠性行驶试验结果见表 11.8。

表 11.8　两款样车的可靠性行驶试验结果

序号	统计项目			统计结果（6m 样车）	统计结果（8m 样车）
1	故障统计	轻微故障	次数 / 次	1	2
			首次故障里程 /km	7382	8085
		一般故障	次数 / 次	1	1
			首次故障里程 /km	9471	13256
		严重故障	次数 / 次	—	—
			首次故障里程 /km	—	—
		致命故障	次数 / 次	—	—
			首次故障里程 /km	—	—
2	数据统计	试验截止里程 /km		15000	15000
		平均故障间隔里程 /km		7500	5000
		平均首次故障里程 /km		7382	8085
		可靠性评定扣分值 / 分		120	60

由表 11.8 可知，6m 样车比 8m 样车更早出现故障，但 8m 样车的故障总次数更多，故障次数为 3 次，而 6m 样车的故障总次数为 2 次。同时，6m 样车的故障部位分别为后位灯灯罩和刮水器胶条，8m 样车的故障部位分别为乘客门橡胶条、整车控制器和前位灯灯泡。两款样车的故障发生情况和排除措施见表 11.9。

表 11.9　两款样车的故障发生情况和排除措施

样车款式	零部件名称（故障部位）	故障出现里程 /km	故障模式	故障情况说明	排除措施
6m 样车	后位灯灯罩	7382	松动	灯罩松动	观察
	刮水器胶条	9471	破裂	—	更换
8m 样车	乘客门橡胶条	8085	松动	乘客门橡胶条松动	紧固
	整车控制器	9530	功能失效	重新启动系统后正常	观察
	前位灯灯泡	13256	烧坏	前位灯灯泡烧坏	更换

11.4　整车小批示范

在广州、东莞、武汉和南宁等地开展了近 20 年的实践，完成了多部轻量化电动车辆的研发、试制和应用示范（见图 11.15），取得了近百件专利，逐步形成了 TMBB 轻量化结构体系。下面以校园小型巴士和场地车为例，进行具体介绍。

图 11.15　新结构整车开发进程

11.4.1　小型巴士

　　针对校园通勤需求，团队开发了校园小型巴士。整车为全铝车身，具备车身轻巧、经济节能等优点。整备质量约 3t，车长 6m，额定载客 13～18 人，最高车速 30km/h。应用示范方面，投放于南京、哈尔滨、长沙等多个城市，重点高校应用近 30 所（部分高校见图 11.16），市场保有量超过 200 台，运行年限超过 4 年，单台最高里程累计超过 10 万 km，总运行里程累计超过 1000 万 km，车辆运行期间稳定可靠。

图 11.16　采用新结构的小巴及产业化

河海大学　　　　　　南京审计大学　　　　　　南京信息工程大学

图 11.16　采用新结构的小巴及产业化（续）

11.4.2　园区通勤车（见图 11.17）

青秀山23座观光车

涠洲岛通勤车

图 11.17　采用新结构的场地车及产业化

11.4.3　新结构乘用车

在本书中介绍的 TMBB 轻量化结构开发实践过程中，针对乘用车创新构建了"三元结构"模块化轻量化乘用车结构。一元结构指的是铝合金底盘结构，是承载受力的主结构，以及底盘、能源、动力及系统安装基础，可采用第 7 章 7.4 节介绍的滑板底盘结构，一元结构的通用性强，可作为乘用车通用的结构平台；二元结构指的是碳纤维或复合车身结构，是乘员安全保护结构，营造乘坐空间，二元结构的通用性不如一元结构，但是也可以根据不同的车型（例如轿车、SUV、MPV、皮卡等）开发相对通用的车身主体结构；三元结构指的是一系列离散化、个性化的外观模块，提供外观造型、外层缓冲、吸能等功能。

从 2008 年开始，先后开发了采用三元新结构的 EMUV、ECUV Ⅰ、ECUV Ⅱ 原理样车（见图 11.18）。EMUV 整车尺寸为 2890mm×1460 mm×1637mm，整备质量为 543kg，能源消耗率为 8kWh/100km；ECUV 整车尺寸为 4200mm×1780mm×1550mm，整备质量为 1080kg，能源消耗率为 11.5kWh/100km。"三元结构"轻量化纯电动汽车研发项目被中德汽车轻量化设计及可靠性论坛评为"2011 中国汽车轻量化设计最佳案例"。

EMUV   ECUV Ⅰ   ECUV Ⅱ

图 11.18   采用三元新结构的乘用车样车

参考文献

[1] 刘成虎，李飞鹏，余庆杰，等．形变铝合金在客车车身上的应用 [J].汽车工艺与材料，2012(10): 39-41, 46.

[2] 柴冬梅，张伟，侯晓婷，等．某大型全铝全承载城市客车车体骨架设计开发 [J].汽车技术，2017(9): 48-52.

[3] 冯美斌．汽车轻量化技术中新材料的发展及应用 [J].汽车工程，2006(3):213-220.

[4] Aluminum Association. Aluminun Design Manual[Z].2015.

[5] European Committee for Standardization. Eurocode 9: Design of Aluminun Structure-Part 1-1: General structural rules: EN 1999-1-1:2007[S].

[6] AS/NZS. Aluminun Structure Part1: Limit State Design: AS/NZS 1966.1:1997[S].

[7] 朱继华，苏玫妮，杨立伟，等．铝合金结构性能与设计方法 [M].武汉：武汉大学出版社，2017.

[8] 李静斌，张其林，丁洁民．铝合金焊接节点力学性能的试验研究 [J].土木工程学报，2007(2):25-32.

[9] 张琪，叶鹏程，杨中玉，等．汽车轻量化连接技术的应用现状与发展趋势 [J].有色金属加工，2019, 48(1):1-9.

[10] 李永兵，陈长年，郎利辉，等．汽车铝车身关键制造技术研究 [J].汽车工艺与材料，2013(3):50-58.

[11] 刘鸣放，刘胜新．金属材料力学性能手册 [M].北京：机械工业出版社，2011.

[12] 刘郁凤．轨道交通超长铝合金型材加工难点及解决措施 [J].金属加工（冷加工），2024(7):26-29.

[13] 张政民，王忠平，宋福田．轨道车辆薄壁铝型材的典型加工工艺 [J].新技术新工艺，2013(9):80-83.

[14] 张瑞平．金属材料的冷弯成形加工 [M].北京：中国铁道出版社，2011.

[15] 伯恩德·克莱恩．轻量化设计——计算基础与构件结构（原书第 10 版）[M].2 版．陈力禾，译．北京：机械工业出版社，2016.

[16] 王冠．铝合金薄壁梁结构轻量化设计及其变形行为的研究 [D].长沙：湖南大学，2013.

[17] 刘鸿文．材料力学 [M].6 版．北京：高等教育出版社，2017.

[18] 仓盛，竺润祥，任茶仙，等．榫卯连接的古木结构动力分析 [J].宁波大学学报：理工版，2004, 17(3):332-335.

[19] 苏剑萍，吕九芳．传统榫卯结构的现代化传承 [J].家具，2017, 38(2):50-52, 86.

[20] 王洁．榫卯结构的创新性研究 [J].南京艺术学院学报（美术与设计），2018(5):165-168.

[21] 薛坤．传统家具榫卯结构的性能与设计进化研究 [D].南京：南京林业大学，2013.

[22] 孙玉福．实用工程材料手册 [M].北京：机械工业出版社，2014.

[23] 曾攀．有限元分析及应用 [M].北京：清华大学出版社，2004.

[24] 刘世奎．结构力学 [M].北京：清华大学出版社，2008.

[25] 龙林．车身铝合金焊接及接头力学性能 [D].兰州：兰州理工大学，2007.

[26] 王钰栋，金磊，洪清泉.HyperMesh & HyperView 应用技巧与高级实例 [M].北京：机械工业出版社，2012.

[27] 曾祥国，陈华燕，胡益平．工程弹塑性力学 [M].成都：四川大学出版社，2013.

[28] Liu Q, Wang J, Huang X, et al. In-plane and out-of-plane bending responses of aluminum mortise-tenon joints in lightweight electric vehicle inspired by timber structures[J].Thin-Walled Structures, 2018(127):169-179.

[29] ASTM International.Standard Test Methods for Bend Testing of Material for Ductility: ASTM E290-2014[S].

[30] 全国有色金属标准化技术委员会.汽车用铝及铝合金挤压型材：GB/T 33910—2017[S].北京：中国标准出版社，2017.

[31] 谢延元.铝合金榫卯框架力学性能试验研究及仿真 [D].广州：中山大学，2018.

[32] 黄心深.榫卯结构原理及其在铝合金轻量化客车上的应用 [D].广州：中山大学，2018.

[33] 李凌飞.基于变密度法的结构拓扑优化研究 [J].长春：吉林大学，2007.

[34] 全国汽车标准化技术委员会.汽车、挂车及汽车列车外廓尺寸、轴荷及质量限值：GB 1589—2016[S].北京：中国标准出版社，2016.

[35] 全国汽车标准化技术委员会.客车结构安全要求：GB 13094—2017[S].北京：中国标准出版社，2017.

[36] 全国汽车标准化技术委员会.客车车内尺寸：GB/T 13053—2008[S].北京：中国标准出版社，2008.

[37] 郭耀华，丁金全，王长新，等.商用车底盘线控技术研究现状及应用进展[J].汽车工程学报，2022, 12(6)：695-714.

[38] 张顺义，钱宝存，宋郝.商用车动力电池布置现状解析及发展趋势[J].汽车电器，2023 (11)：14-15, 18.

[39] 姜涛，刘辰，贾国瑞.汽车滑板底盘技术体系研究 [J].专用汽车，2023 (6)：25-29.

[40] 全国四轮全地形车标准化技术委员会.低速线控底盘通用技术要求：GB/T 43947—2024[S].北京：中国标准出版社，2024.

[41] 刘青.客车车架结构型式的发展研究 [J].汽车科技，2009(5)：5-8.

[42] 郭松林.英国标准中型客车 [J].客车技术与研究，1996(3)：180-184.

[43] 全国汽车标准化技术委员会.客车骨架应力和形变测量方法：GB/T 6792—2009[S].北京：中国标准出版社，2010.

[44] 全国汽车标准化技术委员会.客车装载质量计算方法：GB/T 12428—2023[S].北京：中国标准出版社，2023.

[45] 全国汽车标准化技术委员会.客车上部结构强度要求及试验方法：GB 17578—2013[S].北京：中国标准出版社，2014.

[46] Thomas D Gillespie.车辆动力学基础 [M].赵六奇，金达锋，译.北京：清华大学出版社，2006.